为中华崛起传播智慧

To disseminate intelligence for the rise of China

国家出版基金项目

中国战略性新兴产业研究与发展

R&D of China's Strategic New Industries

海洋油气装备

Equipment of Offshore Oil and Gas

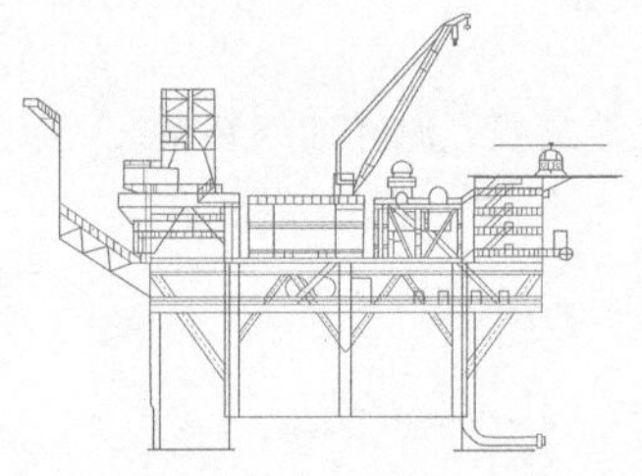

段梦兰　赵志明　主编

机械工业出版社
China Machine Press

本书共 7 章，对我国海洋油气装备产业的发展现状、目标、战略及相关政策进行了全面、系统的分析研究，对产业发展和目前的瓶颈提出了具有指导意义的建议。第 1 ～ 4 章主要对海洋油气装备产业的总体情况和细分领域的发展现状、投资与需求情况进行了深入分析；第 5 章分析了我国海洋油气装备与世界先进水平的差距，以及我国海洋油气装备的发展环境和发展前景；第 6 章介绍了我国海洋油气装备产业的重点发展项目情况；第 7 章介绍了促进我国海洋油气发展的政策与措施，并对我国海洋油气装备发展提出了建议。

本书将普及性、科学性有机地统一起来，既有一定的思想、理论深度，又具有浅显易懂、实用的特点。本书适合各级政府和行业决策机构制定政策法规、学术研究机构规划研究方向参考，也适合企业决策者，技术、管理及市场人员，以及投资、证券行业及咨询机构的人员在制订发展规划、做投资分析及项目实施中使用。

图书在版编目（CIP）数据

中国战略性新兴产业研究与发展．海洋油气装备 / 段梦兰，赵志明主编．—北京 ：机械工业出版社，2021.5

国家出版基金项目

ISBN 978-7-111-68139-7

Ⅰ．①中… Ⅱ．①段… ②赵… Ⅲ．①新兴产业－产业发展－研究－中国②海上油气田－石油工业－装备－产业发展－研究－中国 Ⅳ．① F269.24 ② F416.22

中国版本图书馆 CIP 数据核字（2021）第 078968 号

机械工业出版社（北京市百万庄大街 22 号　邮政编码 100037）

策划编辑：任智惠　　责任编辑：任智惠　王　良

责任校对：李　伟　　封面设计：德浩设计工作室

责任印制：罗彦成

北京宝昌彩色印刷有限公司印刷

2021 年 5 月第 1 版第 1 次印刷

170mm×242mm · 20.75 印张 · 360 千字

标准书号：ISBN 978-7-111-68139-7

定价：158.00 元

电话服务

服务咨询电话：(010)88361066

读者购书热线：(010)88379838

(010)68326294

网络服务

年 鉴 网：http://www.cmiy.com

机工官网：http://www.cmpbook.com

机工官博：http://weibo.com/cmp1952

中国战略性新兴产业研究与发展

编委会

《中国战略性新兴产业研究与发展·海洋油气装备》

编撰人员

主　　编　段梦兰　赵志明

撰 稿 人（排名不分先后）

段梦兰　赵志明　刘　猛　何　正　王　懿　赵　昱

王　慧　何杨烨　秦　桦　熊泽华　程子云　郭　睿

中国战略性新兴产业研究与发展

编委会办公室

主　任　石　勇（兼）

副主任　刘成忠　田付新

成　员　赵　敏　刘世博　曹　军　任智惠　张珂玲

序言

全球金融危机和经济衰退发生以来，美欧日俄等为应对危机、复苏经济、抢占未来发展的先机和制高点，都在重新审视发展战略，不断加快推进“再工业化”，培育发展以新能源、节能环保低碳、生物医药、新材料与高端制造、新一代信息网络、智能电网、海洋空天等技术为支撑的战略性新兴产业，在全球范围内构建以战略性新兴产业为主导的新产业体系。力图通过新一轮技术革命的引领，重新回归实体经济，创造新的经济增长点。这已成为很多国家摆脱危机、实现增长、提升综合国力的根本出路。可以预计，未来的二三十年将是世界大创新、大变革、大调整的历史时期，人类将进入一个以绿色、智能、可持续发展为特征的知识文明时代。那些更多掌握绿色、智能技术，主导战略性新兴产业发展方向的国家和民族将在未来全球竞争合作中占据主导地位，赢得全球竞争合作，共享持续繁荣进程中的主动权和优势地位。

为应对金融危机和全球性经济衰退以及日趋强化的能源、资源和生态环境约束，以实现中国经济社会的科学发展、和谐发展、持续发展，党中央、国务院提出加快调整产业结构、转变经济发展方式，加快培育和促进战略性新兴产业发展的方针，出台了《国务院关于加快培育和发展战略性新兴产业的决定》以及相关政策举措。可以肯定，未来 5 ～ 10 年将是我国结构调整与改革创新发展的一个新的战略机遇期，将通过继续深化改革，扩大开放，提升自主创新能力，建设创新型国家，实现我国科技、产业、经济由大变强的历史性跨越，我国经济社会发展将走出一条依靠创新驱动，绿色智能，科学发展、和谐发展、持续发展之路，实现中华民族的伟大复兴。

展望未来，高端装备制造、新能源汽车、节能环保、新一代信息技术、生物医药、新能源、新材料、绿色运载工具、海洋空天、公共安全等全球战略性新兴产业将形成十几万亿美元规模的宏大产业，成为发展速度最快，采用高新技术最为密集，最具持续增长潜力的产业群落。战略性新兴产业的发展需求也将拉动技术的创新突破和产业的结构调整，为包括我国在内的全球经济发展注入新的强大动力。

在世界各国高度重视培育和发展战略性新兴产业的新形势下，编写一套“中国战略性新兴产业研究与发展”图书，借鉴国外相关产业发展的成功经验，对行业发展思路、发展目标、发展战略、发展重点、投资方向、政策建议等方面进行全面、系统研究，凝聚对战略性新兴产业内涵和发展重点的认识，为国家战略性新兴产业发展规划的顺利实施，以及政府和有关部门制定促进战略性新兴产业发展的相关政策和法规提供参考，具有十分重要的现实意义。

“中国战略性新兴产业研究与发展”系列图书对相应产业的阐述、分析均注重强调战略性新兴产业的六个主要特点：

一是**绿色**。战略性新兴产业属于能耗低、排放少、零部件可再生循环的“环保型”“绿色型”产业，无论从产品的设计、制造、使用，还是回收、再利用等整个生命周期的各个环节，对资源的利用效率与对环境的承载压力均要求达到最理想水平。

二是**智能**。新型工业化要求坚持以信息化带动工业化、以工业化促进信息化，即要实现“两化融合”。而“两化融合”决定了智能是未来产业尤其是战略性新兴产业的发展方向。所谓智能，是指制造过程的智能化、产品本身的智能化、服务方式的智能化。这些均是智能的最基本层次，它还具有其他更为丰富的内涵。例如：智能电网，通过先进的传感和测量技术、先进的设备技术、先进的控制方法以及先进的决策支持系统技术的应用，可实现电网的可靠、安全、经济、高效、环境友好和系统安全等方面的智能；智能汽车不只是安全智能，还包括节能、减排、故障预警等方面的智能。

三是**全球制造**。随着全球化趋势不断深化，战略性新兴产业的发展成果也必将是由全人类共创共享。新产品的研制开发，不再由一个企业独自完成，需要集成各方面优势资源共同解决。例如，iPhone 在中国完成装配，但它的设计、研发以及许多零部件的供应都是在美国、日本和欧洲实现的，其本身就是一个全球化的产品。因而，未来的制造必然是全球化制造、网络化制造。

四是**满足个性化需求与为更多人分享相结合**。目前中国有 14 亿人口，印度有 13 亿人口，还有巴西、印度尼西亚等新兴国家、发展中国家也都要实现现代化。在全球如此规模庞大的人群中，既存在富裕阶层、高消费阶层，他们的消费需求是个性化、多样化的；又有占比较大的中产阶层、贫困人口，他们的消费需求是基本层次的，但也不能被忽视。两种类型的消费需求必须同时被满足，这不仅是构建和谐社会的需要，而且是构建和谐世界的需要。因此，我国发展战略性新兴产业，应该既要满足中高端个性化的需求，同时又要满足我国与其他发展中国家广大普通消费者的需求。要把个性化的设计、个性化的产品生产，与规模化、工业化的传统生产结合起来，不能完全抛弃传统的规模化生产方式。

五是**可持续**。要使有限的自然资源得以有效、可持续利用，发展利用可再生资源、能源，强调发展再制造、循环经济。无论是原材料使用，还是零部件制造，从研发、设计之初就考虑到了生产中的废料、使用后的残骸的回收处置，使其能够重新得到循环利用。

六是**增值服务**。培育发展战略性新兴产业需要注意在设计制造过程中与产品售后、使用过程中提供相关增值服务。不应再局限于传统的观念，只注重制造本身，而不注重服务的价值。例如，发展电动汽车产业，必须首先解决好商业模式问题，包括充电桩建设、电池更换、废旧电池回收等服务，否则将无法广泛推广。

“中国战略性新兴产业研究与发展”系列图书内容丰富、资料翔实、观点鲜明、立意高远，并力求充分体现出“四性”，即科学性、前瞻性、指导性和基础性。

第一，体现**科学性**。所谓科学性，就是指以科学发展观为指导。科学发展观的核心是以人为本，基本要求是全面、协调、可持续，根本方法是统筹兼顾，符合客观规律。“中国战略性新兴产业研究与发展”系列图书既要能够为党中央、国务院提出的加快发展战略性新兴产业的总体战略服务，又不应受到行业、部门的局限，更不能写成规划或某些部门规划的解读材料，而应能够立足于事物客观规律、立足于全局。各分册编写组同志重视调查、研究，力求对国情、科技、产业及全球相关产业的发展态势有比较准确的把握，努力为我国战略性新兴产业的发展提供一本基于科学基础的好素材。这套图书立足基于我国国情，而不是简单地把发达国家的相关产业信息进行综合、编译，照搬照抄。当然，我国发展战略性新兴产业不能“闭门造车”，而是要坚持开放性，积极参与国际分工合作，充分利用全球优势资源，提高发展的起点和水平。因而，有必要参照国际成功经验与最新发展趋势，但一定要以我国国情和产业特点为根本出发点，加快培育和发展有中国特色的、竞争能力强的战略性新兴产业。

第二，体现**前瞻性**。一是能够前瞻战略性新兴产业的发展，因为这套图书是战略性新兴产业的发展指导书。二是能够前瞻战略性新兴产业技术的发展。为了做好这两个前瞻，必须要适当地前瞻全球经济、我国经济与战略性新兴产业发展的趋势。只讲发展现状是不够的，因为关于现状的资料很多，通过简单的网络搜索即可查到；也不能只罗列国外的某些规划和发展战略。“中国战略性新兴产业研究与发展”系列图书的编写注重有深度的科学分析与前瞻性的研究。

第三，体现**指导性**。“中国战略性新兴产业研究与发展”系列图书本身就是指导书，能够对产业、对技术、对国家制定政策，甚至在未来国家发展战略与规划的制定等方面发挥一定的引导作用与影响。虽然不能说这套图书可以指导国家战略与规划的制定，但是应该努力发挥其积极的引导作用。

第四，体现**基础性**。所谓基础性，就是指要能够提供战略性新兴产业的基础信息、基础知识，以及我国和有关国家在相关产业发展方面的基本战略，主要的法规、政策和举措，并尽可能提供一些基本的技术路线图。比如，在轴承分册，就描述了一个轴承产业发展的路线图。唯有如此，“中国战略性新兴产业研究与发展”系列图书才能满足原来立项的宗旨——不仅要为工程技术界、大学教师、大学生与研究生提供学习参考书，为产业界的技术人员、管理人员提供决策参照，而且要为政府部门的政策法规制定者提供参考。

机械工业出版社是具有60多年历史的专业性综合型出版机构，改革开放后，随着市场经济的发展，机械工业出版社不断改革转型，不但形成了完善的编辑出版工作流程和质量保证体系，而且编辑人员作风严谨，工作创新。

“中国战略性新兴产业研究与发展”系列图书不仅是一套科技普及书，更是一套产业发展参考书，必须既要介绍国内外战略性新兴产业的发展情况，又要阐述相关政策、法规、扶植措施等内容。因此，这套图书的组编单位、编写负责人和编写工作人员必须要有相关积累和优势。“中国战略性新兴产业研究与发展”系列图书所选的分册主编和作者主要是精力充沛的业内中青年专家，并由资深专家负责相应的编审、校审工作。现在看来大多数工作由中青年同志担当，是完全符合实际的。此外，这套图书的编著还充分发挥了有关科研院所、行业学会和协会的作用，他们的优势在于对行业比较熟悉，并掌握了较为丰富的资料。

最后，特别感谢国家出版基金对“中国战略性新兴产业研究与发展”系列图书的大力支持！感谢全体编写出版人员的辛勤劳动！

期望“中国战略性新兴产业研究与发展”为社会各界了解战略性新兴产业提供帮助，期待中国战略性新兴产业培育和发展尽快取得重大突破，祝愿我国在不久的将来实现由经济大国向经济强国的历史性跨越！

是为序。

前言

我国石油对外依存度已超过 70%，严重危及国家能源安全，因此，我国必须加大油气勘探开发力度，以便确保国家能源安全。我国已将海洋油气开采确定为实现“稳油增气”目标的主要途径，并将海洋油气装备列入必须攻克的“卡脖子”工程。

随着国家能源需求的不断增加，海洋油气开发逐渐转向东海、南海等海域，海洋油气产业将得到进一步发展，这为海洋油气装备产业发展提供了巨大机遇。《中国制造 2025》明确提出，要大力发展深海探测、资源开发利用、海上作业保障装备及其关键系统和专用设备，推动深海空间站、大型浮式结构物的开发和工程化。《海洋工程装备制造业持续健康发展行动计划（2017—2020 年）》提出，到 2020 年，我国海洋工程装备制造业国际竞争力和持续发展能力明显提升，产业体系进一步完善，专用化、系列化、信息化、智能化程度不断加强，产品结构迈向中高端，力争步入海洋工程装备总装制造先进国家行列。

海洋工程装备制造业是国家战略性新兴产业的重要组成部分，具有先导性、成长性、带动性的鲜明特征，以及技术门槛高、资金密集度高、国际化程度高的基本特点，是高端制造业的典型代表。大力发展海洋工程装备制造业，能够提高我国自主开发海洋资源的能力，为我国资源和能源的持续供应提供保障；能够带动相关产业的发展，推动我国经济结构调整和发展方式转变；能够促进海洋经济和相关海洋产业加快发展，对我国实现海洋强国战略目标具有重要意义。

本书集成了中国石油大学（北京）自 2006 年以来承担的国家重点研发计划项目、国家科技重大专项、国家“973 计划”和“863 计划”项目、国家发展改革委及工业和信息化部高技术船舶与高端海洋油气装备重点专项、原国家海洋局海洋经济示范项目及中国海洋石油总公司重大科技项目等40多个项目的相关成果，特别是首批国家重点研发计划项目——基于深水功能舱的全智能新一代水下生产系统关键技术研究（项目编号：2016YFC0303700）的部分成果，围绕海洋油气田开发所涉及的主要装备，分别从水面设施、海底装置、海底管道和立管系统等方面进行了论述，比较了我国海洋油气装备与发达国家的差距，介绍了国家及中央各部委近10年来制订的战略与科技计划、主要科技专项，并对我国海洋油气装备发展提出了一些粗浅的建议。

本书可作为船舶与海洋工程、海洋油气工程、石油工程等专业本科生的教学参考书，也可作为海洋石油和船舶行业的工程技术人员全面了解海洋油气装备行业的参考资料。借此机会，感谢对本书的编撰做出贡献的行业内相关专家和工程技术人员、中国石油大学（北京）“海洋工程结构与装备”双一流学科团队及历届学生。

本书涉及海洋油气装备生产制造、技术工艺及应用等方面，内容繁杂，因而编写难度较大，由于编者水平有限，书中难免有不足及疏漏之处，希望读者批评指正。

段梦兰

2021年2月

编写说明

《国务院关于加快培育和发展战略性新兴产业的决定》确定了我国未来经济社会发展的战略重点和方向是战略性新兴产业，并且根据我国国情和科技、产业基础，又进一步明确为现阶段重点发展节能环保、新一代信息技术、生物、高端装备制造、新能源、新材料、新能源汽车、数字创意和相关服务业九大新兴产业。可见，九大战略性新兴产业将是国家重点支持、大力推广的产业。

为了使大家全面理解、准确把握、深刻领会国家这一战略决定的精神实质，了解其发展内涵，推动产业结构升级和经济发展方式转变，增强国际竞争优势，抢占新一轮经济和科技制高点，机械工业出版社在国家出版基金的支持下，组织各领域权威专家编写了一套“中国战略性新兴产业研究与发展”（以下简称“研究与发展”）图书。

“研究与发展”以国家相关发展政策和规划为基础，借鉴国外相关产业发展的成功经验，对产业发展思路、发展目标、发展战略、发展重点、投资方向、政策建议等方面进行了全面、系统的研究；对前瞻性、基础性和目前产业上有瓶颈限制的问题提出了有针对性的对策。

“研究与发展”采用分期分批的出版方式陆续出版发行，第一期12个分册、第二期13个分册分别于2013年6月和2018年2月完成出版，第一期包括：太阳能、风能、生物质能、智能电网、新能源汽车、轨道交通、工程机械、水电设备、农业机械、数控机床、轴承和齿轮。第二期包括：功能材料、物流仓储装备、紧固件、模具、内燃机、塑料机械、塑木复合材料、物联网、制冷空调、智能制造装备、非常规油气、中压开关和数据中心。本次出版的第三期29个分册图书包括：智慧工业、生物基材料、数据与企业治理、智慧经济、智能注塑机、数据赋能、高端轴承、冷链物流、智能汽车、通用航空、远程设备智能维护、智能供应链、智能化立体车库、气体分离设备、焊接材料与装备、高端液气密元件、高端链传动系统、风电齿轮箱、海洋油气装备、燃气轮机、变频调速设备、电子信息功能材料、智能制造、数控系统、工业机器人、核电、智慧交通、增材制造以及内燃机再制造产业发展与技术路线。今后根据国家产业政策要求及各行业的发展情况还将陆续推出其他分册。

为了出版好“研究与发展”，机械工业出版社成立了“中国战略性新兴产业研究与发展”编委会，全国人大常委会原副委员长路甬祥担任编委会主任。路甬祥副委员长对该套图书的编写高度重视，亲自参加编委研讨会，多次提出重要指导意见。他从图书的定位、内容选材、作者队伍建设和运作流程等方面都给予了全面和具体的指导，并提出了“六个特点”和“四性”的具体要求。

机械工业出版社还建立了完善的项目管理、编写组织、出版规范和网络支撑四个方面的工作体系来保证图书质量，投入了大量的精力组织行业权威专家规划内容结构、研讨内容特色。参与图书编写的主创人员自觉自愿地把自己的聪明才智和研究成果奉献给社会，奉献给国家。他们都担负着繁重的科研、教学、行业管理或生产任务，为了使此书能够早日与大家见面，他们不辞辛苦、加班加点，因为他们都有一个共同心愿——帮助企业快速成长，使中国由大变强。

在此，衷心地感谢为此项工作付出大量心血的组编单位、各位专家、各位撰稿人、编辑出版及工作人员！

尽管我们做了大量工作，付出了巨大努力，但仍难免有疏漏或错误之处，敬请读者批评指正！

中国战略性新兴产业研究与发展 编辑部

2021 年 2 月

目录 CONTENTS

第 1 章

海洋油气开发及主力装备概述

1.1 海洋油气开发状况

目前，世界七大海域油气富集区有北海油气富集区、西非海域油气富集区、西伯利亚海域油气富集区、波斯湾油气富集区、墨西哥湾油气富集区、中国近海油气富集区、南中国海油气富集区。

世界海洋油气资源丰富，近一半的待发现油气资源位于海上，其中海洋油气可采储量占全球油气可采储量的45%。近几年，世界海上油气产量持续增长。虽然全球油气产量不断增长，但还有不少地区尚未勘探或充分勘探，深部地层及海洋深水部分的油气勘探刚刚开始不久，还会发现更多的油气藏。在已开发的油气藏中，应用提高石油采收率技术可以开采出的原油数量是相当大的，这些都预示着油气开采的科学技术将会有更大的发展。

世界海洋石油资源量占全球油气资源总量的34%，许多国家对海上油气的勘探和开发寄予厚望。全球海洋油气蕴藏量超1 000亿t，其中已探明的储量约为380亿t。目前，全球已有100多个国家在进行海上油气勘探，其中对深海油气进行勘探的有50多个国家。由于浅水油气产量的下降、勘探开发技术的进步及深水油气田平均储量规模巨大，吸引了许多油气公司竞相涉足海洋油气的开发，这也展现了世界海洋油气工业的良好发展前景。

陆上油气开发已趋于饱和，这使得全球油气开采量增长乏力，然而全球的油气消费量仍将以较快的速度增长。1981年的全球油、气消费量分别为29.9亿t和1.47万亿m^3，到2014年它们已分别达到40.4亿t和2.69万亿m^3。国际能源署（IEA）发布的《世界能源展望》预测，2015—2030年，世界石油需求量预计年均增长1.6%，到2030年将达到57.69亿t；天然气的需求量预计年均增长2.4%，到2030年将达到42.03亿t油当量。未来，油气仍将在世界一次能源需求中居主导地位，到2030年，油气需求量将占世界一次能源总需求量的65%。而且，2015年天然气超过煤炭成为一次能源中的第二大能源种类。

到2030年，要满足全球99.72亿t油当量的油气需求，再加上陆上石油资源危机问题日渐突出，因此，未来油气勘探开发的重点应该在海上。海上油气田的基础设施不易遭到恐怖袭击而被破坏，这使海上油气的勘探开发对石油公司更有吸引力。发达国家把海洋开发作为国家战略加以实施，形成了许多新的海洋观。

研究世界海洋石油工业的现状特别是发展趋势，对于世界石油工业及未来的世界经济发展有非常重要的意义。

1.2 钻采设施

1.2.1 自升式钻井平台

自升式钻井平台又称桩腿式钻井平台，是目前国内外应用最为广泛的钻井平台。它可分为船体、桩靴和升降机构三大部分。打井时，将桩腿插入或坐入海底，船体可顺着桩腿向上爬，离开海面，使钻井工作可不受海水运动的影响。钻井完成后，船体可顺着桩腿下降，浮在海面上，这时再将桩腿从海底拔出并使其上升一定高度，即可将船体拖航到新的井位上。

1.2.2 半潜式钻井平台

半潜式钻井平台又称立柱稳定式钻井平台，是大部分浮体没于水面下的一种小水线面的移动式钻井平台，是从坐底式钻井平台演变而来的。半潜式钻井平台由平台本体、立柱和下体或浮箱组成。平台本体上设有钻井机械设备、器材和生活舱室等，供钻井工作用。平台本体高出水面一定高度，以避免波浪冲击。平台本体与下体之间连接的立柱，具有小水线面的剖面，立柱与立柱之间相隔适当距离，以保证平台的稳性。下体或浮箱提供主要浮力，沉没于水下以减小波浪的扰动力。

由于半潜式钻井平台对波浪的运动响应较小，因此，其在几种钻井平台中得到很快发展。

1.2.3 导管架平台

导管架平台是从海底架起的一个高出水面的构筑物，在其上面敷设平台，用以放置钻井采油设备，作为钻采作业场所及工作人员生活场所。

“导管架”的取名源于管架的各条腿柱作为管桩的导管。固定式钢质导管架海洋平台主要由两部分组成：

1）由导管架腿柱和连接腿柱的纵横杆系所构成的空间构架。腿柱（导管）是中空的，钢管桩是一根细长的焊接圆管，通过打桩的方法将其固定于海底，由若干根单桩组成的群桩基础把整个平台牢牢地固定于海床，腿柱和桩共同作用构成了用来支撑上部设施与设备的支撑构件。

2）甲板及其上面的设施与设备是收集和处理油气、生活及其他用途的场所。

导管架平台适合在已开发的油田建造，在水深 5 ～ 200m 范围内的海洋油气田中，导管架平台是应用最多的一种平台形式，约占 90%。

1.2.4 浮式生产储卸油装置

浮式生产储卸油装置（Floating Production Storage and Offloading Unit，FPSO）是一种集生产、储油和卸油为一体的生产装置。由于具有适应水深范围广、可重复使用和能够储油的特点，因此，在对远离海岸、敷设海底管道成本过高的油气田的开发中，FPSO 有明显的优势。FPSO 是海洋油气开发模式中较经济的海洋工程形式之一。

FPSO 的主要特点有：

1）集生产、储油和卸油于一体，但不具有钻井和修井能力。

2）可移动并可重复使用，是开发海上油田的一种经济有效的生产装置。

3）可以是新建造的，也可以是由旧油轮改装的，投资成本较高。

4）适用水深范围广，尤其适合在深水开发中应用。

5）适用于各类海上油田，可用来开发边际油田。

6）常和水下生产系统联合使用，并且国内常将其和固定平台联合开发，以替代外输管线。

7）用作气田开发时，需安装天然气外输管线。

FPSO 在海上油田开发生产中发挥了重要作用。新建的 FPSO 投资费用较高，建造时间也较长，但具有较长的使用寿命和较低的维修费用；改装的 FPSO 与新建的相比，虽改装费用低、改装时间短，但使用寿命短、维修费用高。在海上油田的开发中，FPSO 与水下生产系统组成一套生产系统，其生产的原油由穿梭油轮外输。FPSO 是高风险、高技术、高附加值、高投入、高产出的用于海上油田开发的重要装置，是船舶工业与海洋工程工业结合的产物。近年来，随着海上石油、天然气等能源开采的升温，FPSO 越来越受到人们的重视。

FPSO 的主要功能有：

1）接收从水下井口来的流体。

2）控制水下井口。

3）对开采出来的流体进行处理，将其分离成原油、水和气体。

4）存储稳定的原油，并维持所要求的温度。

5）处理排放入海的污水。

6）可进行柴油压井和立管冲洗。

7）注入化学药剂。

8）处理原油，卸油。

随着海洋油气的开发和生产不断向深海推进，与其他海洋钻井平台相比，FPSO 优势明显，主要表现在以下四个方面：

1）生产系统投产快、投资低，若采用油船改装 FPSO，则优势更为明显，而且，目前很容易找到船龄不高、适宜改装的大型油船。

2）甲板宽阔，承重能力与抗风浪能力强，便于生产设备布置。

3）储油能力大，可定期、安全、快速地通过卸油装置将船上的原油卸入穿梭油轮，再由油轮将原油运输到岸上。穿梭油轮不仅可与 FPSO 串联，也可依靠 FPSO 系泊。最新型的 FPSO 还具备将天然气分离、压缩、罐装的能力，提高了海上油气田作业的经济性。

4）应用灵活，移动方便，具有自航能力，可根据作业需要和实际情况迅速转换工作海域和回厂检修。

1.2.5 单柱式平台

随着人类开发海洋的步伐逐渐迈向深海海域，涌现出很多新型的浮动式海洋平台，单柱式平台就是其中之一（见图 1-1）。单柱式平台属于顺应式平台的范畴。自 20 世纪 80 年代以来，单柱式平台被广泛应用于深海油气的开发中，担负了钻探、生产、海上原油处理、石油储藏和装卸等工作。

图 1-1　单柱式平台

实际上，单柱式平台应用于海洋开发已经超过 30 年，但是在 1987 年之前，在海洋开发的工作中，单柱式平台一向作为辅助系统使用，而不是作为生产系统使用。它们有时被用作浮标或海洋科研站，有时被用作海上通信中转站，有时还作为海上装卸和仓储中心使用。早期建造的单柱式平台的结构与当前深海油气开发使用的单柱式平台有所区别，通过对早期的单柱式平台进行观测，各国的研究者收集了大量的数据，为现代单柱式平台的诞生和发展打下了坚实的基础。

目前，世界上建成的单柱式平台有三种类型，按出现的时间顺序分别是传统型（Classic）、桁架型（Truss）及蜂巢型（Cell），如图 1-2 所示。

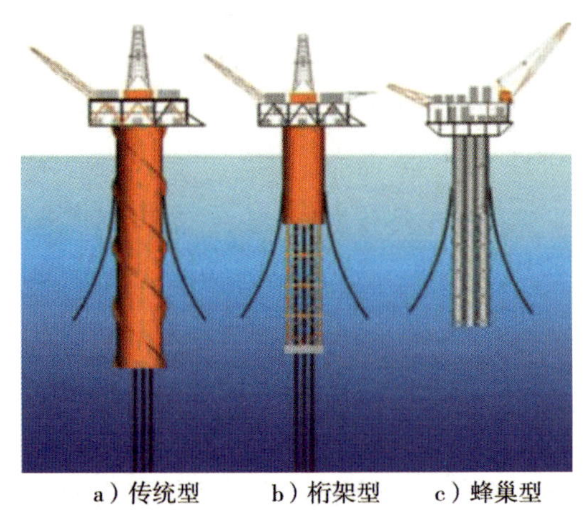

a）传统型　　b）桁架型　　c）蜂巢型

图 1-2　现有单柱式平台分类

单柱式平台的主体部分可以划分为硬舱、中间段、软舱三部分。其中硬舱的作用主要是提供浮力，保护中央井及立管，提供可变压载；软舱的作用主要是提供固定压载，降低平台重心；传统型单柱式平台的中间段可以储油，桁架型和蜂巢型的中间段主要起连接作用，同时位于中间段的垂荡板还可以起到增加附加重量、降低垂荡响应、延长固有周期的作用。固定压载舱室一般位于软舱底部，主要起到降低平台重心的作用；可变压载舱室一般位于软舱上部及硬舱底部，主要起到调节平台平衡、改变平台吃水的作用；其他部分舱室一般为空舱。

与其他深水浮式生产平台相比，单柱式平台具有稳性好、运动性能优的特点。单柱式平台是一种深吃水平台，因其重心位于浮心下方而具有恒稳性，在恶劣海洋环境条件下，其安全性具有无可比拟的优势。由于吃水深、水线面积小，单柱式平台的垂荡运动比半潜式平台小，与张力腿平台相当，在系泊系统和主体浮力控制下，具有良好的运动特性，特别是垂荡运动和漂移小，适合于深水锚泊定位，对系泊系统和立管的相关技术要求相对较低，在工程成本方面具有明显优势。

1.2.6 张力腿平台

张力腿平台最主要的设计思想是使平台半顺应半刚性。这种平台通过自身的结构产生远大于结构自重的浮力，浮力除了抵消自重之外，剩余部分就称为剩余浮力，剩余浮力与预张力平衡。预张力作用在张力腿平台的垂直张力腿系统上，使张力腿时刻处于受张拉的绷紧状态。较大的张力腿预张力使平台平面外的运动（横摇、纵摇和垂荡）较小，近似于刚性。张力腿将平台和海底固接在一起，为生产提供了一个相对平稳安全的工作环境。张力腿平台本体主要是直立浮筒结构，一般浮筒所受波浪力的水平方向分力较垂直方向分力大，因而通过张力腿在平面内的柔性，实现平台平面内的运动（纵荡、横荡和首摇），即为顺应式。这样，较大的环境载荷能够通过惯性力来平衡，而不需要通过结构内力来平衡。张力腿平台这样的结构使其具有良好的运动性能。

张力腿平台的张力腿系统在初始位置是直立的，平台的纵荡运动不会引起纵摇，但一般会和平台的垂向运动相耦合，即纵荡引起垂荡。在运动过程中没有一个张力腿是松弛的，它们始终保持等长度平行状态。如果有任意一个张力腿未校准，则会破坏这种理想的平衡状态。因此，在张力腿平台的设计中，张力腿锚固位置容许的偏差量很重要。非平行的张力腿虽然也可将平台固定于某一空间位置，但不平行的张力腿必然会在空间相交于一点，这一点将是平台横荡引起首摇的旋转中心。

张力腿平台在张力腿系泊系统张力变化和平台本体浮力的控制下，平台平面内运动的固有频率低于波浪频率，而平面外运动的固有频率高于波浪频率。一座典型的张力腿平台，其垂荡运动的固有周期为 2 ～ 4s，而纵荡、横荡运动的固有周期为 100 ～ 200s；横摇、纵摇运动的固有周期均低于 4s，而首摇运动的固有周期则高于 40s。整个结构的频率跨越在海浪的一阶频率谱两端，从而避免了平台结构与海浪能量集中的频率发生共振，使平台结构受力合理，动力性能良好。迄今为止，张力腿平台有着良好的运行安全记录，这与其设计合理的结构是密不可分的。

张力腿平台适用于较深水域（300 ～ 1 500m）且可采油气储量较大的油田。近 20 年来，张力腿平台设计生产的实践证明了张力腿平台具有良好的运动性能，是深水海域油气生产的适宜平台形式。张力腿平台的主要特点如下：

1. 优点

1）垂直方向运动很小，水平方向运动为顺应式，结构惯性力主要是水平方向的回弹力。

2）在钻井和完井时，微小的升沉和平移（平移仅为水深的 1.5% ～ 2%）主要由水中和井内相对细长的钻具及专用短行程补偿器补偿。

3）平台的结构造价一般不会随水深增加而大幅度增加，传统型张力腿平台为 5.0 亿～ 6.0 亿美元，而迷你式和延伸式张力腿平台为 1.5 亿～ 2.5 亿美元，建造成本显著降低。

4）干井口，易采用悬链式立管浮体与上部模块一体化结构，可在码头边建造安装，使海上安装和维护成本有效降低。

2. 不足

由于材料因素和设计技术方面的限制，现阶段张力腿平台仍然有以下不足之处：

1）平台的非线性动力响应会产生危及平台安全的长周期慢漂运动。

2）张力腿的极限承载能力、疲劳断裂、可靠性以及维修问题仍有一定的限制。

3）无储油能力，需要与海底油气管线或浮式生产储卸油装置配套使用，对平台上部的重量非常敏感。

1.2.7 钻井船

钻井船是浮船式钻井平台，是海上石油勘探开发的先进钻井设备，通常在机动船或驳船上布置钻井设备，能够在浅滩、湖泊、深海等不同深度的水中进行钻井作业。钻井船靠锚泊或动力定位系统定位。钻井船的船身浮于海面，易受波浪影响。钻井船的排水量从几千吨到几万吨不等，既有普通船舶的船型和自航能力，又可漂浮在海面上进行石油钻井，适于在波高小、风速低的海区作业，需要配备适当的动力定位设备。

现代钻井船多为专门设计，钻井设备和生活设施都在船上，能自航并有向大型化发展的趋势。钻井船的优点是移动灵活、适应水深大、可变甲板载荷大及自持能力强，缺点是受风浪影响大、稳定性差。

钻井船可简单分成钻井模块、动力模块、生活模块三个基本部分。

由于动力定位系统和船舶稳定性的影响，钻井模块集中在钻井船中部，水下设备和钻杆通过船中开口的月池下放入水。

动力模块集中在尾部，推进器分布在船的首尾，为钻井船航行及钻井模块设备提供足够的能量。

生活模块集中在首部，大型钻井船的生活区域可居住 200 人以上，并配备直升机平台。

根据不同的分类标准，钻井船的分类情况不同。例如：

1）按推进能力分为自航式钻井船与非自航式钻井船。

2）按船型分为端部钻井船、舷侧钻井船和双体钻井船。

3）按定位方式分为一般锚泊式钻井船、中央转盘锚泊式钻井船和动力定位式钻井船。

1.2.8 液化天然气船

液化天然气（Liquefied Natural Gas，LNG）船是运输 -163℃的低温液化天然气的专用船舶，是高技术、高难度、高附加值的“三高”产品，是一种“海上超级冷冻车”。在海上运输行业中，LNG 船是连接天然气液化厂和 LNG 接收站的重要工具，是除长输管线以外进行规模化天然气输送的最为有效的工具之一，同时也是下游燃气企业摆脱“照付不议”制约条款最有效的方式。这类船舶在目前技术条件下的标准载货量主要集中在（13 ～ 15）$\times 10^4 m^3$ 区间，设计船龄为 40 ～ 45 年。

要在常温常压下运输 -163℃的液化天然气，与常规货运船舶相比，液货舱围护系统是 LNG 船最特殊的装置。根据液货舱围护系统的不同，LNG 船可分为球罐型 LNG 船和薄膜型 LNG 船两种。

根据主推进方式的不同，LNG 船又可以分为三种类型，即配置蒸汽轮机推进系统的 LNG 船、配置电力推进系统的 LNG 船和配备再液化装置并采用低速柴油机直接驱动的 LNG 船。

1.2.9 钻井隔水管

深海油气田的开采环境十分恶劣，开采难度大、风险高，海水腐蚀、浪涌、洋流环境、海洋涡激振动和深水压力等对深海钻井隔水管提出了严格的要求。钻井隔水管是深海钻井装备最关键的组成部分。

钻井隔水管是海上石油勘探开发的重要工具，主要指从海底防喷器到月池的管柱。钻井隔水管的下端一般通过挠性接头与防喷器组相连，以避免平台移动时传递的弯矩过大；钻井隔水管上端与浮式生产装置的伸缩节配合，确保其有足够的自由度适应平台的水平和升沉运动。钻井隔水管结构如图 1-3 所示。

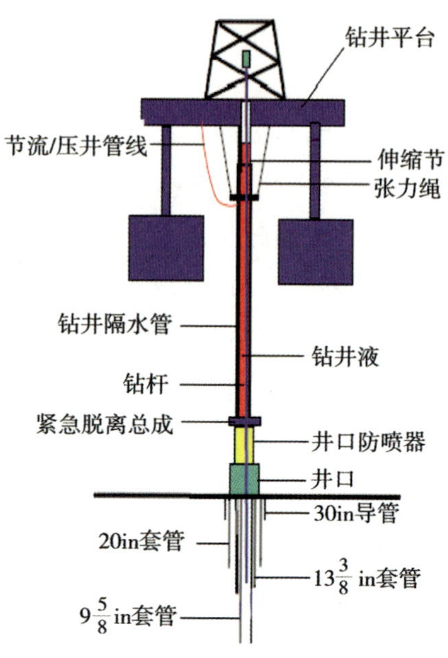

图 1-3　钻井隔水管结构

注：1in=25.4mm。

钻井隔水管的主要功能如下：

1）可以隔离油井与外界海水。

2）促进钻井液的循环。

3）安装水下防喷器和防喷器系统。

4）支撑各种控制管线，如节流和压井管线、泥浆补充管线、液压传输管线等。

5）为钻杆的钻井工作提供导向。

6）补偿钻井船的升沉运动。

1.2.10　钻杆自动处理系统

在钻井起（下）钻作业过程中，钻杆自动处理系统（也称自动排管系统）承担对钻杆夹持、提升、下放、平移和回转等操作，实现钻具在钻台与地面之间的自动输送、排放、储运等。钻杆自动处理系统减轻了工人的劳动强度，提高了安全操作水平，降低了安全风险，同时也提高了钻杆排放的自动化水平和工作效率，是实现安全、健康钻井和提高钻井效率的有效途径。统计显示，利用钻杆自动处理系统可节省 25% 的钻杆升降时间。

一个完整的钻杆自动处理系统包括以下四个部分：甲板起重机、水平钻杆传送系统、水平/垂直钻杆转换系统、钻杆垂直排放系统。

1. 甲板起重机

甲板起重机的作用是将甲板上的钻杆移送至钻杆传送设备上，或反向操作，按其结构型式分为悬臂起重机、折臂起重机和门桥起重机三种类型。

（1）悬臂起重机　悬臂起重机（见图 1-4）主要由主体部分、悬臂装置和机械手等构成。起重机本体可以沿着轨道做水平移动，举升装置可以带着悬臂垂直上下移动，悬臂可以做一定角度的倾斜。除此之外，为方便对钻杆进行抓取，悬臂还可以自由伸缩一定距离。悬臂起重机结构简单、安装方便，但一次只能传送一根钻杆。由于自身结构限制，其举升高度一般较低，多用于近海作业的钻井平台。

图 1-4　悬臂起重机

（2）折臂起重机　折臂起重机是目前国外应用较多的一种甲板起重设备。折臂起重机（见图 1-5）的塔身可以绕其自身轴线旋转，各关节臂可以绕铰接轴做一定角度的转动，末端回转装置可以绕其轴线转动，通过对塔身、关节臂以及末端回转装置等机构的调整可以实现对末端夹持机构的精确定位。折臂起重机的塔身固定在甲板上，对安装的定位精度要求相对较低，其工作时不需要沿甲板做平面移动，因此产生的动载荷相对较小。折臂起重机具有一定的冗余自由度，可以灵活地进行钻杆的移送操作。

图 1-5　折臂起重机

（3）门桥起重机　门桥起重机是在通用型门桥类起重机的基础上改进而成的，用来满足平台钻杆操作的要求，如图 1-6 所示，具有三坐标定位功能。门桥起重机的结构简单，设计思路成熟，容易实现自动化定位，工作范围较大，工作只受轨道行程和起重机跨度的限制。

三种甲板起重机的比较见表 1-1。

图 1-6　门桥起重机

表 1-1　三种甲板起重机的比较

项目	悬臂起重机	折臂起重机	门桥起重机
优点	结构简单，安装方便	定位精确高，对安装的定位精度要求低，产生动载较小，有冗余自由度，可实现钻杆灵活移动	机械结构简单，容易实现自动化，工作范围较大

（续）

项目	悬臂起重机	折臂起重机	门桥起重机
缺点	只能沿轨道进行单排管操作，一次只能传送一根钻杆，举升高度有限	功耗较大，作业半径内不得有高层设备，对操作人员要求较高	占用甲板空间较大
适用性	与带式钻杆传输机配套使用，多用于近海作业的钻井平台	应用最为广泛，常与动力猫道配合使用	适用于甲板面积大的钻井平台

2. 水平钻杆传送系统

根据相应设备的结构型式，水平钻杆传送系统可分为动力猫道和带式钻杆输送机两种。

（1）动力猫道　按照钻机移送管柱上、下钻台的工艺要求，用一套机械化、自动化装置实现其功能，这套装置或系统称为动力猫道，也称自动化猫道。自动化猫道钻杆处理系统在国外早有研究和运用，尤其是在俄罗斯，其钻机全部要求配套自动化猫道管柱处理系统和气动卡瓦。美国国民油井公司（NOV）和加拿大 Canrig 公司等都在这方面进行了研究，并不断推出新产品。目前，国外常用的动力猫道有以下两种。

第一种为固定式动力猫道，其主要特点是猫道和坡道是固定的，以镶嵌在猫道和坡道中的 V 形槽作为钻具的运动轨道，靠设置在猫道下的动力装置，推动钻具沿猫道和坡道的 V 形槽滑上钻台，实现各类钻具在猫道和钻台之间的相互传递。

这种猫道结构简单，通常用于小型钻机和修井机，也用在一些简单的平台上。缺点是钻具与 V 形槽之间的摩擦大，对钻具的保护不够。图 1-7 所示为美国 North Rig Catwalk Technologies 公司的 C16 型动力猫道，属于固定式动力猫道。

图 1-7　C16 型动力猫道

第二种是举升式动力猫道，其主要特点是猫道和坡道是固定的，猫道中的 V 形槽可以举升到一定高度，置于 V 形槽中的钻具随 V 形槽被举升到一定位置，然后再由 V 形槽内部专门的机构推送到井口相对位置。井架上的吊卡抓取管柱，随大钩起升，井口扶正机械手摆出扶正管柱。图 1-8 所示为 Tesco Corp 公司的举升式动力猫道。

不同类型猫道的比较见表 1-2。

图 1-8　Tesco Corp 公司的举升式动力猫道

表 1-2　不同类型猫道的比较

项目	普通猫道	动力猫道	
		固定式动力猫道	举升式动力猫道
动力形式	拉拽式	固定动力	举升式动力
猫道形式	整体固定	整体固定	液压举升 V 形槽
钻具推进方式	绞车及钢丝绳拉拽	梭车/推动块	梭车/推动块
钻具承接装置	绞车及钢丝绳	PLS 系统	PLS 系统
安全性	差	一般	好
适用钻机类型	陆地钻机	小型钻机	小型钻机和修井机
稳定性	低	一般	高
效率	低	较低	较高
经济性	一般	一般	较好
总体评价	5	7	8.5

（2）带式钻杆输送机　带式钻杆输送机（见图 1-9）是钻杆和其他相关管具的传送机械，可以在钻台和甲板之间安全可靠地往复传送钻杆。输送机在甲板上进行钻杆操作时，需要甲板起重设备的配合；在钻台上进行钻杆处理时，需要水平/垂直钻杆转换系统的协助来完成操作。该输送机使用一种防油污的多层橡胶带来实现钻杆的水平传送，在输送机尾部的一端安装了一个驱动滚筒，另一端安装了一个拉紧筒。通过液压马达带动驱动滚筒旋转，从而驱动传送带运行，以实现钻杆的传送。输送机的尾部还配备了一个引导装置，用以引导钻杆从水平位置到达倾斜的位置，以便于钻杆的抓取。

该输送机的优点是结构简单，可以快速连续地传递钻杆，并且输送带在工作过程中能够对钻杆起到很好的保护作用，不需要安装钻杆护丝；缺点是风速过大时，会出现钻杆从传送带滚落的现象，其工作时允许的最大风速为 20.56m/s。由于这种传送设备结构相对简单独立，所以可用它来对现有钻台进行改造。带式钻杆输送机常与悬臂起重机配合使用，这样轻巧而灵便。

图 1-9　带式钻杆输送机

3. 水平/垂直钻杆转换系统

水平/垂直钻杆转换系统安装在钻台入口处，如图 1-10 所示，其主要作用是将在其下方水平放置的钻杆提起并转换成垂直状态，或反向操作。此外，它还可以辅助垂直钻杆操作系统完成单根接立根操作或独立完成单根接立根操作。

虽然各种设备的结构型式不同，但它们的基本功能都是作为水平钻杆操作系统与垂直钻杆操作系统的衔接装置使用。

a）VDM系统

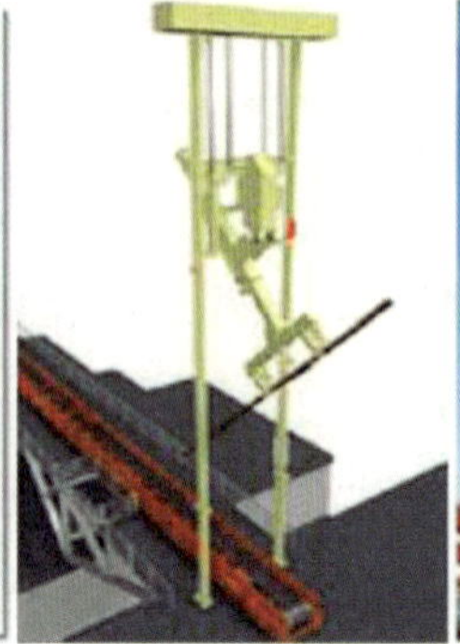
b）PLS系统

c）Eagle/Eagle light系统

图 1-10　水平/垂直钻杆转换系统

（1）VDM 系统　VDM（V-Door Machine）系统（见图 1-10a）安装在井架的 V 形门处，其最大举升行程可达 27m。该系统的特点是：与动力鼠洞和钻杆传送设备尾部的引导机构配合，即可完成单根接立根操作，并可以在井口和钻杆传送设备之间往返移送钻杆，而不需要钻杆排放系统的介入。

（2）PLS 系统　PLS（Pipe Laydown System）系统（见图 1-10b）是在自动化钻井平台上应用较多的水平/垂直钻杆转换系统，具有 PLS3、PLS5 等类型。该系统的主要功能是进行钻杆的水平/垂直转换，并可协助垂直钻杆操作系统进行离线单根接立根操作。

（3）Eagle/Eagle light 系统　Eagle/Eagle light 两种系统采用机器人控制技术实现对钻杆运动的控制，属于钻杆全自动化处理设备。其中 Eagle 系统最大伸出距离可达 11m，并具有单根接立根的功能，如图 1-10c 所示。

4. 钻杆垂直排放系统

钻杆垂直排放系统又称为钻杆排放系统，其功能是在钻台上对钻杆或其他管具进行操作，主要包括在井口与立根盒之间移送钻杆立根、钻杆单根接立根等操作。按其结构型式和工作原理可分为桥式排放系统、机械手式排放系统及柱形排放系统。

（1）桥式排放系统　桥式排放系统一般具有 4 个自由度，横梁的两端可以在支撑架的轨道上平行移动，中间垂直柱形结构可以随着小车在横梁上做直线移动，柱形结构可以绕自身轴线做回转运动，机械手可以沿柱形结构上下移动。横梁的支撑导轨一般安装在井架上，因此，工作时会对井架产生一定动载荷，其主要功能是在井口与立根盒之间进行立根的移送。这种排放系统一般不具备离线接立根的功能。桥式排放系统如图 1-11 所示。

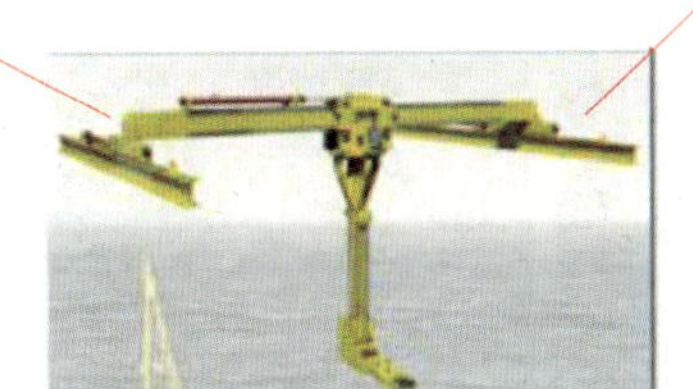

图 1-11　桥式排放系统

（2）机械手式排放系统　机械手式排放系统是将不同类型的机械手安装在钻台、二层台以及井架等位置，通过系统的平面移动或机械手的伸缩功能来实现钻杆的移送。Varco 公司的机械手式排放系统采用机器人控制技术实现对机械手运动的精确控制，来达到准确移动钻杆的目的。MH 公司的机械手式排放系统将上下两个机械手分别安装到二层台和钻台上，通过两个机械手的配合来实现立根在井口和立根盒之间的移送。机械手式排放系统既可以作为辅助设备与其他排放系统配合使用，也可以单独作为钻杆操作系统使用。由于这种系统结构比较简单，安装也相对简单，因此，除了可以将其作为自动化钻井平台的钻杆操作系统外，还可以用它来对现有的一些平台进行改造。机械手式排放系统如图 1-12 所示。

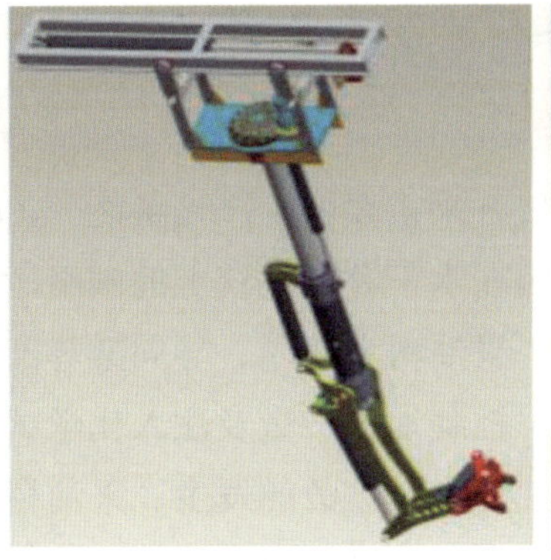

图 1-12　机械手式排放系统

（3）柱形排放系统　柱形排放系统是将两个或多个机械手安装在一个独立支撑的柱形结构上，这种排放系统功能比较强大，适合在多种钻井平台上进行钻杆操作。柱形排放系统与钻杆水平/垂直转换系统相互配合可以实现钻台上钻杆的全自动化处理，并已在超深水钻井船上得到成功运用。柱形排放系统如图 1-13 所示。

图 1-13　柱形排放系统

柱形排放系统多用在新型的自动化钻井平台或钻井船上，作为钻杆等的自动化排放设备使用，相对于其他排放系统，柱形排放系统具有很多优点。其优点包括：结构独立，工作时不会对井架等设备产生附加载荷；大多数可以在钻台上面移动，作业范围大、功能强，部分兼具水平/垂直钻杆转换系统的功能；多数可与钻杆水平/垂直转换系统配合来完成离线单根接立根的操作，提高了工作效率。

1.3　水下生产装备

1.3.1　水下采油树

水下采油树是海洋油气开采重要的生产设备之一，其通过连接器连接在井口上。水下采油树是一组安装在水下井口系统上的阀组，主要包括采油树连接器、采油树本体、采油树阀组、采油树大四通、导向架等部件。水下采油树在水下生产系统中起到注水、注气、控制油气产量及注入化学试剂的作用，同时可通过紧急关闭采油树阀门来防止油井生产事故的发生。采油树中的阀门有电动操作、液压操作及手动操作三种方式。手动操作通过潜水员或水下机器人（ROV）完成。

水下采油树一般可分为干式、湿式、干/湿式和沉箱式四种形式。干式水下采油树把采油树置于一个密封的常压、常温舱里，维修人员像在陆地上一样在舱内进行工作；湿式水下采油树完全暴露在海水中；干/湿式水下采油树可以转换干/湿状态，正常生产时，采油树呈湿式状态，维修时，则由一个服务舱与水下采油树连接，排空海水，使其变成常温、常压的干式采油树；沉箱式水下采油树包括主阀、连接器和水下井口，均置于海床以下的导管内，大大降低了采油树因受外界冲击而造成损坏的概率。

干式水下采油树的装置和仪器繁多、结构复杂、成本高、技术难度较大，且对操作人员存在安全隐患，因此逐渐被淘汰；沉箱式水下采油树与湿式采油树相比，价格一般高出 40% 左右，且无其他明显优势；随着湿式水下采油树所采用的金属材料的耐海水腐蚀性能、水下作业水平的提高及遥控装置的发展，目前湿式水下采油树逐渐成为各石油公司的首选。

目前，常用的湿式水下采油树有立式水下采油树和卧式水下采油树两种。两种水下采油树的不同结构决定了各自的优势与局限，具体见表 1-3。

表 1-3　卧式水下采油树和立式水下采油树的对比情况

名称	优势	局限
卧式水下采油树	（1）侧钻 $8\frac{1}{2}$in 和 6in 井眼或修井起出生产管柱等后续作业不用回收采油树，节约修井和再完井时间与成本 （2）油管挂安装于采油树本体内，坐挂位置和密封面已知；导向筒安装在树体内部，容易定向和坐挂密封 （3）满足井下电潜泵完井对大通径的要求 （4）不同供应商的采油树和井口套管头接口简单	（1）如回收发生故障的采油树（小概率事件），需要先回收生产管柱 （2）树顶部安装水下防喷器进行完井作业时，井口承受更大的弯矩载荷，将影响井口的稳定性与疲劳寿命
立式水下采油树	（1）采用 2 套闸阀作为垂直通道的 2 道压力屏障，比卧式采油树在现场安装的内树帽/堵塞器更可靠 （2）使用钢丝及连续油管等开展的干预作业通过轻型修井船进行，不需要钻井防喷器组 （3）可直接回收有故障的采油树（小概率事件），无须起出生产管柱	（1）修井起出生产管柱，必须先回收采油树 （2）需在防喷器组内部（阻流压井管线的出口或井口连接器）安装定位销钉或定位套筒 （3）下生产管柱前，需下钻打铅印确认油管挂的坐挂位置；如不兼容，需额外安装油管头

1.3.2 吸力锚及水下基础结构

近年来，随着油气开采水深的逐步增加，海洋平台的形式也随之发生变化。当水深大于 450m 时，海洋中波浪的频率与传统的固定式海洋平台装置的固有频率比较接近，容易形成共振。为了避免事故的发生，海洋平台逐渐由固定式平台转向固有频率小于海洋波浪频率的浮式采油装置。这些装置包括柔性的锚塔结构（CPT）、浮式采油系统、张力腿平台（TLP）、立柱式平台（Spar）等，后三种装置是通过锚链系统定位于海中。与传统的海洋平台不同，这些新海洋平台需要其基础能承受竖向和侧向拔力，以及风、波、流引起的各种荷载。基础的承载能力决定了浮式平台和水下设施能否可靠定位，对于深水油气开发安全有重要影响。常见锚的类型有吸力锚（吸力式锚）、拖拉式板锚、吸力式板锚和法向承力锚。

吸力锚（Suction Anchor）是一种为船只提供系泊力，或作为海洋平台、大型码头等构筑物的基础结构，广泛用于海底管道敷设施工中作起始点锚固用，且已成为目前全球深水油气田开发工程中应用水深最深、海域范围最广的浮式平台的锚泊基础。

吸力锚在经济性和技术性上具有以下几个显著特点：

1）材料和制造成本低廉。

2）海上安装施工简便。

3）安装工期短。

4）不需要打桩设备。

5）抗拔性能卓越。

6）就位准确，对不同的土质具有广泛的适用性。

7）可以实现易地复用等。

吸力锚在海洋工程领域有着明显优于其他锚或其他基础形式的经济、技术特性，已经广泛应用于各种海上结构设施，如船只系泊、浮桶定位、存储设施、灯塔、导管架和其他平台等。吸力锚在我国的近海工程、深海工程中具有广阔的应用前景，能够降低我国深水油气田开发生产中昂贵的设计与设备租赁费用，促进我国深海油气田的开发。

目前，国外在深水吸力锚的设计与海上安装施工技术方面已经非常成熟，应用水深最深已超过 2 500m。深水吸力锚在国内虽然还没有得到广泛的应用，但其在国内的应用前景十分广阔。

1.3.3 水下跨接管及连接器

我国南海 1 480m 水深的荔湾 3-1 重大气田的发现，拉开了我国深水油气田开发的序幕。我国深水油气田的不断开发，要求我国在水下生产系统方面有所突破，以满足我国深水油气田的开发需求。

水下跨接管主要用于水下生产设施之间的连接，如水下采油树与水下管汇和水下管线、水下管线终端与水下管汇等，是水下生产系统的主要连接设施。

1. 水下跨接管

典型的水下跨接管是在管道的两头分别有一个连接器接头。管道是刚性的，叫作刚性水下跨接管；管道是柔性的，叫作柔性水下跨接管。

在水下采油树与管汇、管汇与管汇等之间的水下跨接管基本上是刚性管，它们通常水平地放置在海底。当水下的硬件设备都安装完毕后，它们之间的距离就确定下来，这时就可以精确地制造水下跨接管了。

柔性水下跨接管由两个终端接头以及接头之间的柔性管组成，主要用于输送油气，也可用作分离船体的隔离管和浮式生产储卸油装置的隔离管。

海底设备之间的连接通常采用刚性水下跨接管。与刚性水下跨接管相比，柔性水下跨接管的制造和安装要求更低。

2. 水下连接器

水下连接器种类较多，根据连接原理可以分为套筒式水下连接器和卡箍式水下连接器，按照驱动方式可以分为机械式水下连接器和液压式水下连接器，按照连接方向可以分为水平水下连接器和垂直水下连接器。

各类水下连接器的特点见表 1-4。

表 1-4　各类水下连接器的特点

分类依据	类型	特点
按连接原理分	卡箍式水下连接器	适用大孔径；结构简单、技术难度相对较低、重量轻；应用较少，主要用于浅水；主要用于水平连接
	套筒式水下连接器	适用多种孔径；结构较复杂，技术难度高；应用比较多，主要用于深水；水平和垂直连接都适用
按驱动方式分	液压式水下连接器	连接器本体结构复杂；安装过程简单；液压元件留在海底，可靠性差；单个连接器价格高
	机械式水下连接器	连接器本体结构简单；安装过程复杂；仅依靠机械，可靠性较好；单个连接器价格低

（续）

分类依据	类型	特点
按连接方向分	垂直水下连接器	适应管径小（一般为12in以下）；简单，轻便，成本低，安装工具可重复利用；对测量要求高；体积大，重量大
	水平水下连接器	适应管径大（一般为12in以上）；安装工具液压结构比较复杂，成本较高；对测量要求比较低；体积大，重量大

套筒式水下连接器在水下生产设施之间的连接中应用得非常广泛，逐渐在深海领域占据了主导地位。

1.3.4 防喷器及水下防喷器组

防喷器是用于试油、修井、完井等作业过程中关闭井口，防止井喷事故发生的安全密封井口装置。在钻井时，防喷器安装在井口套管头上，当井内油气压力很高时，防喷器能把井口封闭（关死）。从钻杆内压入重泥浆时，其闸板下有四通，可替换出受气侵的泥浆，增加井内液柱的压力，控制高压油气喷出。

防喷器分普通防喷器（单闸板、双闸板）、环形（万能）防喷器和旋转防喷器等。普通防喷器有闸板全封式和闸板半封式之分，闸板全封式的可以封住整个井口，闸板半封式的可以封住有钻杆时的井口环形断面。环形防喷器可以在紧急情况下起动，应付任何尺寸的钻具和空井。旋转防喷器可以实现边喷边钻作业。在深井钻井和海上钻井中，通常是除安装两种普通防喷器外，再加上万能防喷器、旋转防喷器，使三种或四种防喷器组合装于井口。

由于深水钻井对井控有较高的要求，因此其一般采用水下布置防喷器组的方式。水下防喷器组一般由若干环形防喷器、变径闸板防喷器、剪切闸板防喷器组成，根据水深不同，可以配置不同形式的水下防喷器组。水下防喷器组以安全、可靠为首要目标，能够在各种情况下迅速有效地关闭井口。

陆地和浅水防喷器组等井控设备的设计和工艺技术以及使用经验已相当成熟。但当将防喷器组安装在深水海底时，由于作业环境的特殊性，不仅防喷器组本身的性能和结构有变化，而且控制系统、钻井作业程序以及设备的使用程序也要做相应的改动。与陆地和浅水防喷器组相比，水下防喷器组主要有四个方面的工作特点。

1）工况更加恶劣，设计、安装和使用时需要考虑的因素较多。因为在深水中使用，必须考虑外部静水压力的影响。由于要安装在海底，其安装作业的难度、成本与陆地和浅水钻井作业相比都急剧增加，一般到达 300m 水深以后，就必须考虑气体水合物的影响。

2）深水钻井的风险和投资十分巨大，对水下防喷器的性能提出了更高的要求，为适应这一点，防喷器的尺寸（壁厚、体积等）明显增加。

3）由于使用了细长（长度一般与作业水深相同）的节流压井管线，所以进行井控作业时，必须考虑流体在其中流动产生的压耗。由于水下防喷器组体积的增加，需要更多的流体来实现对防喷器组的控制，因此，对液压控制系统的工作能力和响应时间提出了更高的要求。

4）为避免液压控制液在返回管线中产生较大压降，一般将液压控制液排放到海水中而不使其返至水面，这就要求使用的液压控制液是一种无腐蚀性、无污染的环保流体。另外，为保证液压控制系统有足够短的响应时间，这种工作液的黏度应该尽量小，并具备很好的润滑性。

防喷器组在深水钻井过程中的作用是在发生井喷或者井涌时控制井口压力，在台风等紧急情况下钻井装置必须撤离时关闭井口，保证人员和设备的安全，避免造成海洋环境污染和油气资源破坏。

1.3.5 水下阀门及执行机构

在水下过钻杆中间通路和采油树管路中所使用的阀和阀组，应符合 ISO 10423 中适用的通径尺寸要求。对应用于过出油管中的阀和阀组，应按照 ISO 13628-3 的过出油管泵送作业系统来进行设计。深海开采油气是未来资源开发的发展趋势，水下阀门是水下采油树及水下管汇设备的关键部件。《API SPEC 6A 井口和采油树设备规范》中涉及的输油阀、多管完井阀、自动关闭阀及单向阀等，一般采用闸阀、旋塞阀和蝶阀。

1. 闸阀

闸阀的启闭件是闸板，闸板的运动方向与流体方向相垂直。闸阀只能全开或全关，不能用于调节和节流。闸板有两个密封面，最常用的模式是闸板的两个密封面形成楔形，楔形角随阀门参数而异。楔式闸阀的闸板可以做成一个整体，叫作刚性闸板，也可以做成能产生微量变形的闸板，以改善其工艺性，弥补密封面角度在加工过程中产生的偏差，这种闸板叫作弹性闸板。

2. 旋塞阀

旋塞阀是用带通孔的塞体作为启闭件的阀门，塞体随阀杆转动，以完成启闭动作。阀塞的形状可成圆柱形或圆锥形。在圆柱形阀塞中，通道一般成矩形，而在锥形阀塞中，通道成梯形。旋塞阀适合用于切断和接通介质以及分流，也可用于节流。常用的旋塞阀（按旋塞形状分类）包括圆柱形旋塞阀和圆锥形旋塞阀。

3. 蝶阀

蝶阀又叫翻板阀，是一种结构简单的调节阀。蝶阀的启闭件是一个圆盘形的蝶板，在阀体内绕其自身的轴线旋转，从而达到启闭或调节的目的。蝶阀和蝶杆本身没有自锁能力，为了蝶板的定位，需要在阀杆上加装蜗杆减速器。采用蜗杆减速器可以使蝶板具有自锁能力，能够停止在任意位置上，同时能改善阀门的操作性能。

1.3.6 水下管汇

水下管汇是基于重力的海床结构，由阀门、管线和配件组成。水下管汇是生产汇集点，汇集从水下井口产出的流体，并将汇集的流体输送到主平台。在一些水下项目中可能不需要水下管汇，如采用独立水下采油树直接回接到主平台上进行开发的项目。水下管汇如图 1-14 所示。

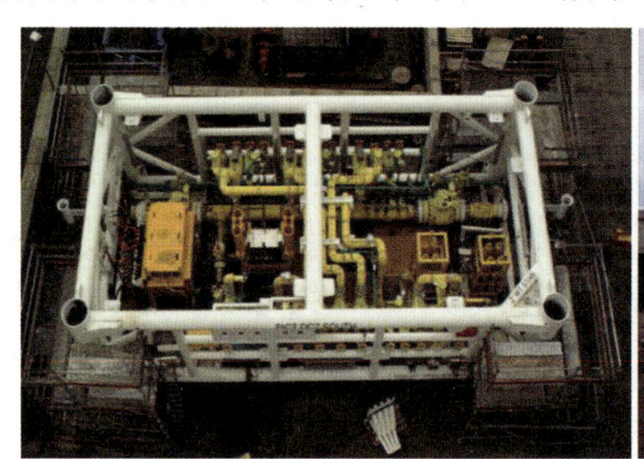

图 1-14 水下管汇

水下管汇的布局可以是任何形状，但通常为长方形或圆形，可以是一个独立的结构，也可以集成井口底盘。水下管汇采用桩固定在海床上，或采用边桩扎入海底泥面以下进行固定。水下管汇的尺寸由井口数目和吞吐量及水下井口集成到管汇系统上（如采用基盘、独立生产管线连接等）的方式来决定。

1. 主要功能

水下管汇具有以下主要功能：

1）汇集和控制底盘井和卫星井产出的井液，并通过海底管线将其输往附近的平台进行油气处理。

2）输送来自水面的气体至各井口，实现气举；从上部设施通过管汇向各井泵送过出油管（TFL）工具。

3）向各井注入化学药剂。

4）通过管汇对单井的产液特性进行测试和计量。

5）可在平台上进行遥控操作等。

2. 基本结构

典型的水下管汇系统的基本结构如下：

1）管汇部分，主要由管道系统和阀组成。

2）清管回路模块，用来提供管路的清管操作。

3）中间部分，用来连接各个组块。

4）防护罩，用来保护整个系统不被外界破坏。

5）底座部分，用来支撑整个系统，并与海床接触。

3. 分类

一般地，水下管汇按照其功能可以分为以下几类：

1）生产管汇，将多条管道中的介质流动汇集到一条单独的管道中。

2）分配管汇，将一条单独管道中的介质流动分配到多条管道中，一般用于注水、注气、注化学药剂。

3）混合管汇，同时具有上述两类管汇的功能。

一般管汇分为双管管汇和单管管汇两种。两种管汇的优缺点比较如下：

1）双管管汇有利于清管；单管管汇清管需要连接水下发球器，或者预留接口，清管时连接水上设施进行清管。

2）双管管汇可以降低单根管汇的尺寸，便于施工和安装；单管管汇尺寸较大，不利于施工和安装。

3）双管管汇操作弹性较大，在单根管汇发生故障时，另一段管汇仍可保证部分生产井的生产；单管管汇发生故障时，整个油田都要停产。

4）双管管汇初始投资可能较单管管汇要大。

水下管汇按照其连接井口的数目可分为2槽管汇、4槽管汇、6槽管汇、8槽管汇等。

1.3.7 管线/管汇终端

在水下生产设施的连接系统中，当利用水下连接管线，如跨接管、飞线、脐带缆等与水下生产设施连接时，则另外一端需要布局流动管线、立管或输出管线进行正常的油气生产。在深水油气田的开发中，因两个刚性管线之间的连接比较困难，且水下生产设施的规模较大，管线数量较多，故如何能够在深水中无须潜水员就能够实现刚性管线与水下生产设施之间的连接，同时能够对水下管线进行汇集和分配，优化其布局，减少管线的使用数量等，在水下生产系统开发中是一个非常重要的问题。而管线/管汇终端正是解决这两大类问题的设备。

管线终端(Pipeline End Terminate，PLET)主要用于实现水下采油树、水下管汇、管线等生产设施之间的连接。另外，因管线与水下生产设施之间一般通过跨接管连接，故狭义上说，管线终端主要用于管线与管线之间的连接。

管汇终端（Pipeline End Manifold，PLEM）是管线与水下设备，如水下采油树、水下管汇、水下处理设备等的连接装置，同时具有汇集和分配水下管线的功能。与水下管汇相比，其结构简单、功能单一、成本低，不具备复杂功能；管汇终端与管线终端的最大区别是，管汇终端能够起到汇集和分配水下管线中的油、气、水、化学药剂等的作用，从而达到优化海底管线布局、缩短建造时间、节省成本等目的。

尽管在庞大的水下生产系统中，管线/管汇终端只是一个较小的部件，但其在实现管线与水下生产设施的连接、控制整个水下生产系统的经济性指标中占有重要的地位。

（1）管线终端　尽管因管线终端的功能不同，其毂座的数量、管径尺寸等会有所不同，但其基本上由防沉板、共轭架座和主结构框架三大部分组成。按照用途来分，管线终端可分为输气用管线终端和输油用管线终端，且其管径可以有多种尺寸，如 4in、10in 和 32in 等。

（2）管汇终端　管汇终端因具有水下管线的汇集和分配、优化海底布局、减少管线使用数量成本较低等优点，故在深水油气田的开发中应用得较为广泛，当目标海上油气田的井口较少或者无复杂要求时，其甚至可以代替管汇，借助跨接管直接将管线与水下采油树相连，从而实现油气田的注入和输出功能，大大地降低了深水油气田的开发成本。

典型的管汇终端主要由防沉板、主结构框架、共轭架座等组成。

1.4　海洋立管系统和海底管道

1.4.1　海洋立管系统

海洋立管系统是深海油气田开发系统的重要组成部分，主要由深水立管组成。

深水立管是连接水面浮式装置和位于海床的海底设备的导管，其主要作用为输送石油、天然气等。

海洋立管系统主要功能包括：生产和回注；输出/输入或循环流体；支撑辅助管线；修井机工具到井口的导向。

深水立管从结构型式上可分为钢质悬链线立管、顶部张紧立管、柔性立管、混合立管。

1. 钢质悬链线立管

钢质悬链线立管出现于20世纪90年代中期，经过二十几年的发展，已经发展为简单悬链线立管、惰性波浪形立管、陡峭波浪形立管等不同形式，并已被成功应用于张力腿平台、柱筒式平台、半潜式平台、浮式生产平台，使用水深超过3 000m，是用于深水湿式采油树生产、注水/气、输油/气的一种设备。

2. 顶部张紧立管

在干树平台中，顶部张紧立管用于连接水下井口和水上生产设备，从海底井口穿过平台的龙骨位置延伸到平台的生产甲板附近。顶部张紧力立管由外部套管和内部生产管组成，用来传输油气。外部套管为整个立管提供有效的机械防护，内部生产管作为油气等流体的流动通道。

3. 柔性立管

柔性立管是一种多层复合结构的立管，各层的结构不同，承担的功能也有所不同。随着设计分析技术的完善，柔性立管由于具有良好的力学性能、耐蚀性、方便安装和回收等优势，在深水油气开采中得到了广泛应用。

4. 混合立管

混合立管可以近似看作由一段几乎垂直于海床的刚性立管和一段柔性跳接管组合而成，是刚性立管和挠性立管的结合。

5. 立管优缺点及适用性

不同类型立管的优缺点及适用性比较见表1-5。

表1-5　不同类型立管的优缺点及适用性比较

立管类型	优缺点及适用性
顶部张紧立管	优点：可用于干式水下采油树；可用于钻井、完井和修井；布置紧凑 缺点：只适用于张力腿平台；结构复杂；作用在浮式生产装置上的载荷较大；不能与浮式生产装置快速脱开 适用性：适用水深小于1 500m

（续）

立管类型	优缺点及适用性
钢质悬链线立管	优点：结构简单；造价低；使用水深较深 缺点：需要的布置空间大；作用在浮式生产装置上的载荷大；疲劳问题突出 适用性：适用于各种浮式生产装置
柔性立管	优点：适用于各种浮式生产装置；通常不存在疲劳问题 缺点：造价十分高昂；管径存在一定限制；使用水深存在一定限制；需要的布置空间较大 适用性：适用于各种浮式生产装置
混合立管	优点：可搭配各种浮式生产装置，通常为浮式生产储卸油装置；与浮式生产装置的运动耦合度小；适用于深水和超深水；疲劳问题小；可与浮式生产装置快速解脱和连接；作用在浮式生产装置上的载荷小；布置较为紧凑 缺点：部件较多 适用性：适用于半潜平台和浮式生产储卸油装置

1.4.2 海底管道

海底油气管线是海洋油气田内部设施连接和所开采油气资源外输的重要设施，其示意图如图 1-15 所示。海底油气管线是以海底管道为主的一个完整系统，包括用于输送油气的海底钢质管道工程设施及所有相关的组成部分，是海底管道、立管、支撑构件、管道附件、防腐系统、加重层、泄漏监测系统、报警系统、应急关闭系统和与其相连的海底装置等的统称。海底管道是海底油气管线最主要的三个组成部分之一。

图 1-15 海底管线示意图

在海底油气管线中，海底管道指在最高水位时处于水面以下的管道，它们可能全部或部分地悬跨在海床上，或放置于海底，或埋置于海底土壤以下，位于缓坡度的接岸段管道（或登陆管段）也是海底管道的一部分。

从海底管道在海上油气田开发中所起的作用看，可以将其分为以下几种类型：

1）井口至海底管汇或平台的出油（气）管道。

2）平台与水下管汇之间或平台之间的集油（气）管道。

3）上岸或至海上装油设施的外输管道。

4）注水管道，其走向一般与油田内集油（气）管道相同。

海底管道建成投产后，几乎不受水温、地形、海况等条件的限制或影响而能够连续作业，这是它的显著优点。但它也存在一些明显的缺点，如检查维修不太方便，某些处于低潮差带和波浪破碎带的管段（如上岸管道的登陆段、立管等部分）承受的载荷复杂，容易遭受船舶或海上漂浮物的碰撞而损坏等。

在海洋油气田中，海底输出管道从油田向陆地终端进行油、气及水的输送。油（气）输出管道通常连接于海上油气田的处理平台至陆地石油终端之间。也有的连接于浮式生产储卸油装置和装载浮筒之间，穿梭油轮再将油气运回岸上。海底输出管道按输送介质可划分为海底输油管道、海底输气管道、海底油气混输管道和海底输水管道等，按结构可划分为单层管道和双重保温管道。

1. 单层管道

单层管道一般应用于陆地或水深较浅的海域，由于其结构缺乏绝热保温措施，故不适于热油的输送，输水管道一般采用单层管道。单层管道由里到外分别是钢管、防腐绝缘层（常用煤焦油磁漆、沥青磁漆、环氧树脂以及聚丁橡胶等）、混凝土防护层（常以水泥、水、砂和必要的骨料制成）。钢管的级别根据压力大小、抗侵蚀能力、重力要求、焊接性能还有成本来确定，混凝土防护层除了对内部有机械保护作用外，还能起到配重的作用。

2. 双重保温管道

双重保温管道应用于深海敷设，它解决了保温问题，主要用于输送高黏度、高含蜡量、高凝固点的原油，输油管道、输气管道和油气混输管道均采用双重保温管道。在某些特定环境下，油气混输管道具有单相管道无法比拟的优点。油气混输管道可以将生产的油气直接输送到陆地石油终端，避免了在海底安装油气分离和加工设备，可以大大减少安装及运营费用。目前，油气混输管道已从过去的直径小、输送距离短逐步向直径大、输送距离长的方向发展。虽然油气混输管道有很多优点，但由于其流体状态极为复杂，人们尚未完全掌握其流动规律，目前各国均未能对其给出成熟的应用方案。

双重保温管道是在两层钢管壁之间充填隔热保温材料，从而形成管中管结构型式。隔热保温材料多采用聚氨酯泡沫型料。采用这种结构不仅减少了热损失，改善了管道的流动性能，而且还因为增加了管道的重量，从而可取消混凝土加重层。和单层管道一样，钢管的级别也是根据压力大小、抗侵蚀能力、重力要求、焊接性能以及成本的情况而定，聚氨酯泡沫填料对管道起到高效绝缘、保温的作用。外层钢管壁上有一层防腐绝缘层，它具有耐腐蚀作用，可防止海水对管道的腐蚀。

双重保温管道双层管结构中内管与外管一般有以下三种连接结构：

1）内管与外管之间可以自由移动的套式结构。

2）内管与外管分段间隔固定的连接结构。

3）在内外管之间的空隙中灌注水泥或水泥砂浆的全线固结的连接结构。

与穿梭油轮相比，海底管道的优点有：

1）输油效率高。由于在海底几乎不受海况及海洋环境的影响，也不受海上储油设施容量的限制，没有穿梭油轮接运时间延迟的问题，因此，海底管道可以连续输送，输送效率高。

2）输送能力大。与使用穿梭油轮运油或液化天然气船运输相比，海底管道的输送能力更大。

3）经济效益高。海底管道敷设工期短，投产快，节省投资，运行管理方便，操作费用低，经济效益较高。

海上油气田输送油（气）选择穿梭油轮或海底管道的原则是：近海一般采用海底管道；远海主要是根据海况、油田油气储量等因素综合考虑后来选择，以保证经济效益最好为原则。

参考文献

[1] 李志忠，赵宏伟，周昶，等．我国海洋油气开发与未来潜力分析 [J]. 中国能源，2015，37（4）：41-44.

[2] 刘健奕．海洋油气开发形势及装备需求 [N]. 中国船舶报，2016-08-19（3）.

[3] 傅小荣．海洋油气开发将引领海洋工程新时代 [N]. 中国能源报，2018-01-08（4）.

[4] 刘康．我国海洋战略性新兴产业问题与发展路径设计 [J]. 海洋开发与管理，2015，32（5）：73-79.

[5] 刘二森．全球海洋工程装备市场回顾与展望 [J]. 中国船检，2018（1）：80-86.

[6] 马昌峰，王宝毅，张光华．中国石油海洋油气业务发展的机遇与挑战 [J]. 国际石油经济，2016，24（3）：17-24

[7] 崔青．海洋平台发展现状及前景 [J]. 石化技术，2018，25（6）：213.

[8] 吴小东，陈英俊．复杂适应系统视角下的海洋油气装备产业技术协同创新机制 [J]. 石油科技论坛，2016，35（4）：47-52.

[9] 廖谟圣．海洋和深海油气开发与超深钻井装备发展展望 CPPEI[C].// 中国石油和石化工程研究会．中国石油和石化工程研究会第九届会员代表大会论文集，2008：33.

[10] 周守为，李清平，朱海山，等．海洋能源勘探开发技术现状与展望 [J]. 中国工程科学，2016，18（2）：19-31.

第 2 章

海洋油气钻采设施

2.1 概述

海洋油气钻采设施主要包括海洋钻井平台和钻井用船、钻井隔水管和钻杆自动处理系统等。其中，海洋钻井平台和钻井用船包括自升式钻井平台、半潜式平台、导管架平台、张力腿平台、立柱式平台、浮式生产储卸油装置（FPSO）、钻井船与修井船、敷管船和液化天然气（LNG）船。有人将上述平台和钻井用船归为两大类：移动式钻井装置和固定式钻井装置（非移动式）。移动式钻井装置指完成钻井作业后可以移走的装置，固定式钻井装置主要指在海上安装就位后不能移动的装置。前者包括钻井驳船、钻井船、内陆驳船、半潜式钻井平台、钻井模块、坐底式钻井平台、自升式钻井平台，后者包括固定式导管架平台、重力式混凝土平台等。

从海洋油气钻采设施的发展历史可知，最早出现的海洋油气钻井平台是栈桥式钻井平台，海边搭架子式栈桥，基本是陆地钻井的延伸，这是陆地钻机首次步入海洋钻井。在离岸较远一些的地方，由于当时经济、技术等因素的制约，建造栈桥式钻井平台受到了限制，自然就出现了钻井驳船。1932 年美国德克萨斯公司建造了第一条钻井驳船 Mcbride，进行了人类历史上第一次浮式钻井。由于当时船上装了许多设备物资和器材，在钻井时该驳船就直接坐到海底，从此就沿用这样的方式进行钻井，这就是第一艘坐底式钻井驳船。从此以后，各国设计和制造了不同形式的坐底式钻井驳船。1947 年布勒道 20 号坐底式钻井驳船的使用，标志着现代海上钻井业的诞生。后来由于经济原因，自升式钻井平台开始兴起。滨海的钻井承包商认识到，在同样的水深作业，自升式钻井平台的升降系统造价比坐底式钻井驳船要低得多，世界上第一座自升式钻井平台迪龙一号在 1950 年问世。同年，出现了第一条钻井船，即 Cuss 财团建造的 Submarex 号钻井船。制造第一座半潜式钻井平台的灵感来自于坐底式钻井驳船被拖航移位时给人们的偶然启发，坐底式钻井驳船是半潜式钻井平台的雏形。1962 年，壳牌石油公司用世界上第一艘半潜式钻井船碧水一号钻井成功。碧水一号原来是一艘坐底式钻井驳船，工作水深 23m。为了减少移位时间，该公司在碧水一号吃水 12m 的半潜状态下将其拖航。在拖航过程中发现，钻井驳船很稳定，可满足钻井时所需要的稳定状态。于是该公司受到了启发，后来便把钻井驳船改装成了半潜式钻井平台。

随着海洋钻井技术的发展，固定式钻井装置也得到了发展，特别是在近海的石油钻井装置。固定式钻井平台出现得较早，1911 年，世界上第一座固定式钻井平台出现在美国路易斯安那州的 Caddo 湖上。固定式钻井平台包括导管架平台、重力式平台（水泥重力式、钢质重力式）、张力腿平台等。张力腿平台一般依靠固定在海底的锚链系泊固定，是固定式钻井平台的一种新形式，可用于钻井，但更多的是作为采油生产平台，它是一种垂直系泊的顺应式平台。自 1984 年世界上第一座由 Conoco 公司建造的张力腿平台正式安装在欧洲北海的 Hutton 油田以来，张力腿平台获得了迅速发展。最近投入使用的张力腿平台的工作水深已达 1 250m。张力腿平台结构型式多样，但一般与半潜式钻井平台相似。目前，海洋工程界正不断对张力腿平台的新型式进行探索，以适应不同海上作业条件的要求。

固定式钻井平台的另一种新形式是立柱式平台，其系泊形式和张力腿平台不同，采用斜线系泊，而且系泊钢缆不像张力腿平台那样具有很大的预张力。

由于风、浪、潮汐、海流等的作用，浮式钻井装置钻井时经常产生钻井平台的漂移、摇晃、上下及升沉等问题，钻头随时可能离开井底，钻出的泥浆返回漏失。当遇到高压油气层时，由于大直径导管的伸缩运动而使其不能再耐高压等，于是人们设计防喷器以解决此问题，最初使用的简易水下防喷器，把浮式钻井技术向前推进了一步。浮式钻井比较灵活，移位快，能在深水中钻井，但受风浪海况影响大，稳定性相对较差，给钻井带来困难。随着浮式钻井技术的不断进步，升沉补偿装置及张紧器、水下钻井设备和控制系统等得到了发展，相关设备如水下机器人（ROV）、潜水作业设备、定位系统、水下井口等也有了很大发展。

2.2 发展现状与方向

2.2.1 自升式钻井平台

自升式钻井平台的优点较为突出，主要有：①生产所需钢材少，造价低，一座自升式钻井平台的造价一般为 1 亿～ 3 亿美元，比半潜式钻井平台的造价低 50% ～ 60%；②机动性能好，具有移动式钻井平台可移位的特点；③兼具有固定式钻井平台的优点，如没有平台的漂移、摇晃、升沉运动等，在各种海况下都能平稳地进行钻井作业。其缺点也较为明显，主要有：①由于桩腿长度有限，其工作水深受到限制，作业水深一般为 5 ～ 120m，目前自升式钻井平台作业水深最深可达到 168m；②随着作业水深的增加，桩腿重量增加很快，同时拖航时桩腿升得很高，造成重心高、稳定性差、抗风能力差，对平台稳定性和桩腿强度都不利；③当移到新井位时，风浪导致平台在水面摇荡不已，使桩腿下降触底时有可能被损坏；

④海底工程地质条件不好时易发生刺穿事故；⑤当大风暴（我国海域灾害性天气主要为南风北冰）来临急需拔腿移位时，有可能发生拔不出桩腿的危险。

尽管自升式钻井平台有上述缺点，但自升式钻井平台却应用最为广泛。据公开统计资料，截至 2016 年，全球共有自升式钻井平台 636 座，占全部海洋钻井装置的 45%，占比远远超过其他类型的钻井平台。由于工程技术的发展，自升式钻井平台无论是新设计的还是升级改造的，其钻井能力、抗风能力以及应用性能都大大得到提高，在海洋钻井中发挥了主力军的作用。

我国共有 40 多座自升式钻井平台，中海油田服务股份有限公司（简称中海油服）通过并购和新造近年增加了 10 多座，中国石油海洋工程有限公司为满足滩海浅水作业新造了多座平台。其中，2007 年年底前中国海油有 13 座，分别是渤海 4 号、渤海 5 号、渤海 7 号、渤海 8 号、渤海 9 号、渤海 10 号、渤海 12 号、南海 1 号、南海 4 号、海洋石油 931、海洋石油 935、海洋石油 941 和海洋石油 942，作业水深 40 ～ 122m，最大钻井深度 6 000 ～ 9 144m。

截至 2015 年，我国三大石油集团所拥有的中深水桁架式自升式钻井平台共计 31 座，其中中国海油的海洋石油 941 和海洋石油 942 是采用同一图样制造的姐妹船，如图 2-1 所示。海洋石油 941 由大连船舶重工集团公司于 2006 年 5 月 31 日建成并交付给中海油服。该平台总投资额逾 10 亿元，是国内作业水深最深、自动化程度最高的自升式钻井平台。海洋石油 941 的悬臂梁长达 75ft（1ft=0.304 8m），可自由移动，一次定位最多能钻 30 多口井；钻井深度可达 9 144m；作业水深 122m，可以覆盖 90 ～ 120m 水深的海域，适合于我国黄海、东海和南海的大片海域。

图 2-1　海洋石油 941 自升式钻井平台

由于桩腿长度的限制，自升式钻井平台的作业水深也不可能很深，一般为 5 ～ 120m。从现有资料可看出，世界范围内有 58 座自升式钻井平台的作业水深达到 100m 以上，其他的作业水深基本上在 100m 以内。Rowan 公司的 Gorilla Ⅷ号自升式钻井平台作业水深达 168m，是目前自升式钻井平台世界之最。

据有关资料介绍，由于水深 200m 以内的浅海的石油储量占已探明海洋石油储量的 55% ～ 70%，为了开采这一工作水深的油气，当然优先考虑最适合此段工作水深、造价相对较低、工作安全、操作费用较低的自升式钻井平台。

从建造年代看，20 世纪五六十年代建造的自升式钻井平台仍有 9 座没有报废。20 世纪 70 年代建造的自升式钻井平台有 113 座，80 年代建造的有 242 座，90 年代建造的有 17 座。进入 21 世纪又建造了 12 座，近年仍有多座已建成或正在建造中。一些资料表明，有 104 座自升式钻井平台的可变载荷超过 2 000t，这其中有 29 座的可变载荷超过 3 000t，Rowan 公司的 Gorilla Ⅶ号可变载荷达 6 771t。具有代表性的自升式钻井平台见表 2-1。

表 2-1　具有代表性的自升式钻井平台

项目	平台名称				
	Petrobras Ⅳ	Petrobras Ⅴ	Rowan Gorilla Ⅳ	Rowan Gorilla Ⅴ	Rowan Gorilla Ⅵ
可变载荷 /t	1 167	1 784	2 667	5 208	6 771
船体尺寸（长 × 宽 × 高）/m	38×36×4.9	63×54×6	91×89×9.1	94×92×11	94×92×11
作业水深/m	36	76.2	137.2	122	122
钻井深度/m	3 500	6 096	9 144	9 144	9 144
工作海域	拉丁美洲	拉丁美洲	墨西哥湾	加拿大西海岸	墨西哥湾

世界上第一座自升式钻井平台迪龙一号建于 1950 年；1954 年建造了第一艘采用气动机械升降、可移动的自升式钻井平台；1955 年建造了第一座三腿自升式钻井平台天蝎号，首次在桁架式桩腿上使用了齿条和齿轮升降系统；1956 年建造的 54 号自升式钻井平台在桁架式桩腿上使用了液压升降系统；1957 年建造的嘎斯先生Ⅱ号开始采用带液压升降系统的沉垫支承式装置；1967 年建造的德莱塞 1 号开始具有自定位功能；1974 年，移动自升式钻井平台可以在 105m 水深的海域作业；1986 年建造的自升式钻井平台 Rowan Gorilla Ⅳ作业水深可达

137.2m；2002 年建造的自升式钻井平台 Maersk Innovator 作业水深可达 152.4m；作业水深达 168m 的自升式钻井平台目前也已经出现。

2.2.2 半潜式钻井平台

国内有 5 座半潜式钻井平台，作业水深 200 ～ 457m，最大钻井深度 6 000 ～ 7 620m。其中，中国海油有 3 座，分别是南海 2 号、南海 5 号、南海 6 号；中国石化有 2 座，分别是勘探 3 号、勘探 4 号。国内的半潜式钻井平台主要在我国南海、东海作业，同时也走出了国门，如 2006 年 8 月南海 2 号在印度尼西亚海域作业，南海 6 号在澳大利亚作业，勘探 3 号在俄罗斯的萨哈林海域作业。

我国从 20 世纪 70 年代就开始研究和设计半潜式钻井平台。1984 年，我国成功建造的勘探 3 号半潜式钻井平台在东海石油和天然气勘探中发挥了重要作用。该平台是六立柱、双下壳体、矩形非自航半潜式钻井平台，用于东海和南海水深 35 ～ 200m 的海域，浅水坐底作业时最小作业水深 35m，深水作业时最大作业水深 200m。平台设计风速 51.5m/s，波高 18m，潮流流速 3kn（1kn=1.852km/h）。平台总长 91m，总宽 71m，总高 100m（自下壳体基线至井架顶）。平台上部为矩形，型长 72m，型宽 63.7m，型深 52m；主甲板距基线 30m，上甲板距基线 35.2m。平台有 6 个圆形立柱，直径 9m，每侧有一个中间立柱，两端有首、尾立柱，立柱高 24m。平台有两个下壳体，每个型长 90m，型宽 14m，型深 6m。平台共有 18 根圆管形撑杆，其中水平横撑 2 根，直径 2m，连接首立柱和尾立柱；水平斜撑杆 8 根，直径 2m，将中间立柱与对面首、尾柱相连；两端垂向斜撑杆 4 根，直径 1.5 m，使两端立柱与上部平台相连；中间斜撑杆 4 根，直径 1.5m，使中间立柱与上部平台井口区四角相连。

中国南海西部石油公司引进了南海 2 号和南海 5 号半潜式钻井平台，在南海进行石油勘探。南海 2 号平台作业水深 305m，钻井深度 7 620m，1974 年交付使用，属于第二代半潜式钻井平台，2006 年 8 月南海 2 号在印度尼西亚海域进行作业。我国已积累了设计、建造和使用半潜式钻井平台的经验。半潜式钻井平台在我国东海和南海勘探中发现了一批油气田。随着我国海洋开发事业的发展，半潜式钻井平台在我国将会得到更广泛的应用。

据有关资料介绍，目前世界上有 107 座半潜式钻井平台的钻井深度达 7 620m，有 22 座钻井深度达 9 144m，有 5 座钻井深度在 9 144m 以上。2003 年 Globle Santafe 公司建造的 Development Driller 1 号安装了钻深 11 430m 的钻机。半潜式钻井平台的作业水深远远超过自升式钻井平台，随着动力定位系统的采用，目前有 17 座半潜式钻井平台的作业水深达 2 000m 以上，有 2 座作业水深超 3 000m，分别是 Eirik Raude 号和 Deepwater Horizon 号。国外半潜式钻井平台主要在北海、墨西哥湾、拉丁美洲、西非、地中海等海域作业。半潜式钻井平台性能比较见表 2-2。

表 2-2 半潜式钻井平台性能比较

项目	平台名称			
	Noble Lorris Bouzigard	Noble Homer Ferrington	Pride North America	Deepwater Horizon
可变载荷 /t	1 917	4 000	7 263	8 820
作业水深 /m	716	1 829	2 286	3 048
钻井深度 /m	7 620	7 620	7 620	9 144
工作海域	墨西哥湾	墨西哥湾	西非	墨西哥湾

2.2.3 导管架平台

自导管架平台第一次被运用以来，我国的导管架平台产业发展迅速，国家产业政策鼓励导管架平台产业向高技术方向发展，国内关于导管架平台的新增投资项目逐渐增多。投资者对导管架平台产业的关注越来越密切，这使得导管架平台产业越来越受到社会各方的关注。

中国海油于 2008 年 4 月 29 日宣布，由海洋石油工程股份有限公司（简称海油工程）总承包建造的亚洲海上油气田最大导管架平台 —— 番禺气田深水导管架平台成功下水并扶正，经水下机器人检测，各项指标满足技术规范要求，达到国际水平，这标志着海油工程在深水领域进行超大型海上导管架平台下水作业和安装方面又创造了新纪录。番禺气田深水导管架平台为 8 腿 12 裙桩，高 212.32m，质量 16 216t，是中国海油在南海自营开发、投资最大的番禺/惠州天然气联合开发项目的一部分，这也是海油工程第一次涉足 200m 水深的海洋工程项目。

2014 年 9 月 16 日，由海油工程承建的 3 座新型抗冰导管架平台在亚洲最大的海洋工程制造场地 —— 海油工程青岛场地建造完工。该批次 3 座抗冰导管架平台质量分别为 2 208t、2 227t、1 261t，垂直高度约 33m，底部长约 46m，宽约 29m。其中，1 座导管架平台（WHPE）为 4 腿导管架平台，另外 2 座为 8 腿导管架平台。WHPE 导管架平台是海油工程青岛公司制造完成的首个抗冰导管架平台，工期仅 4 个月，创造了导管架平台建造工期的最短纪录。

导管架平台是由中空的腿柱和连接腿柱的纵、横杆组成的钢结构物，常用于海洋石油开采，其上面搭接固定式海洋油气平台，对平台起支撑和固定作用。我国渤海冬季冰期持续近 2 个月，冰层厚约 20 ～ 50cm，在风和海流的驱动下冰层的运动速度可达到 1m/s。渤海海域所用固定式钻井平台以导管架平台为主，其固有频率为 0.5 ～ 2.0Hz，恰好是冰荷载能量集中的范围。在海冰作用下，平台结构的冰激振动明显。据海油工程相关技术人员介绍，新型抗冰导管架平台运用钢板夹层橡胶隔振垫和磁流变阻尼器两种振动控制技术，降低了冰激振动危害。此外，新型抗冰导管架平台还通过增大抗冰锥体直径、安装振动控制装置等方式，减少冰激振动对平台造成的危害。与传统导管架平台相比，新型抗冰导管架平台具有较高的抗冰激振动能力，可抵御地震、海冰、台风等恶劣海况，提升了渤海湾冬季海洋石油开发的安全性。

2.2.4 浮式生产储卸油装置

1976 年，壳牌石油公司将一艘 59 000t 的旧油轮改装成了世界上第一座浮式生产储卸油装置，并于 1977 年应用在地中海卡斯特利翁油田（在西班牙近海）。由于浮式生产储卸油装置具有储油多、投资省、可转移等优点，所以得到快速发展。

1986 年，我国在北部湾油气开发中首次采用了浮式生产储卸油装置。该装置由法国道达尔公司设计，由新加坡胜宝旺船厂承建，是由一艘载重量为 18 万 t 的旧油轮改造而成的，被命名为南海希望号。

1989 年，由中国船舶工业第 708 研究所设计、上海沪东造船厂建造的渤海友谊号是我国自行设计建造的第一座浮式生产储卸油装置，采用软刚臂系泊方式，工作水深 23m。渤海友谊号的设计与建造成功实现了国内浮式生产储卸油装置建造零的突破，是我国船舶工业在海洋工程领域的标志性产品，它对世界浮式生产储卸油装置技术的贡献在于，首次将浮式生产储卸油装置用于有冰的渤中 28-1 油田海域。该装置机动灵活，已成功用于渤海 3 个油田的开发，是获得奖项最多、获奖级别最高的项目，也是我国海洋工程具有标志性的项目。

进入 20 世纪 90 年代，中国海油又相继建造了南海发现号、南海开拓号和南海胜利号 3 艘浮式生产储卸油装置，分别在南海惠州油田、西江油田、流花油田和陆丰油田作业。

2007 年 4 月 30 日，我国第一艘完全自主设计并建造的 30 万 t 级海上浮式生产储卸油装置海洋石油 117 号在上海命名交付，如图 2-2 所示。海洋石油 117 号由中船集团所属的上海外高桥造船有限公司建造，长超过 323m，宽超过 63m，储油能力可达 200 万美桶（1 美桶 =158.987 3dm^3），原油日处理能力可达 19 万美桶，生产液日处理量达 51 万美桶。海洋石油 117 号的船体建造有力地提升了我国造船业和海洋工程业的综合实力，标志着我国在世界超大型浮式生产储卸油装置的建造市场中占据了重要的一席之地。船体建造完成后，海洋石油 117 号被拖航至新加坡继续完成上部模块的安装，于 2008 年年底建成投产，并作为油田核心装置服役于中国海油与康菲石油中国有限公司合作的蓬莱 PL19-3 项目。

图 2-2　海洋石油 117 号浮式生产储卸油装置

浮式生产储卸油装置的定位方式可分为系泊定位和动力定位。

1）系泊定位。系泊定位是指浮式生产储卸油装置采用锚链的形式进行定位，目前应用较多。锚链的布置形式又可分为单点系泊和多点系泊（分布式锚链）。

2）动力定位。动力定位是近些年发展起来的一种新的定位技术，通过浮式生产储卸油装置自身的定位推进器进行动态定位。这种定位模式多数情况下应用于油田的短期生产。

系泊系统是浮式生产储卸油装置的关键技术之一。浮式生产储卸油装置按系泊方式不同可分为以下三种类型：

1）转塔式。在船首部位设潜式钻台（Submerged Turret Production，STP）内转塔筒体结构，在锥形筒体结构与船体之间，设置若干加强板。STP 内转塔高度一般与船的型深相同，下部直径超过 10m。STP 内转塔底部用多点锚链与海底固定。中国海油的南海奋进号就属于内转塔式浮式生产储卸油装置。

2）软刚臂式。软刚臂式浮式生产储卸油装置由导管架、旋转接头、系泊铰接臂以及储卸油装置上的支架组成。由于刚臂的连接为铰接，其可绕着导管架上的将军柱随风浪、潮流转动，随涌浪在一定范围内升降、摇摆，所以被称为软刚臂式，如渤中 28-1、渤中 34-2、绥中 36-1 等就属于软刚臂式浮式生产储卸油装置。

3）硬刚臂式。硬刚臂式与软刚臂式有许多相似之处，也可随风浪、潮浪转动，但刚臂与船体之间为刚性连接，其锚固单点与船体保持同步升降。

浮式生产储卸油装置按照船体形状可分为两类：船形浮式生产储卸油装置和非船形浮式生产储卸油装置。船形浮式生产储卸油装置是在传统油轮基础上改装或新建的，这也是目前应用较多的浮式生产储卸油装置类型。非船形浮式生产储卸油装置的船体形状为圆柱形，是一种新型船体，是为适应北海等地区恶劣环境条件而发展起来的。

圆柱形浮式生产储卸油装置是 Sevan Marine AS 公司开发的新一代浮式生产储卸油装置，又叫作 SSP（Sevan Stabilised Platform）。SSP 是一种先进并且经济有效的深水油气田开发生产装置，其紧凑的结构设计降低了建造周期，具有优良的运动特性和良好的可操作性。

2.2.5 张力腿平台

1954 年，美国的 R.O.Marsh 率先提出的采用倾斜系泊索群固定的海洋平台方案被公认为张力腿平台的鼻祖。自此之后的 30 年是张力腿平台的理论研究探索和工程酝酿阶段，各国学者对张力腿平台进行了艰难而又富有成效的研究，并有一批试验平台相继建成。

1962 年，英国石油开发公司在苏格兰附近海域 30m 水深处建造了一个 124t 的三角形张力腿试验平台 Triton，并对其进行了全面理论分析和试验研究。结果表明，该类型平台在波浪中运动性能优异，大大推进了张力腿平台相关研究的发展。

1974 年，美国深海石油技术公司在加利福尼亚州附近海域 60m 水深处安装了一座 650t 的张力腿试验平台 DeepOilX-1，并对其进行了长达 5 年的试验研究和理论分析，在波浪中运动性能、张力腿内张力变化规律和海底锚固基础等方面得出了大量有益数据和结论。同一时期，日本、挪威、荷兰、意大利等国的相关海洋工程科研机构也投入了大量人力、物力对张力腿平台进行理论和试验研究，提出了种类繁多的张力腿平台方案。其后，在张力腿平台总体性能、主尺度优化、张力腿内张力变化特性和施工安装等各个具体环节进行了全面深入的研究分析。我国相关科研机构也密切关注张力腿平台技术的发展。20 世纪 80 年代，中国船舶研究中心进行了将近 10 年的张力腿平台模型试验研究，为发展我国的张力腿平台技术进行了开拓性工作。

1984 年，Conoco 公司在北海 157m 深的 Hutton 油田安装了世界上第一座张力腿平台，这标志着张力腿平台技术的完全成熟与工程技术化，并正式应用于实际生产领域。此后，在逐步深入的理论试验研究基础上，1989 年建成了 Jolliet 平台，1992 年建成了 Snorre 平台，1994 年建成了 Auger 平台，1995 年安装了世界上第一座混凝土张力腿平台，1998 年建成了第一座海星式张力腿平台，1999 年建成的 Ursa 平台将作业水深记录改写为 1 158m，2001 年建成了第一座 Moses 平台。张力腿平台家族在短短的 30 年内飞速发展，将人类开发海洋的脚步不断向前推进。目前世界上在役和在建的张力腿平台共有 21 座，其所在的生产区域从北海和墨西哥湾到西非沿海，再到东南亚海域，已逐步扩展到全球各大海上石油产区，在人类深海采油领域成为一股不容小觑的力量。

2.2.6 钻井船

截至 2016 年，全球共有 159 艘钻井船，主要分布在巴西、西非和南亚等地，其主要建造国家是韩国和日本。韩国的船企主要有三星重工、现代重工、大宇造船，日本的船企主要有三菱重工、三井造船、日立造船等。钻井船的设计公司主要有荷兰 MSC 公司、Offshore Discoverer 公司等。此外，近年来韩国船企不断开发设计的新概念钻井船在海上钻井船设计和建造方面已取得国际领先优势，成为国际海洋油气设备市场上高技术含量、高附加值产品。如三星重工开发出浮式生产储卸液化天然气平台，并从英国的石油公司承接到订单；其他如大宇造船、现代重工正在着手研发设计新概念船，包括浮式钻井生产储卸油装置、破冰浮式生产储卸油装置、破冰油船、破冰箱船、双钻塔式钻井船等。钻井船大多数采用动力定位，适用水深超 1 000m，主要使用在巴西、西非和南亚海域。

2.2.7 液化天然气船

1959 年，液化天然气（LNG）船 Methane Proneer 号进行了世界上第一次液化天然气运输，从美国莱克查尔斯港出发向英国坎维岛基地运送 5 000m^3 的液化天然气。这次运输奠定了将 LNG 船运输作为海上安全运输方法的基础。1964 年，由航行于阿尔及尔和坎维岛之间的 LNG 船 Mehtane Proneer 号和 Methane Progress 号开始进行液化天然气的商业运输，总运输量达到 22 000m^3，航次超过 900 次。随后，世界多地之间都开始采用 LNG 船运输液化天然气，其运量也在逐年增加。到 1999 年，世界范围内通过海上运输的液化天然气近 9 000 万 t，其中，60% 是运往日本的。

20 世纪 80 年代以后，随着日本、韩国相继成为世界第一、第二大液化天然气进口国，日本和韩国的船厂先后从欧洲船厂和 LNG 船舶专利公司引进了独立液货舱型和薄膜型 LNG 船的建造技术及建造专利，并分别于 20 世纪 80 年代初期和 90 年代初期开始建造 LNG 船。随着日本和韩国船厂建造 LNG 船数量的增加，欧美船厂建造 LNG 船的数量在 LNG 船市场所占份额逐步减少。2001 年至 2006 年 10 月底，韩国船厂建造了 89 艘 LNG 船中的 55 艘，日本船厂建造了 28 艘，余下的 6 艘由欧洲船厂建造。事实证明，LNG 船建造中心已由欧美转向亚洲。

据统计，2006 年全球共有 LNG 船 206 艘，2009 年增加到 300 艘。我国第一艘 LNG 船是由中国船舶工业集团公司所属沪东中华造船（集团）有限公司承造的。该船于 2004 年 12 月 15 日开工建造，2005 年 6 月 28 日入坞，同年 12 月 28 日出坞，于 2008 年交工。该公司建造的 LNG 船舱容 14.72 万 m^3，船长 292m，船宽 43.35m，型深 26.35m，设计航速 19.5mile/h（1mile=1 069.344m）。

目前，我国 LNG 船行业发展现状良好，迅速扩大的市场需求为 LNG 船行业提供了机遇，快速崛起的整体实力逐渐弥补了起步较晚的劣势。

2.2.8 钻井隔水管

钻井隔水管技术起源于 20 世纪 40 年代末期，当时设计者的想法仅仅是为海上钻井提供一个钻杆导管和钻井液、钻屑的回路。到了 20 世纪 50 年代末期，在加利福尼亚的近海，Offshore 公司在 D-1 号钻井船上首次成功使用了一个真正意义上的钻井隔水管，其配备有顶部伸缩接头。到 20 世纪 60 年代，随着技术的进一步发展，钻井隔水管增加了节流管线和压井管线，功能更加齐备，从此，钻井隔水管技术才开始真正进入一个比较系统的发展过程。近年来，随着海洋勘探技术的不断进步，海洋钻井隔水管适应海水深度已经超过 3 000m，其系统配置更加完备，为深水钻井技术的发展提供了良好的装备。

目前，具有较强海洋钻井隔水管开发能力的国家为数不多，只有美国、挪威、法国、俄罗斯等国家。美国 GE-Vetco Gray 公司和 Cameron 公司是当前世界上最大的海洋钻井隔水管生产制造厂家，且以生产制造深水钻井隔水管见长；法国石油研究院（FP）和 Framatome 公司于 20 世纪 80 年代联合开发了夹式钻井隔水管；俄罗斯 ZAO 公司于 1996 年开始研究用铝合金隔水管来满足深水和超深水钻井。除此之外，挪威 Aker Kvaerner MH 公司、美国 NOV 公司也生产不同形式和规格的钻井隔水管。

当前已开发的钻井隔水管主要有法兰式、筒夹式、炮栓式和卡箍式四种连接形式。不同连接形式的钻井隔水管各有特点：法兰式是一种比较传统的螺栓连接结构型式，具有安全可靠等特点，不足之处是安装拆卸速度相对较慢。其余几种连接形式安装拆卸需要的时间较少，也称之为快速连接式，用于不同的平台及作业环境中各有自己独特的优势。Cameron 公司生产的 LoadingKing 和 RF 螺栓法兰式钻井隔水管，其适应最大载荷和适应水深可以达到 1.56×10^4 kN 和 2 286 ～ 3 048m；GE-Vetco Gray 公司生产的 MR-6E、MR-6H SE 等不同结构形式的钻井隔水管，其适应最大载荷分别为 0.98×10^4 kN、1.56×10^4 kN，适应水深一般在 3 048m 以内。Cameron 公司和 GE-Vetco Gray 公司生产的钻井隔水管如图 2-3 所示。

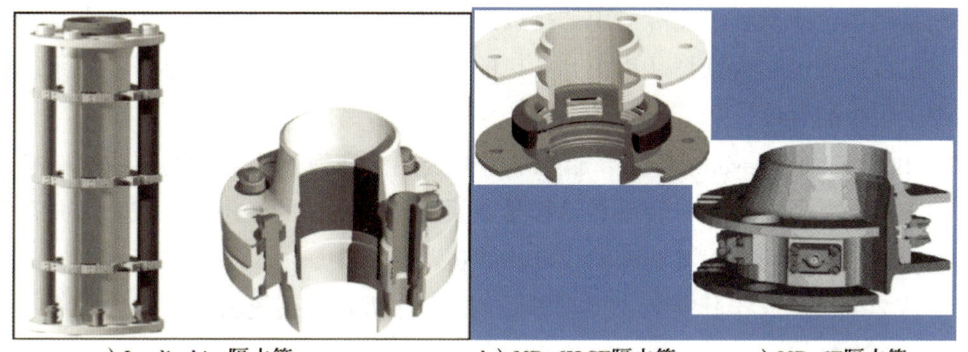

a）Loadingking隔水管　b）MR-6H SE隔水管　c）MR-6E隔水管

图 2-3　Cameron 公司 LoadingKing 和 GE-Vetco Gray 公司 MR-6E、MR-6H SE 隔水管

钻井隔水管常用的直径有 533mm、406mm 和 375mm 等几种规格，且有向小型化发展的趋势。钻井隔水管通常采用的材料有钢、铝合金、钛合金、复合材料等几种，钢质材料是当前制造隔水管的主流材料，主要采用 X65 ～ X80 等系列钢种，其特点是刚性好，抗海流、海浪等外载能力强；铝合金、钛合金材料最大的优点是重量轻，缺点是造价昂贵；复合材料具有良好的抗韧性，其不足是制造工艺比较复杂。

目前，国内关于钻井隔水管的研究项目有：国家“863 计划”海洋技术领域重大项目课题“深水钻完井关键技术”的子课题“深水钻井隔水管及井口技术”；国家“863 计划”海洋技术领域南海重大项目“深水钻井隔水管系统技术研究”；中国海油、中国石油等公司的多项生产课题，如“深水钻井隔水管工程方法研究及双梯度钻井跟踪应用研究”；国家科技重大专项和国家自然科学基金项目等。

宝石石油机械有限责任公司至今已完成了 DR-H75F 和 DR-E50F 型钻井隔水

管单根样机图样设计及各项试验图样设计工作。在接头技术上攻克了接头结构设计、高强度联接螺栓的结构设计、主密封和辅助管线密封结构设计、涂装要求设计等多道技术难题，并取得多项技术专利。

2.2.9 钻杆自动处理系统

自 1895 年世界上第一台旋转钻机用于石油开采以来，人们就开始寻找新的途径来减轻工作强度和提高工作效率，直到 1949 年，Humble oil 和 Byron Jackson 公司推出了 3 臂钻杆排放系统的原型机。

1956 年，CUSS-1 号钻井平台安装了一套水平钻杆排放系统，这是钻杆自动处理系统第一次得到了实际运用。排放系统将钻杆立根水平摆放在甲板上，通过一个机械化坡道实现钻杆从甲板到井口的传送。与此同时，垂直钻杆排放系统也取得了较快的发展。

1968 年，Discoverer 号钻井船为了解决因船体在海水中晃动而造成的钻杆操作困难的问题，安装了一套垂直钻杆排放系统，该系统的运用获得成功，并在业内产生了较大影响，很多钻井船只开始效仿。

从 20 世纪 60 年代初到 70 年代末，钻杆自动处理系统获得了较快发展，先后有 348 套钻杆自动处理系统被应用。

1973 年，用于挪威北海地区作业的 Smedvig West Venture 号半潜式钻井平台上安装了全机械化钻杆排放系统，这是钻杆排放系统首次安装在半潜式钻井平台上，同样获得了巨大成功。据统计，该钻井平台利用机械化钻杆排放系统 1 年节省了 28 天时间，平均一趟钻节省 1h。钻杆排放系统在 Smedvig West Venture 平台的成功应用，使在北海地区作业的其他钻井平台也开始安装这类钻杆排放系统。1974 年，Sedco445 号钻井船安装了水平钻杆排放系统。

20 世纪 80 年代，由于一些国家相关法规的制订和实施，促进了钻杆自动排放技术的快速发展，各种不同结构特点的钻杆自动处理系统相继研制成功，新建海洋石油钻井平台上全部配备了钻杆自动处理系统。从 20 世纪 80 年代中后期开始，随着计算机技术、信息技术和控制技术的发展，钻杆自动排放技术开始向自动化和智能化方向发展。一些先进的钻杆自动处理系统可以与钻机的其他操作系统集成在一起，一个人即可完成钻台的所有操作，系统完全按照设定的程序工作，可以自动判断工作状态，一旦出现误操作，系统可以自动停止，真正实现了安全、自动、高效作业。

20 世纪 90 年代以后，钻杆自动处理系统由最初的专为特定钻井船设计发展为模块化、系列化设计，钻杆自动排放技术的应用也由海洋钻井平台走向陆地钻机，逐步实现了模块化和系列化。现已可以根据钻机的类型选择不同的钻杆自动处理系统。

1990 年，一种在甲板与钻台之间进行钻杆传送的新型钻杆处理设备被应用于 Smedvig 公司的 Maersk gallant 号、West Epsilon 号自升式钻井平台上。该钻杆处理设备即为后来的钻杆传送系统。

1997 年，位于英国北海 Brent 油田作业的 Charlie 号钻井平台，为满足新的工作需求进行了升级改造，采用了甲板钻杆起重机、带式钻杆输送机、星形钻杆排放系统等钻杆操作设备。虽然在试用初期由于工作人员的操作错误等问题导致该船的作业效率一度下降，但经过几个月的使用后，Charlie 号钻井平台钻杆排放作业的效率明显提高，甚至超过了原先的 1 倍。

1999 年，挪威的 Oseberg Sor 平台上安装了钻杆自动处理系统。

2006 年，Weather ford 公司对 StabMaster 钻杆自动处理系统的使用情况进行了调查，该系统主要用于升级和改造传统钻井平台，可代替二层台的井架工进行钻杆排放作业。调研结果证明，该系统不仅提高了工作的安全性，也明显地降低了钻杆排放作业时间。

2008 年 1 月，韩国船厂为 Stena Drilling 公司制造的第六代钻井船 Stena Drill-Max 交付使用。该钻井船上安装的自动化钻杆处理系统包括钻杆排放系统、氢化裂解器、龙门轨道吊、猫道机及隔水管处理系统。

2009 年，Maersk 公司的第六代深水半潜式钻井平台 Maersk developer 在墨西哥湾下水作业。该钻井平台上安装了一整套全自动化钻杆处理设备，主要包括钻杆排放 V 形门、氢化裂解器、钻杆排放系统上导臂等。与以往不同，新型全自动化钻杆处理系统的各个设备，不再作为独立的系统由工作人员分别对其进行控制，而是作为一个整体系统，由 MMC（Microsoft Management Console）系统统一协调控制，以实现钻杆排放过程的全部自动化。MMC 系统自动检测和控制各操作设备，协调运作，避免出现碰撞。

截至目前，国外在钻杆自动处理系统方面取得了较为显著的成果，已经形成了一系列完善的设备。其中，具有世界领先水平的是美国 NOV 公司和挪威的 Aker Kvaerner MH 公司。

美国 NOV 公司是世界上最早研究开发钻杆自动排放技术的厂家之一。目前，该公司的钻杆自动处理系统已实现系列化、模块化，可以满足海洋和陆地不同类型钻机的需要。其主要产品包括：钻台多功能机械手、钻杆输送装置、水平钻杆摆放装置、水平/垂直管柱操作装置、二层台钻柱排放系统和钻杆自动排放系统等。

美国NOV公司的各种管柱操作装置全部实现了自动化操作和智能集成控制。所有操作装置的控制与钻机其他设备的控制集成在同一个控制平台上，这样不仅可以对各系统进行操作控制，还可以对设备进行检测和诊断。所有设备按照设定的程序工作，且具有纠错和防干扰功能，如果发生误操作或设备工作过程中受到干扰，系统会停止工作，保证安全。

挪威 Aker Kvaerner 公司从 1980 年开始为海洋石油钻机提供钻杆自动排放和处理装置，其产品由最初的比较简单的钻台操作机械手、二层台液压操作装置等发展为目前多种类型的钻杆排放系统，且技术水平先进，自动化程度高，一人即可完成钻台所有工作，效率高、操作安全。而且，这些钻杆处理系统都是模块化设计的，可以根据用户的钻机类型和需要配置不同的装置。

挪威 Aker Kvaerner 公司的钻杆自动处理系统采用机器人运动控制技术，精确计算和控制钻杆自动处理系统的运动。其具体实现方法为：在液压缸和液压马达上安装位置传感器，控制系统利用位置传感器实现精确的位置控制，可以控制操作对象的 6 个自由度，其中 3 个位移自由度决定对象的位置，3 个转动自由度决定对象的方位。

国外对钻杆自动处理系统的研究和应用较早，与国外相比，国内对这种系统的研究和设计工作才刚刚起步。

20 世纪 90 年代，中原钻探公司引进的 2 000m 液压钻机中使用了液压钻杆举升装置。2001 年，兰州石油化工机器厂研制成功的 6 000m 电驱动沙漠钻机采用了钻杆排放系统。

2004 年，中国石油物资装备公司引进的 SR250E 型钻杆自动排放系统，可为石油钻井及维修作业提供职业的安全保护，适用于陆上钻机、固定平台以及自升式钻井平台。

2006 年 9 月下水作业的海洋石油 941 配备了美国 NOV 公司的 HR 钻杆排放系统、折臂起重机、钻杆输送机及铁钻工等。该钻杆自动处理系统能够实现钻杆的一系列操作，明显地提高了工作安全性以及降低了工作人员的劳动强度。

2007 年 9 月，南阳二机石油装备有限公司生产的液压动力猫道在加拿大北部地区进行作业。该设备能实现低位排放钻杆、将钻杆送入钻台及引回钻杆（即甩钻）等功能，液压动力猫道如图 2-4 所示。

图 2-4　液压动力猫道

2008 年，上海三高石油设备有限公司针对陆地钻机，提出了一种轻型桅杆式钻杆排放装置，并于 2008 年 4 月前完成了机械结构设计和液压驱动装置设计。同年，中油辽河宝石石油装备有限公司设计了一种适用于陆地钻机的自动化猫道，并就此申请了国家专利。

2011 年，我国自主设计、建造的第六代 3 000m 深水半潜式钻井平台海洋石油 981，如图 2-5 所示，代表了当今世界海洋石油钻井技术的最高水平，其上配备了 HR 柱形钻杆排放系统以及一系列钻杆传送装置。

图 2-5　海洋石油 981

2011 年，中国石油大学（华东）牛文杰研制出一种陆地钻具自动运移装置，可以实现钻具在摆放架和钻井平台间的自动运移。同年，兰州理工大学张洪生设计出一种陆地钻机桅杆式钻杆自动排放系统，该系统可以实现钻杆在摆放架和井口之间的运移，能够和其他装置配合完成钻杆的连接操作。

此外，四川宏华石油设备有限公司、宝鸡石油机械有限责任公司、江苏如石机械有限公司等石油机械制造厂商以及一部分科研单位也陆续投入到了钻杆操作设备的研究和设计工作中，并取得了一定的成果。中国石油大学（北京）海洋油气研究中心也曾和中船重工 716 所在 2011 年承担了国家海洋局“自升式钻井平台钻具自动处理系统研制”项目，并实现了国产化应用。

2.3 市场格局与发展潜力

2.3.1 现状和发展趋势

1. 自升式钻井平台

自升式钻井平台主要适用于近海及浅海海域的油气开发，其桩腿长度限制了平台的使用范围，工作水深一般在 200m 以下。目前，一台自升式钻井平台的造价大约为 1 亿～3 亿美元，相比其他类型的钻井平台，自升式钻井平台造价较低，但是其使用范围有限。全球海洋石油开发是从浅海海域开始的，目前浅海石油开发已经有近 40 年历史，大部分近海油田都已经处于钻采状态。当前世界海洋石油开发方向正在向深海区域发展，而深海石油开采只有 30 年左右的历史，超深海石油开采是在 2000 年之后才开始。因此，自升式钻井平台只是当下的主流，但并不是未来的发展方向。

截至目前，新加坡是全球最大的自升式钻井平台制造国，其次是美国和中国。美国建造的钻井平台大多数在 20 世纪 80 年代交付，在当前市场上的竞争力相对已不占上峰。Vessel Value 的数据显示，在最近达成的 115 座钻井平台的交易中，有 42 座由新加坡建造，美国建造的平台为 26 座，且平均船龄超过 30 岁，而中国建造的钻井平台仅有 12 座。自 2017 年年初以来，在船龄 20 年及以下的自升式钻井平台交易中，31 座由新加坡制造，占到市场份额的 56%。

2019 年各国建造的自升式钻井平台数量如图 2-6 所示。

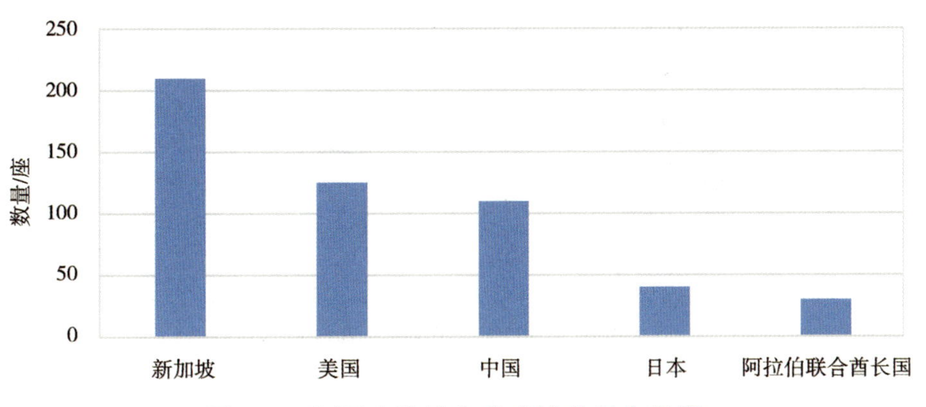

图 2-6　各国建造的自升式钻井平台数量

注：数据来源于 2019 年 9 月 Vessel Value。

2. 半潜式钻井平台

图 2-7 所示为全球海洋钻井平台分类及数量（截至 2014 年 12 月）。

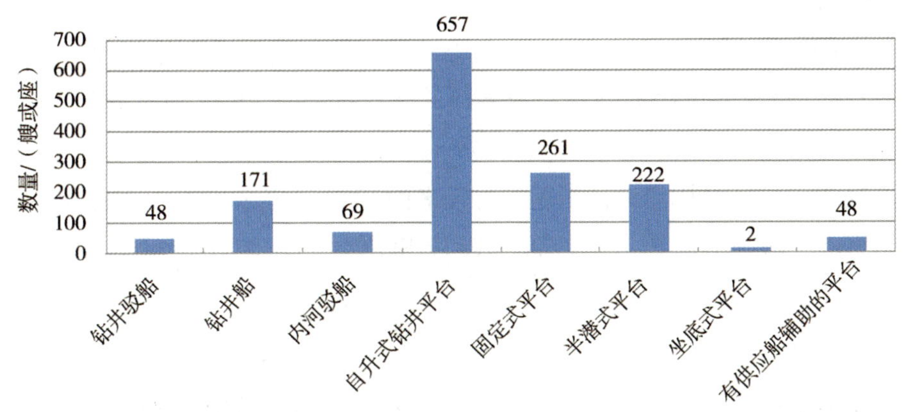

图 2-7　全球海洋钻井平台分类及数量（截至 2014 年 12 月）

据图 2-7 可知，在全球海洋钻井平台中，自升式钻井平台的数量最多，固定式钻井平台的数量列第二位，半潜式钻井平台的数量位居第三。

3. 导管架平台

随着开发水深的不断增加，导管架平台的造价也逐渐增加。2010—2014 年导管架平台的平均造价情况如图 2-8 所示。由图 2-8 可以看到，导管架平台的造价逐年增加，2010 年单台导管架平台的平均造价约为 2.3 亿元，2014 年单台导管架平台的平均造价约为 3.2 亿元。

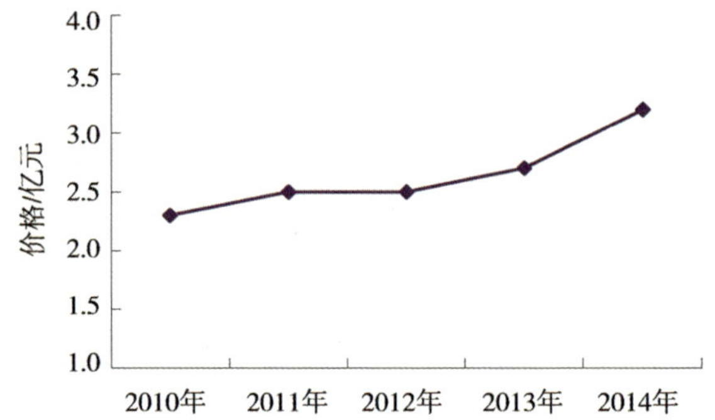

图 2-8　2010—2014 年导管架平台价格变化趋势

4. 浮式生产储卸油装置（FPSO）

根据能源海事协会（Energy Maritime Associates，EMA）2015 年 4 月的研究数据，全球已经投入运营和可以提供运营服务的浮式生产平台有 271 座。其中，FPSO 有 164 座，占 60%。在 164 座 FPSO 中，由运营商运营的有 95 座，由石油公司运营的有 69 座。西非海域的 FPSO 数量最多，达到 45 座；其次是南美海域，达到 39 座；再次是中国海域和英国海域，分别有 18 座和 15 座。此外，澳大利亚海域有 13 座，越南海域有 6 座，印度尼西亚海域和挪威海域各有 5 座。大型石油公司当中，巴西国家石油公司拥有最多的 FPSO，达到 28 座，中国海油则有 17 座 FPSO，法国的道达尔公司拥有 10 座 FPSO。世界现存 FPSO 分布如图 2-9 所示。

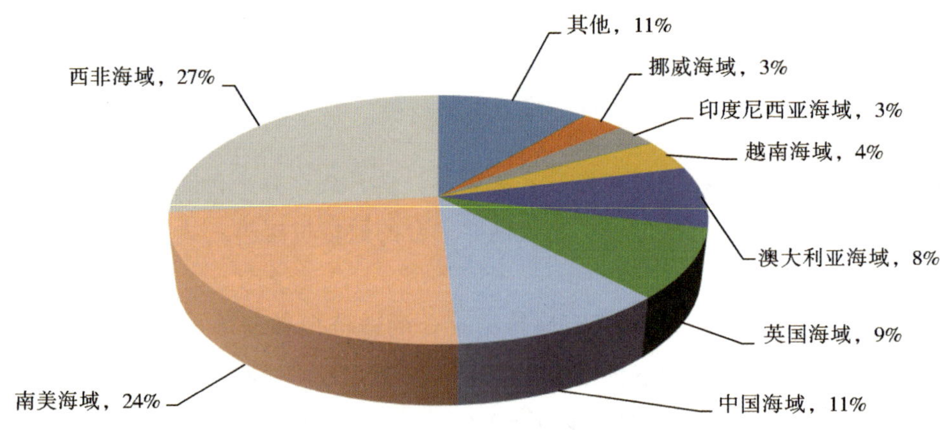

图 2-9　世界现存 FPSO 分布

注：数据来源于 2015 年 4 月 Energy Maritime Associates。

一直以来，韩国和新加坡等国船企分别占据 FPSO 新造和改装市场的重要份额。三大 FPSO 承包商 SBM Offshore、BW Offshore 和 MODEC（三井海洋开发工程公司）基本上控制着市场的订单。2003—2006 年，FPSO 的订单被新加坡、马来西亚、韩国等国船企包揽。近年来，随着我国船企进军海洋工程装备制造领域的步伐加快，其在 FPSO 市场的竞争力也逐渐加强，最为突出的公司为江苏南通中远船务工程有限公司（简称中远船务）。2007 年 4 月，中远船务与 MODEC 达成了当时国内最大的 FPSO 改装项目，合同价为 3 500 万美元。2009 年 5 月，MODEC 与中远船务签订了 Sunrise Ⅳ号 VLCC 改装 FPSO 的合同。2011 年 12 月，双方就 Sunrise Jewel 号改装达成协议。2013 年 2 月，巴西国家石油公司启动了 4 座 FPSO 改装项目，将部分任务交给中远船务。同时，中远船务的新造 FPSO 也有很大进展。2012 年，中远船务从 European 接获 1 座 FPSO 的订单，合同总价为 3.7 亿美元。

5. 钻井船

钻井船最大的优势就是其具有深水钻探能力。目前，不仅钻井船的规模在增加，而且其技术和装备能力也在不断增强。

2012 年至 2015 年 7 月，钻井船总量、有合同的钻井船数量分别如图 2-10、图 2-11 所示。

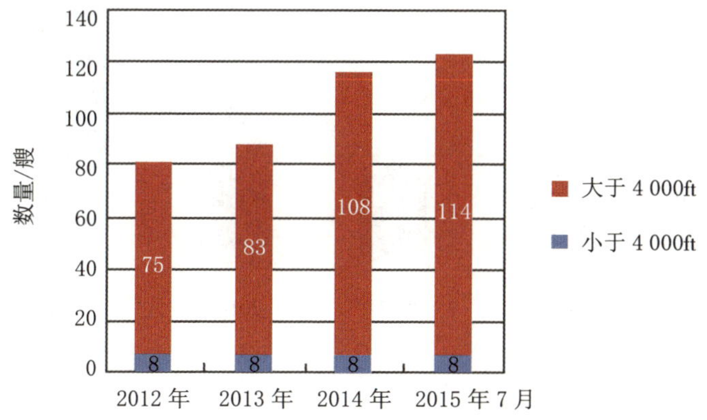

图 2-10　2012 年至 2015 年 7 月全球钻井船总量

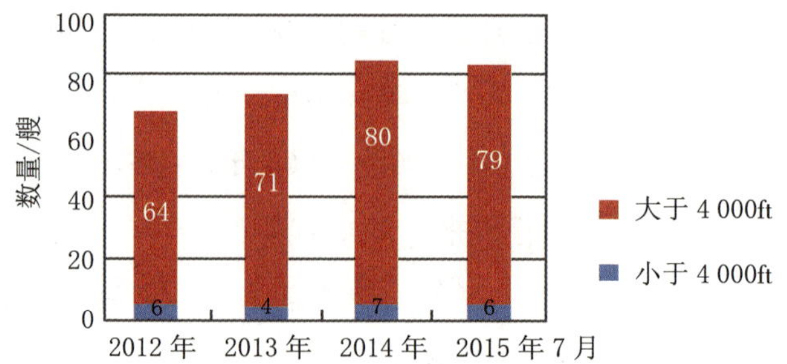

图 2-11 2012 年至 2015 年 7 月全球有合同的钻井船数量

注：数据来自全球海洋工程资讯网。

虽然钻井船的数量在前几年不断上升，但北欧银行（Nordea Markets）在 2015 年 7 月表示，随着钻井船船东陆续拆解老旧钻井平台以缓解市场供给过剩问题，全球钻井船市场将重新洗牌。

6. 液化天然气（LNG）船

受美国页岩气产量增加以及亚洲国家 LNG 需求增长的推动，全球 LNG 船订单量逐年增加。英国克拉克松研究公司的统计数据显示，2012—2015 年，全球 LNG 船订单量分别为 36 艘、46 艘、72 艘和 160 艘，保持快速增长态势，如图 2-12 所示。

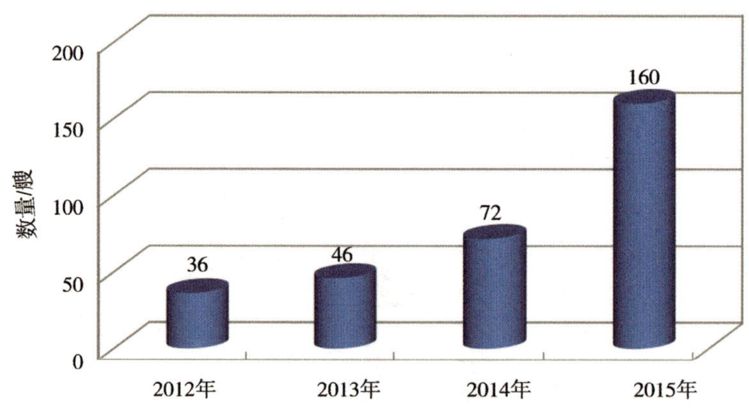

图 2-12 2012—2015 全球 LNG 船订单量

注：数据来自中国船舶新闻网。

由于对 LNG 船前景看好，世界主要 LNG 船运营商加大了在该领域的投资力度。世界上最大的 LNG 船运营商希腊 GasLog 公司高管表示，该公司在 2020 年前将订购 100 艘 LNG 船，以满足持续增长的 LNG 市场需求。日本是世界上最大的 LNG 进口国之一。受福岛核事故的影响，日本对 LNG 的进口需求近年来持续增加。为此，日本三大航运公司商船三井、日本邮船、川崎汽船均计划扩大 LNG 船船队规模，从目前的 70 艘、70 艘和 45 艘分别增加到 2020 年的 110 艘、100 艘和 65 艘，新增需求达 90 艘。此外，英国 BP 航运公司、法国 Engie 公司等也在洽谈 LNG 船新造项目。

7. 钻井隔水管

钻井隔水管和隔水管张紧器的主要供应商是美国 GE-Vetco Gray 公司、Cameron 公司、NOV 公司和挪威 Aker Kvaerner MH 公司，这几家公司基本占据了该产品的全部市场份额。

在国内方面，隔水管张紧器列入了“十二五”国家“863”计划项目。

2.3.2 产品全球分布情况

1. 自升式钻井平台

各地区自升式钻井平台占比如图 2-13 所示。从图 2-13 可以看出，采用自升式钻井平台的地区主要集中在亚太、中东和里海、墨西哥湾及欧洲西北部地区，占总量的 86%。从侧面反映出，自升式钻井平台的主流需求市场也是集中在这几个地区。

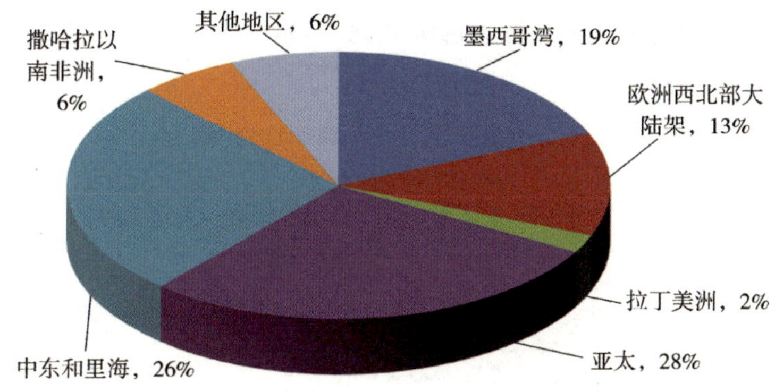

图 2-13 各地区自升式钻井平台占比

注：数据来源于《世界海洋工程资讯》，2015 年 7 月。

2. 浮式生产储卸油装置（FPSO）

根据 EMA2015 年 5 月的统计，全球处于规划中的浮式生产平台项目共计 243 个，其中 57% 的项目涉及 FPSO。全球 FPSO 需求分布如图 2-14 所示。各地区对 FPSO 的需求量为：巴西 30 座、非洲 29 座、东南亚 23 座、北欧 13 座、墨西哥湾 12 座、澳大利亚/新西兰 10 座、地中海 7 座、西南亚 7 座、其他地区 8 座。巴西几个大型项目涉及多座 FPSO。其中，正在发展中的 Libra 项目需要 18 座 FPSO，Lula 和 Jupiter 项目分别需要 3 ~ 6 座 FPSO。很明显，巴西是未来浮式生产储卸油装置市场需求量最大的国家。

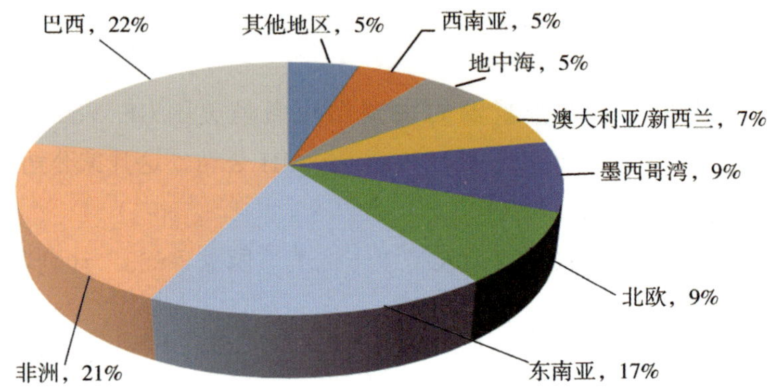

图 2-14　全球 FPSO 需求分布

注：数据来源于能源海事协会。

3. 张力腿平台

依据 *offshore* 2015 年 4 月的统计，张力腿平台有 15 座位于美国墨西哥湾，4 座位于西非几内亚海域，2 座位于挪威北海海域，1 座位于印度尼西亚海域。世界范围内张力腿平台位置分布如图 2-15 所示。

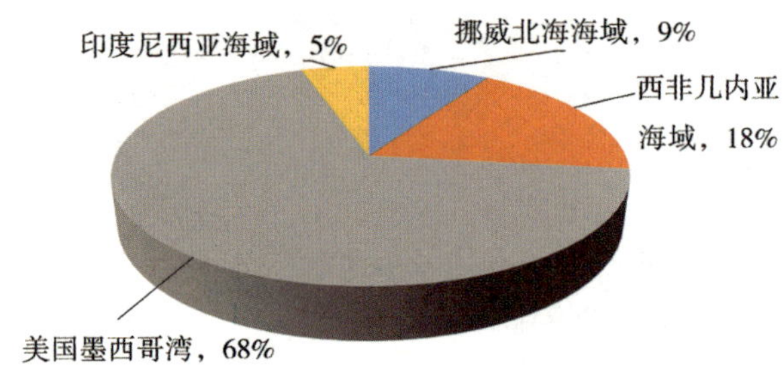

图 2-15　世界范围内张力腿平台位置分布

注：数据来源于 *offshore*，2015 年 4 月。

4. 钻井船

以载重吨计，目前排名世界前十位的钻井船船东分别是 Transocean、Seadrill、Ensco、Ocean Rig、Pacific Drilling services、Vantage、Stena、Odebrecht、

Noble 及 Atwood Oceanics。这些公司中有一部分属于老牌海洋油气服务商，如 Transocean；有一部分是新成立的海洋油气服务商，如 Seadrill，成立于 2005 年。排名前十位的船东拥有的钻井船吨位量合计占全球钻井船总吨位量的 60%，排名前二十位的船东所拥有的船东钻井船吨位量合计占全球钻井船总吨位量的 78%。

目前，钻井船船东分布在全球 22 个国家和地区（另有 56 艘钻井船船东所属国家不详）。其中，美国、挪威、百慕大（英国自治海外领地）、巴西、瑞典、丹麦等是拥有钻井船较多的国家和地区，巴西、美国、瑞士和挪威 4 个国家拥有的钻井船的总吨位量占比较大，分别达到 23%、22%、17% 和 11%。这 4 个国家的市场份额合计超过 70%。实际上，排名前十位的钻井船船东有 5 家来自美国，1 家来自瑞典，1 家来自百慕大，1 家来自希腊，1 家来自瑞士，1 家来自巴西。世界主要国家拥有的钻井船占比情况如图 2-16 所示。

从船东所在国家的分布来看，美国毫无疑问是目前世界上钻井船船东最为集中的国家，其钻井船运营管理和技术实力为世界一流。挪威也是传统的海洋油气强国。瑞士因为拥有世界上最大的钻井船船东 Transocean 而进入了钻井船船东国的前列。需要特别指出的是，巴西由于近年来发现了多个大型海洋油气田，成为世界主要的海洋油气分布区域之一，其对深水装备的需求显著增加，在 2008—2010 年订购了多艘钻井船，因而快速成为世界钻井船第一大拥有国。

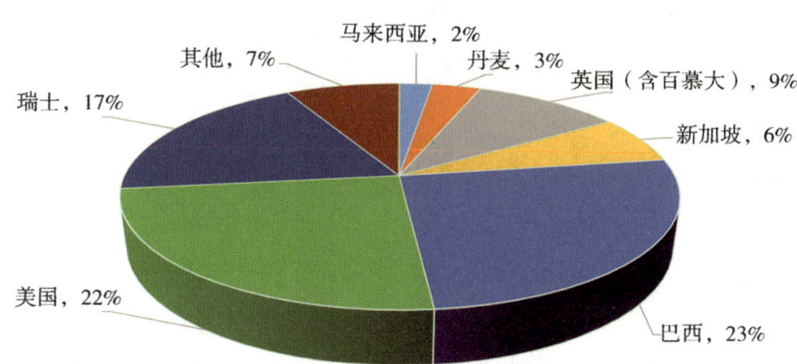

图 2-16　世界主要国家拥有的钻井船占比情况（以载重吨计）

注：数据来源于中国船检网，截至 2014 年 2 月。

从钻井船的建造国别来看，目前全球钻井船建造市场可以视为由韩国独家垄断，其所占市场份额将近 3/4。排名第二位的国家是巴西，这主要源于巴西在海工市场实施的国轮国造政策。中国排名第三，不过市场份额仅占 4%。世界主要国家建造的钻井船占比情况如图 2-17 所示。

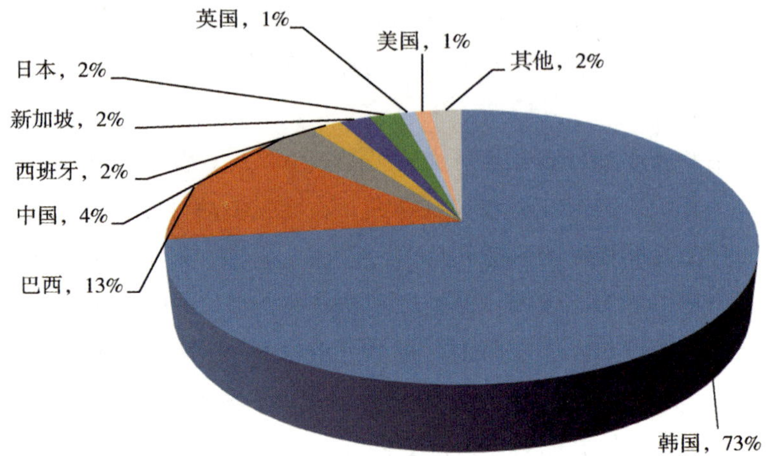

图 2-17　世界主要国家建造的钻井船占比情况（以载重吨计）

注：数据来源于中国船检网，截至 2014 年 2 月。

据世界海洋工程资讯网所提供的数据，截至 2015 年 7 月，全球各地区的钻井船数量如图 2-18 所示。

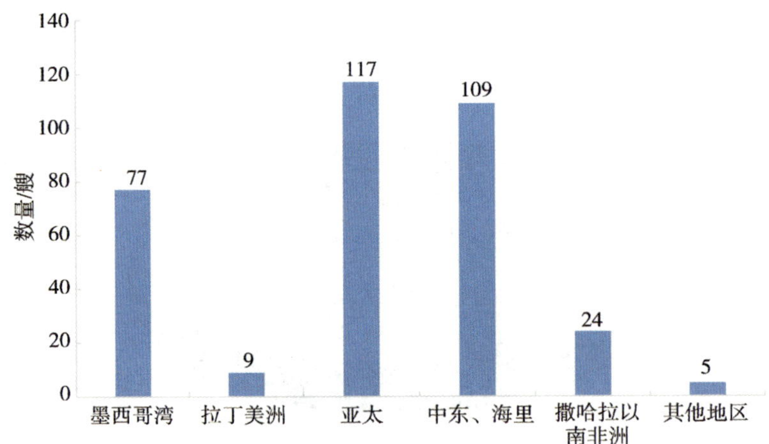

图 2-18　2015 年全球各地区钻井船数量统计

注：数据来源于海洋工程资讯网。

近年来，我国钻井船的制造技术日益成熟。2014 年 8 月，我国建成首艘拥有全部知识产权的深海钻井船，并正式将其命名为华彬 OPUS TIGER 1（老虎一号）。该钻井船设计排水量为 46 000t，能在水深为 1 700m 的海域进行作业，钻井深度可达 12 000m，配有目前世界上最先进的防喷器、水下采油设备和井控系统等，可用于勘探井和生产井的施工。该钻井船具有自航能力，可配备 150 名船员，将入级美国船级社（ABS）。该钻井船由华彬集团投资，并由其旗下的华彬 OPUSOFSHORE 海工集团与中船集团旗下的上海船厂船舶有限公司及宏华钻井设备公司联合设计监造、建造并运营，填补了我国在高端深水海洋钻井船领域的空白。

5. 液化天然气（LNG）船

在 LNG 船建造方面，韩国船企一直处于优势地位，我国和日本的船企正努力追赶。挪威航运分析机构 IHS Maritime 的统计数据显示，2009 年至 2015 年 4 月，全球船企共计建成交付 134 艘 LNG 船，其中，韩国船企建造 100 艘，中国船企建造 20 艘，日本船企建造 13 艘。

韩国 LNG 船的建造技术已经相当成熟，且市场发展迅速。目前，韩国三大船企现代重工、三星重工和大宇造船在大型 LNG 船建造市场所占的份额合计达 80% 以上。

近年来，随着天然气消费量的不断增加，LNG 船的需求量也随之加大。壳牌公司曾预计，从 2016 年至 2030 年，全球 LNG 需求将保持年均 4% ～ 5% 的增速。同时，LNG 海运贸易所占的市场份额将继续增长，从 33% 增长至 50% 左右。

2.4 产业化可行性分析

2.4.1 自升式钻井平台

1. 平台设计

自升式钻井平台广泛运用于海洋油气的开发与储运，平台的总体设计首先应该考虑其作业区域的作业水深和钻井深度，其中平台的主体尺寸以参照母型船的方法获得。平台的主体尺寸要素和主要性能指标主要包括：主体船型，主体主尺寸、桩腿形式及数量、桩腿中心距、桩腿直径、桩腿长度、入泥深度、悬臂梁滑移方式、钻井范围、井架尺度（高度）、大钩载荷、最大钻井组合载荷、工作工况可变载荷、绞车类型、定员等。作业区域为挪威北海、作业水深为 152.4m 的自升式钻井平台的主要尺寸和性能指标见表 2-3。

表 2-3　自升式钻井平台的主要尺寸和性能指标

（以 DSJ500 自升式钻井平台为例）

序号	项目	数据参考范围	DSJ500	备注
1	主体形式	三角形		
2	桩腿形式及数量	3 个三角形桁架桩腿，尾 2 首 1，每个桩腿下端带桩靴		
3	作业区域	世界范围或挪威北海	挪威北海	任务要求
4	作业水深 /m	152.4 ～ 167.6	152.4	任务要求
5	钻井深度 /m	7 620 ～ 12 192	10 668	
6	主体长度 /m	86 ～ 95	90	
7	型宽 /m	86 ～ 102	98	
8	型深 /m	9.14 ～ 11.5	11	
9	吃水深度 /m	6.4 ～ 7.9	7.0	
10	桩腿长度 /m	193 ～ 217	205.3	
11	桩腿中心距 /m	51 ～ 61（纵向）	58	
		59 ～ 70（横向）	64	
12	桩靴直径 /m	18 ～ 22	20	
13	生活楼定员 / 人	120 ～ 140	150	“V”形外飘式，共设 6 层
14	最大可变载荷 /t		7 000	
15	自存状态可变载荷 /t	3 500 ～ 4 000	3 500	
16	最大钻井组合载荷 /t	1 300 ～ 1 400	1 400	
17	大钩载荷 /t	907 ～ 1 134	907	
18	悬臂梁滑移方式	常规滑移方式	常规滑移方式	
19	悬臂梁长度 /m		59.5	根据外伸能力及主体尺度确定
20	悬臂梁宽度 /m		21	根据机舱发电机布置确定
21	悬臂梁高度 /m		12.88/9.68	根据外载荷和防喷器情况确定
22	悬臂梁移动范围（外伸）/m	22.8 ～ 30.5	22.86	

2. 平台总体性能计算

（1）空船质量预估　根据确定的主体尺寸参数，并参考相关的母型船资料，初步估计平台的空船质量及重心见表 2-4。

表 2-4　平台的空船质量及重心

区域	质量 /t		LCG（纵向重心）/m	TCG（横向重心）/m	VCG（垂向重心）/m
主船体	结构	8 490.000	36.917	0.347	6.850
	舾装	1 958.200	36.982	2.688	18.425
	钻孔设备	308.389	43.557	0.488	6.025
	机构	239.682	29.027	−4.389	7.323
	采暖通风与空调	70.000	44.500		10.143
	管路	670.000	44.000	−0.650	4.800
	调节	49.350	33.054	0.165	8.740
	电路	293.900	36.650	−0.101	7.548
	爆缝	168.444	38.182	0.257	9.768
	涂料	168.444	38.182	0.257	9.768
	意外事故	500.000	38.182	0.257	9.768
	总质量	12 916.408	37.408	0.547	8.718
上部结构	结构	761.570	86.425	−0.177	19.759
	舾装	54.000	81.520		21.780
	采暖通风与空调	120.000	81.333	−0.167	22.083
	调节	420.169	85.012	0.021	18.832
	电路	91.500	77.998	2.068	18.815
	总质量	1 447.239	84.877	0.030	19.698
悬臂	结构	1 678.000	28.100	−0.010	16.920
	舾装	50.000	31.000		18.000
	钻孔设备	178.826	12.425	−1.586	13.514
	采暖通风与空调	20.000	46.000	−4.500	20.000
	管路	100.000	20.000	−0.300	16.000
	调节	14.140	31.757	0.010	19.050
	电路	95.900	15.158	2.170	19.476
	总质量	2 136.866	26.088	−0.099	16.775

（续）

区域	质量 /t		LCG（纵向重心）/m	TCG（横向重心）/m	VCG（垂向重心）/m
钻孔	结构	300.000	7.915	0.300	26.980
	舾装	30.000	8.020		26.500
	钻孔设备	725.700	8.797	-0.339	46.542
	采暖通风与空调	2.500	12.000	-8.000	29.000
	管路	100.000	5.000		30.000
	调节	3.400	15.300		25.700
	总质量	1 161.600	8.248	-0.151	39.450
桩腿及桩脚	结构	6 930.000	37.223		79.730
	舾装	55.600	35.545		67.551
	管路	100.000	37.000		70.900
	焊缝	103.950	37.223		79.730
	涂料	76.950	37.223		72.117
	总质量	7 266.500	37.207		79.435
	综合质量	24 928.612	37.776	0.270	32.091

（2）可变载荷分布　可变载荷分为固体可变载荷和液体可变载荷两大类。固体可变载荷主要包括工作人员、生活供应品、散装泥浆、散装化学药剂、散装水泥、立根盒、套管、钻杆、钻挺、套管/防喷器张力系统、泥浆录井装置、防喷器组、试油设备、集污罐、测井装置等。液体可变载荷主要包括液态泥浆、液态水泥、钻井水、柴油、润滑油、饮用水等。由于自升式钻井平台位于离岸远的深水区作业，必然风浪很大，人们希望其可变载荷更大，以减小供应船的供应频率，所以，承载可变载荷的能力是考核自升式钻井平台功能好坏的一个重要指标。国内某目标平台的设计承受可变载荷的能力为 7 000t，在正常作业、风暴自存、拖航等工况下承受的可变载荷为 3 500 ～ 4 250t，不低于国际上同类产品的指标。

（3）稳定性计算分析　自升式钻井平台的稳定性计算需要考虑不同风速时的风倾力矩。根据平台的总体布置，运用相关软件建立用于计算风倾力矩的风模型，包括主船体、桩腿、桩靴、楼子、钻台、起重机、悬臂梁等。其中，悬臂梁应处于完全收回的状态。

（4）干舷核定　自升式钻井平台的干舷应按《1966 年国际载重线公约》的规定进行核定计算。对于自升式钻井平台，其最小干舷高度一般都不能满足该公约的要求。

3. 总体布置技术

总体布置方案设计是自升式钻井平台总体设计的重要内容之一，不但对平台的作业性能有着十分重要的影响，而且是后续设计和计算的主要依据。通常其考虑要素见表 2-5。

表 2-5　总体布置方案设计考虑要素

序号	平台使用要素	总布置考虑要点
1	满足作业要求	以满足平台的功能为核心和基本出发点，首先合理布置钻井设备，各种钻井装置和设备以及所属库房、堆场、液体舱柜、散装水泥罐、操作场地等应按照安全钻井工艺流程的要求布置，便于操作和管理，应力求布置得紧凑和井井有条，避免松散和零乱。各种钻井材料的储存地点应靠近使用这些材料的设备，以尽量缩短输送距离
2	各种区域划分	划分钻井作业区域、动力区域、堆场区域和生活区域等，具体包括水密舱壁及甲板的布置、居住和生活舱室的划分、危险区划分等
3	重量分布	妥善考虑平台各部分的重量分布，使平台在着底工况下各桩腿的受力尽量均匀，在漂浮工况下稳性性能优良
4	设备与舱室的布置	设备布置指钻井设备、泥浆处理设备、动力设备、消防设备、系泊设备、起重机、救生艇的布置；舱室布置包括工作、生活等船室的内部布置；主要管系和电缆的走向
5	规划脱险通道	包括整个平台的通道、梯子（内部与露天甲板）、逃生口等
6	船体结构的合理性和工艺性	注意重量的分布，力求减少纵中弯矩和剪力。避免主要结构的不连续性和纵向构件的突变，改善应力集中。各种舱壁、支柱等的设置应充分考虑它们对结构强度及施工的要求
7	防火及防爆	在总体布置方案设计中，防火及防爆等安全问题是至关重要的，涉及各类危险区的定义、划分，如危险区船室的开口与通风、危险区的机械设备和电气设备等。因此，危险区划分不仅与作业区域、生活区域布置有关，而且关系到机械、电气设备的布置和选型。在初步规划总体布置方案时要注意危险区带来的安全问题，降低在危险区中布置机械、电气设备所带来的成本费用
8	其他因素	满足法规和规范的要求，例如消防法规对防火的要求、破船稳性对分舱的要求、救生设施的布置要求等

2.4.2 半潜式钻井平台

1. 结构设计流程及总体布置优化

（1）平台结构设计流程

1）设计载荷确定及强度分析评估。

2）平台结构设计载荷分析及波浪载荷预测。

3）平台结构型式及构件尺寸估算。

4）平台结构总体强度分析。

5）平台结构关键节点疲劳分析。

6）平台横向支撑结构冗余度分析。

7）平台下浮体结构抗碰撞性能分析。

（2）总体布置优化

1）以钻井设备布置为核心的上甲板区域综合优化布置。包括钻井设备、机舱、配电间、空调、生活舱室布置及双层底管系、电缆等的布置。

2）下浮体区域布置。包括推力器舱、泵舱、压载舱及钻井支持系统舱室的综合优化布置。

3）立柱区域布置。包括锚链舱、压载舱、灰罐及各种管系、电缆的布置。

2. 技术特点

目前，国外的半潜式钻井平台已经发展到第六代，它们大都具有在水深1 500m以上水域工作的能力，配备甲板起重机，采用动力定位系统，结构强度高，抗风暴能力强。第七代半潜式钻井平台亦在设计建造中。第五代和第六代半潜式钻井平台的主要特点如下：

（1）可变载荷增大　通过优化设计，其可变载荷与总排水量的比值超过0.2，甲板可变载荷将达到万吨，平台自持能力增强，同时甲板空间增大，钻井等作业安全性能提高。

（2）外形结构简化，采用高强度钢　早期平台的立柱数目众多，现多采用6个或4个圆立柱或圆角方立柱。斜撑杆数目大幅减少，横撑杆数量减为2～4根，最终将取消各种形式的撑杆和节点。平台主结构采用高强度钢，以减轻平台自重和降低造价，提高可变载荷及排水量与平台自重的比例。通常大多数海上工程用钢的屈服强度为250～350MPa。目前，高强度钢（屈服强度为700MPa）已用于平台的重要结构，甚至屈服强度为827MPa的钢材也被采用过，这些钢材不仅强度高，而且韧性好，焊接性好。

（3）适应更恶劣海况　半潜式钻井平台仅有少数立柱暴露在波浪环境中，抗风暴能力强，安全性能良好。大部分深海半潜式钻井平台能适应百年一遇的海况条件，适应风速达到 100 ～ 120km/h。

随着动力配置能力的增大和动力定位技术的发展，半潜式钻井平台可进一步适应更深海域的恶劣海况，甚至具有在全球海域全天候工作的能力。

（4）工作水深显著增加　半潜式钻井平台的工作水深从 1 524m 增加到 3 048m，未来有望达到 5 000m。

（5）装备先进　第六代深水半潜式钻井平台装备大功率新一代钻井设备、动力定位设备、电力设备监测报警设备、救生消防设备及通信联络设备等，钻井作业的自动化、效率和安全性能等都有显著提高。

3. 建造技术

以中集来福士海洋工程有限公司（简称中集来福士）交付项目 —— 中海油服 COSL PIONEER 深海半潜式钻井平台为依托工程和研究对象，系统性地开展深海半潜式钻井平台并行建造过程中设计总装建造流程和关键核心技术研究，为半潜式钻井平台的生产制造提供有力依据。

通过对实际在建项目的研究，要形成我国自主设计和在信息化系统支撑下的并行建造、批量交付深海半潜式钻井平台的能力，创建深海半潜式平台自主品牌，建立深海半潜式钻井平台的规范和技术标准体系，打造国内深海半潜式钻井平台的总体设计研发和生产制造基地，提升我国船舶工业在海洋工程装备领域的综合竞争力。

（1）半潜式钻井平台总装建造技术流程　与国际上海工装备发达国家相比，我国海洋油气资源开发装备特别是深水油气资源开发装备的设计和建造还处于起步阶段，限于各自的场地和设施条件，国内各海工装备建造单位半潜式钻井平台总装建造的流程和方法也是各具特色。

结合中集来福士在总装建造模式上的一系列特点，提出一套全新的建造工艺流程，即“陆地建造→ 2 万 t 驳船下水→ 2 万 t 起重机大合拢→漂浮下水→深水码头舾装”的并行建造模式。这种建造模式已经广泛应用于中集来福士半潜式钻井平台项目的建造上，而且收到良好的效果，为批量交付平台奠定了坚实的基础。

（2）半潜式钻井平台总装建造关键技术　以 COSL PIONEER 半潜式钻井平台为例，详细阐述总装建造模式中的关键技术，即大型总段建造、下水、提升及合拢方案，并指明相应的关键技术和具备条件。

1）陆上大模块建造。陆上大模块的建造分为以下几个步骤：分片组装、分段建造、大模块建造、整体吊装合拢。采用这种平行建造模式，有利于充分利用厂地、设备、人力，有效节约时间。以 COSL PIONEER 半潜式钻井平台为例，分段划分的原则主要看起吊能力和钢板的规格。中集来福士工厂船台上方用来合拢的起重机是 370t 的龙门起重机，所以一般考虑每个分段的钢结构质量不超过 250t，因为还要考虑是不是要翻身以及舾装件的重量。

2）驳船下水。依照海工平台总装建造模式，COSL PIONEER 半潜式钻井平台分为上船体（甲板箱形结构）和下船体（包括 4 根主柱、2 个浮筒及 4 个支架）两个大的总段和一个钻井模块（DES）。陆上同步建造完成后，下船体、上船体和钻井模块依次通过半潜运输驳船完成下水。

3）20 000t 龙门起重机合拢。利用 20 000t 龙门起重机实现 COSL PIONEER 上船体和下船体两大总段吊装合拢是该平台总装建造的最关键的环节。该环节主要包括 DES 模块安装、上船体吊装及上、下船体合拢三个主要步骤。用 ABAQUS 软件进行严格的吊装强度分析，确保吊装过程中的安全。

4. 研究热点

半潜式钻井平台未来的研究将呈现如下热点：

（1）高效钻井作业系统　如何配置多井口作业系统、钻杆处理系统、动力猫道等以提高工作效率，是研制半潜式钻井平台的关键。

（2）升沉补偿系统　在深海钻井作业过程中，为了保证钻头能够恒定接触井底，必须设法补偿平台由于风浪作用而产生的升沉落差。早期的补偿方法是使用伸缩钻杆，目前主要采用桥式起重机补偿、游车补偿以及绞车补偿等方法。

（3）定位系统　半潜式钻井平台在海中处于飘浮状态，受风、浪、流的影响会发生纵摇、横摇运动，因此必须采用可靠的定位方法对其进行定位。半潜式钻井平台的定位方式主要有锚泊定位和动力定位两种，当水深大于 1 500m 时，多采用动力定位的方式。

（4）水下设备　水下设备主要包括水下井口系统、水下封井器系统、隔水管系统、水下设备控制系统等。

（5）平台设备集成控制　平台设备集成控制技术研究的目的是为平台的航行、定位、钻井、完井作业创建一个数字化、智能化的控制平台。

2.4.3 导管架平台

1. 导管架平台结构总体设计

（1）结构总体布置

1）基本原则。总体布局合理，传力路径短，构件综合利用性好，材料利用率高，满足其他专业对结构型式的要求。

2）一般考虑因素。在进行结构总体布置时，一般应考虑如下几个方面：

①应尽量使杆件在各种受力状态下都能发挥较大作用，力求杆件的数量和规格少，结构尽量对称。

②不宜在飞溅区内设置水平构件。

③不宜在冰作用区内设置水平构件和斜撑。

④一般情况下，管节点宜设计为简单节点。

⑤导管架斜撑的角度（即与水平面夹角）宜在 45° 左右。

⑥导管架腿的表观斜度宜在 10∶1 和 7∶1 之间。

⑦隔水导管与结构的连接。如业主没有指定，对于动力响应较明显的平台（如三腿或独腿平台），水上部分（包括在甲板和导管架的水上水平层上）、隔水导管和甲板、导管架的连接要用焊接方法固定，水下部分用楔块固定。

⑧各桩的受力力求均匀。

⑨对于滑移装船吊装下水型导管架，滑靴的布置与吊点的布置要协调考虑。

⑩装船滑靴的横向间距的确定应考虑预制场地与运输驳船滑道的间距，应考虑钻井、修井的要求。

（2）结构构件的选取

1）结构构件的选取要综合考虑强度、刚度、稳定性和经济性这几方面的因素。

2）不论是成品钢管还是卷制钢管，在有可能的情况下，尽量减少所用材料的规格。

（3）结构材料选取

1）基本原则。结构材料的选取既要考虑强度要求，又要考虑结构工作场所的环境条件，以及材料在结构中的部位和可能使用的加工方法等。

2）一般考虑因素。结构用钢材基本上全部实现了国产化，因此，除业主有特别要求外，一般考虑使用国产钢材。卷制钢管、组合梁的尺寸应满足规格书中规定的有关国内和国外的标准，还应考虑制造商的卷制能力。

所选材料的性能（屈服强度、韧性要求等）及规格必须是能够生产的。对国内材料的选取更要注意所选的材料及型号是产品目录中列出及能够生产的。结构分析中使用的屈服强度要与所选用的材料一致。选用钢材时要考虑钢材的冲击试验温度低于预期的最低工作温度 10 ～ 30℃（*D*/*t* 大于 30 时低 20℃，*D*/*t* 为 20 ～ 30 时低 30℃，*D*/*t* 在 20 以下时低 10℃）。对于关键管节点部位还要考虑材料的 *Z* 向性能。还应注意在同一最小设计温度（气温或水温）下，选用的钢材等级随着材料厚度的不同而有所不同。

Z 向钢材除了在导管架腿上的管节点处使用外，浅水导管架（暂以 50m 水深为界）的其他位置均不使用，深水导管架的其他位置可根据其结构情况酌情少量使用，甲板部分一概不用。

3）材料替代。经平台作业者的同意和检验机构的认可，可以使用化学成分和力学性能相当且能满足设计要求的其他牌号的钢材替代原设计指定牌号的钢材。

（4）桩基布置

1）与上部荷载大小有关的设备的布置和设备干/湿重。上部设备的布置和干/湿重直接影响着上部甲板的尺寸，进而影响桩的数量及尺寸。上部荷载包括固定荷载和活荷载。固定荷载是指永久放在甲板上的设备的重量。活荷载包括可能加到平台上或从平台上移走的钻井和采油设备、生活住房、直升机机场和其他的生活供应设备、救生设备、潜水设备和公用设备的重量，以及消耗品和储罐中液体的重量等。有活荷载的开敞区域以及为二期设备预留更多空间的悬伸结构也同样影响桩的数量及尺寸。

2）在安全系数和桩的极限承载力计算方法的选取上会受业主的影响。桩的设计贯入深度使桩具有足够的能力来承受最大的轴向压力和上拔力，并且具有适当的安全系数。贯入深度安全系数是指桩的极限承载力除以桩的允许承载力。API RP 2A 中推荐的安全系数见表 2-6。

表 2-6　不同荷载条件下的安全系数

荷载条件	安全系数
设计环境条件加适当的钻井荷载	≥ 1.5
钻井作业期间的操作环境条件	≥ 2.0
设计环境条件加适当的采油作业荷载	≥ 1.5
采油作业期间的操作环境条件	≥ 2.0
设计环境条件加最小荷载（对上拔情况）	≥ 1.5

3）桩的斜度的确定。通常情况下布置在 4 个角上的桩是双斜的，布置在中间的桩是单斜的。对于四腿导管架平台来讲，通常有两根桩是双斜的，考虑到靠船件的设置、钻井船的作业等因素，则另外两根桩是单斜的。有时 4 根桩都没有斜度，均为直桩。

主桩和裙桩的斜度可以一样，也可以不一样。在确定桩的斜度时要考虑水深、导管架在泥面处水平层的最大轮廓尺寸、主桩与裙桩之间的相互作用等因素。桩的斜度通常为 8∶1，也可为 10∶1 或 12∶1。

桩设计成有一定的斜度，主要是用来扩大导管架在泥面处水平层的面积，从而增强结构的整体稳定性。导管架在泥面处水平层的面积越大，则由总的倾覆力矩而引起的单根桩的桩头力就会越小。

4）腿、裙桩的数目与尺寸。在确定腿、裙桩的数目与尺寸时，通常要考虑上部荷载的大小、工艺总体布置、水深和以往的经验等。导管架腿的直径可以参考上部甲板柱子的直径。在波浪作用区内应尽量少布置杆件和减小杆件受力面积，以减小波浪力进而减小对基础的要求。腿的内径要有一定的富余量，以适应腿和桩的椭圆度。对于桩基导管架，通常情况下要在导管架腿柱与桩之间的环形空间内灌浆，一般而言，直径 25.4 ～ 38.1mm 的环形空间就能满足要求。

5）桩的布置、尺寸和贯入深度受到裙桩数量的影响。桩的布置随着裙桩数量、位置的变化而变化。在通常情况下，裙桩都是围绕着主桩布置，靠近主桩的里面或外面。附加的裙桩可以紧挨着里面的主桩布置。导管架的尺寸、水深和其他因素决定着裙桩的数量。如果平台恰好安装在土体有可能滑移的区域，为了抵抗土体滑移，往往要加大腿及裙桩的尺寸，桩的贯入深度也随之增加，在这种情况下，一般考虑将裙桩布置在里面。

6）导管架腿桩与支撑形成管节点。海洋平台中的杆件通常采用钢管，结构中的支管是直接焊到弦管上的，在这些连接中，有时应力集中十分严重，从而导致节点强度降低很多。改善节点强度的方法之一是避开搭接节点而采用简单节点，这样可以使节点在外力作用下充分发挥作用。小尺寸的腿桩很难避开搭接节点，腿桩尺寸的加大为焊接节点提供了较大的空间，一般做成简单节点。另一方面，腿桩尺寸的加大会导致波浪力加大，这就需要增加桩的贯入深度。因此，在波浪力、腿的尺寸、桩的贯入深度和支撑节点之间需要权衡比较，确定合适的尺寸。

7）裙桩结构以及荷载传递。应该合理地将裙桩连接到导管架腿上，以便使导管架上的荷载能够有效地传到裙桩上。裙桩连接结构应避免与导管架的水平撑杆交叉，布置在外面的裙桩相对于布置在里面的裙桩更容易做到这些。考虑到群桩效应，裙桩与主桩的距离应选得合适并能有效地传递荷载。

8）桩的贯入深度应避开有下卧软黏土的砂层。考虑桩的深度时，桩端所在层土的强度不应明显地高于其下一层土的强度，也就是说不应有下卧软土层。在有下卧软土层的情况下，很容易出现桩突然穿过硬层而到软土层，从而引起冲剪破坏。桩端越接近软土层，两层土的强度相差越大，这种潜在的危险就越容易发生。这是由于土体逐渐变软、破坏或者在荷载的作用下下卧黏土层固结造成的。因此，选择桩的贯入深度时应使桩端避开有下卧软土层的砂层。另外，桩端到持力层上下边边界的距离还应满足 API RP 2A 中的有关规定。

9）将裙桩布置在里面。当土层中含砂砺、云母等很难穿透的材料时，往往考虑把裙桩布置在里面。当平台处在土体有可能滑移处或者平台要承受冰力作用时，也要考虑将裙桩布置在里面。布置在里面的裙桩同样也要灌浆以提高其抗水平及轴向荷载的能力。把裙桩布置在里面对主桩的尺寸及贯入深度会有一定的影响。

10）群桩效应。在初步规划桩的布置时，要考虑是否会有群桩效应。当桩距小于 8 倍桩径时，就要考虑并评价群桩效应。对于主桩来说，群桩效应可以忽略，因为对于一座平台而言，主桩的间距都较大。然而，当使用裙桩时，这些裙桩一般都是挨着主桩布置，因此群桩效应的考虑及评价就显得尤为重要。

11）自升式钻井船作业方面的考虑。这主要与桩的布置有关。如果导管架平台用自升式钻井船进行钻井作业，这时考虑桩的布置和平台方位时，应保证钻井船能够方便地在平台旁边抛锚就位。平台结构与钻井船之间的相互干扰应减小到最小。

12）桩安装方面的考虑。在初步规划桩的尺寸和贯入深度时，必须考虑其将来在海上安装施工的可能性。使用现有的桩锤应该能将桩打到设计贯入深度。主桩通常是在水上打，裙桩可以在水上打也可以在水下打。布置在里面的桩可以用打的方法或者钻了孔再打。当遇到拒锤而采取钻孔或喷射方法时，要考虑土层是否有硬层。因此，布置裙桩时，应使其安装起来不太困难，而且不干扰主桩的安装。

2. 导管架平台模型

（1）整体模型　依据之前计算分析得到的导管架平台整体模型如图 2-19 所示。

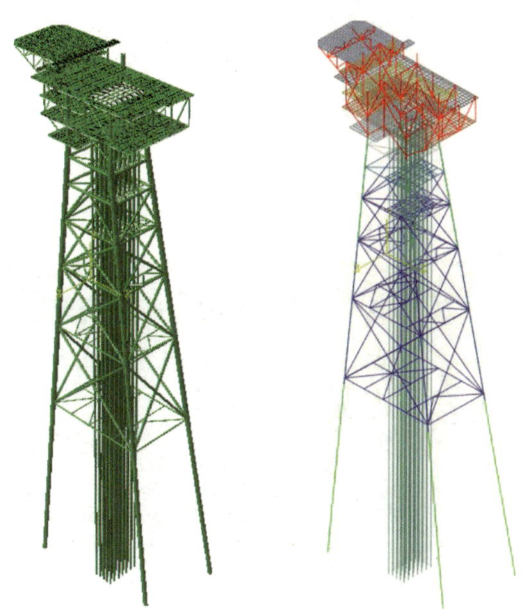

图 2-19　导管架平台整体模型

（2）部分模型　导管架平台主要由上部组块、导管架和桩三部分组成，各部分模型如图 2-20 至图 2-24 所示。上部组块包括甲板及甲板与甲板之间的支撑结构。导管架部分包括导管架腿和各水平主层。

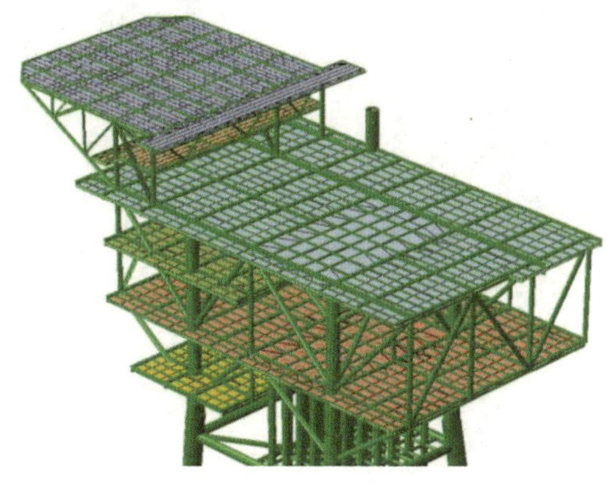

图 2-20　平台甲板模型

图 2-21　甲板支撑结构模型

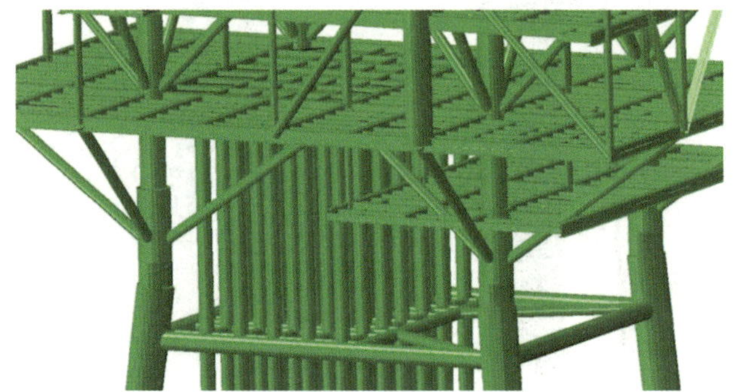

图 2-22　甲板与导管架之间连接模型

图 2-23　平台导管架模型

图 2-24　桩模型

2.4.4 钻井隔水管

1. 钻井隔水管生产工艺

单根钻井隔水管是大直径、高强度且两端有焊接接头的管线，采用特殊的管线夹把辅助管线紧固于主管线上。单根钻井隔水管两端的接头一侧外螺纹裸露，另一侧内螺纹裸露，两根钻井隔水管之间往往是螺栓连接，采用金属－金属密封，或者弹性体－弹性体密封，再或者金属－弹性体组合密封。在浅水或深水时，单根钻井隔水管长度一般为 15.24m，最长不超过 19.81m。当在深水或超深水时，单根钻井隔水管长度一般为 22.86m，最长不超过 27.43m。

单根钻井隔水管壁厚的确定原则主要有环向应力准则、轴向应力准则（顶部张紧力准则）和挤毁应力准则。根据环向应力准则确定的单根钻井隔水管的壁厚往往最为保守，在此基础上考虑制造误差（一般为壁厚的 7.5%）和允许自由腐蚀量（1.27mm），最终确定单根钻井隔水管的壁厚与外径。壁厚一般为 15.9mm、19.1mm、25.4mm。

为了抵御超深水域恶劣的环境载荷，钻井隔水管的材料采用具有较好疲劳特性的钢，采用标准化制造以便于隔水管主管与接头之间的无缝焊接。在超深水域钻井隔水管的材料选用屈服强度为 551.6MPa 的 X80 钢。

深海钻井隔水管主要分为两种，一种是无缝钢管，另一种是直缝埋弧焊钢管。

（1）无缝钢管　无缝钢管的加工范围是管径为 100 ～ 700mm、壁厚为 4 ～ 150mm。无缝钢管的优点是其具有良好的力学性能，可以很好地满足使用要求；缺点则是其加工成本高、设备投入成本高、加工范围受到限制。

（2）直缝埋弧焊钢管　直缝埋弧焊钢管在满足性能要求的同时具有较低的成本。主要有 UOE 成形和 JCOE 成形两种成形方法。

1）UOE 成形。UOE 成形工艺是当今国际上最先进的直缝焊管成形方法之一。成形后的钢管的壁厚和管径更加精确，同时具备高质量和高产量等优点，很好地满足了深海钻井隔水管严苛的要求。UOE 成形中，经过 U 成形、O 成形之后，采用双面埋弧焊焊接，最后再进行整体扩径。

2）JCOE 成形。JCOE 成形就是在钢板经过弯边以后，经过 J 成形、C 成形和 O 成形，然后再采用双面埋弧焊焊接，最后进行机械扩径。JCOE 成形具有很高的生产效率和较大的加工范围，产品在通过性能验证后即可以用于深海钻井隔水管。

不管是 UOE 成形还是 JCOE 成形，后续都还需要进行焊接、机械冷扩径、无损检测、防腐等工艺过程。

目前，深海钻井隔水管大多采用直缝埋弧焊钢管。用于深海钻井隔水管的主要材料是符合 API 标准的管线钢，主要是 API 5L X80，并且正在向更高强度级别的 X100 和 X120 等发展。另外，具有高性能的钛合金、铝合金也逐渐被用于制造深海钻井隔水管，并且很好地满足了强度、寿命等使用要求。

2. 钻井隔水管关键技术

（1）钻井隔水管接头技术　钻井隔水管接头技术愈来愈呈现出轻质化和连接快速化等特点。目前，常用的钻井隔水管接头主要有以下几种：

1）Cameron 公司的 LoadKing 4.0 和 RF 型接头。如图 2-25 所示，LoadKing 4.0 接头的上、下法兰结构相同，可以互换，因此可简化拆卸程序。接头的密封性好、定位快捷，采用高强度螺栓设计，疲劳强度高。RF 型接头采用预应力设计，可承受 9 000kN 的张紧力。

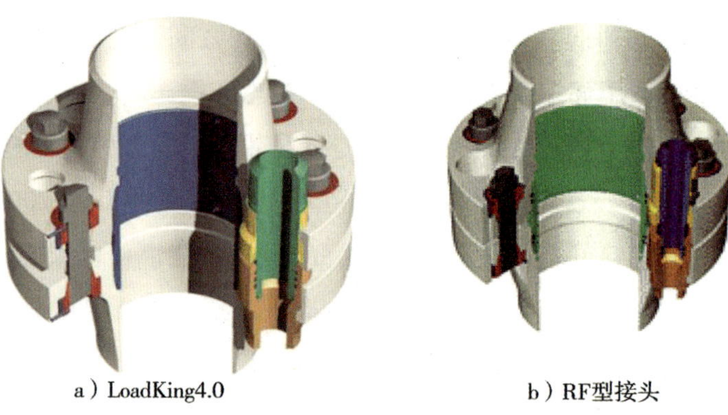

a）LoadKing4.0　　b）RF型接头

图 2-25　Cameron 公司的 LoadKing 4.0 和 RF 型接头

2）GE-Vetco Gray 公司的 MR 型和 HMF 型接头。如图 2-26 所示，该接头属于爪类接头，执行元件不承受接头载荷，设计符合 API 16R E 级标准，可承受 9 000kN 张紧载荷，容易对口，可快速连接，无过多松散零件，延长使用寿命，可在恶劣海况下正常工作。

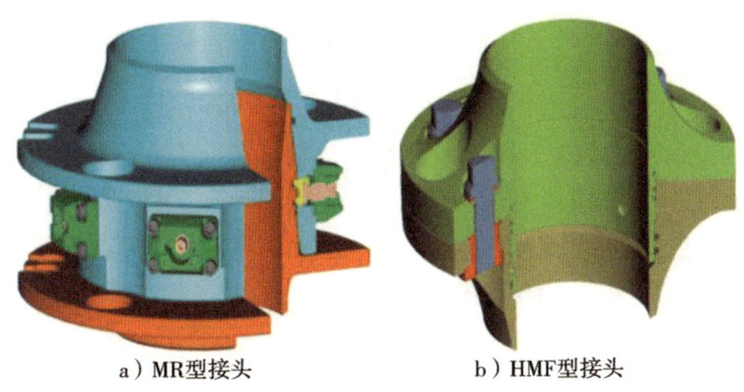

图 2-26　GE-Vetco Gray 公司的 MR 型和 HMF 型接头

3）Dril-Quip 公司的 FRC 型和 QMFC 型接头。如图 2-27 所示，该接头可同时连接主管与节流压井管线，可减小主管壁厚，减轻单根钻井隔水管的重量，制动螺栓作用时接头压缩，消除典型的张紧疲劳，结构简单，维修方便、快捷。

图 2-27　Dril-Quip 公司的 FRC 型和 QMFC 型接头

4）MR-6H SE 接头和 CLIP 接头。如图 2-28 所示，该接头设计简单，组装零件少，自动化程度高，维护方便，组装及拆卸更加快捷。CLIP 型接头无须螺栓，采用无故障设计，维修更少，可承受全方位载荷，避免应力集中，适用于轻质复合管线，可减轻管子的重量。

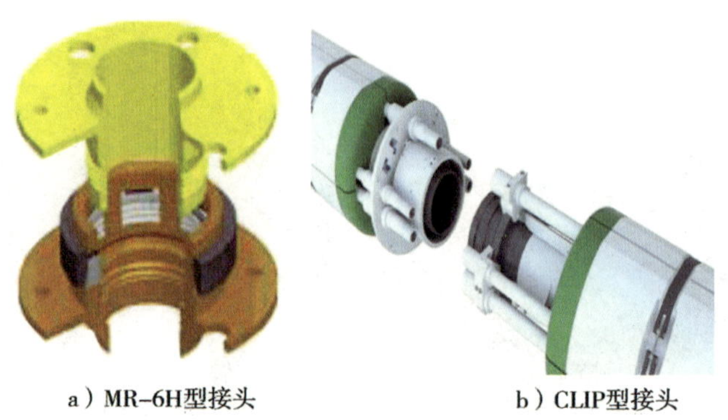

a）MR-6H型接头　　b）CLIP型接头

图 2-28　MR-6H SE 型和 CLIP 型接头

（2）钻井隔水管张紧环　张紧环（见图 2-29）基盘上的张紧绳倾角及张紧绳作用位置应合理布置，以确保张紧力的方向和大小，张紧环还应满足伸缩节的最大承受重量。

图 2-29　钻井隔水管张紧环

3. 钻井隔水管制造设备

（1）加工中心　所需数控加工中心的基本功能包括钻、镗、铣、铰、攻螺纹等，要能够实现直径 1 000mm 以内、长度 800mm 以内的锻造圆柱体的加工。

（2）焊接设备

1）焊接设备。设备性能要求：实现管径为 80 ～ 160mm、600 ～ 1 000mm 的管道的焊接。

2）焊接热处理设备。设备性能要求：实现管径为 80 ～ 160mm、600 ～ 1 000mm 的焊接中管道的热处理。

3）切割设备。所需切割设备为等离子管道切割机，对其的性能要求是实现管径为 80 ～ 160mm、600 ～ 1 000mm 管道的切割和坡口切割。

4）无损检测设备。无损检测设备所要完成的功能是超声波检测、液体渗透检测、磁粉检测、射线检测，同时可以实现管径为 0 ～ 160mm、600 ～ 1 000mm 和壁厚为 20mm 的管道的无损检测。

5）硬度检测设备。对硬度检测设备的性能要求是实现管径为 80 ～ 160mm、600 ～ 1 000mm 的管道的焊接表面和管体的硬度检测。

硬度检测可以采用布氏硬度、洛氏硬度、维氏硬度三种硬度检测方法，测定 HB、HRB 或 HRC 和 HV 硬度，三种硬度只测其一即可。

6）制造车间。建设全新的焊接组装生产线，也可以对现有生产线进行升级改造，实现管体和接头的焊接组装作业。常规制造的加工规范要求如下：接头强度满足 API 1 6R 的要求；接头硬度满足 NACE MR0175 的要求；接头韧性满足 GB/T 229—2007 的要求；焊接方法和工艺遵守 API Spec 6A PSL3；无损检测满足 ASTM E-709、ASTM E-165 要求。

2.4.5 钻杆自动处理系统

1. 设计流程

钻杆自动处理系统主要有钻杆自动传送系统（包括甲板起重设备和水平钻杆传送系统）和钻杆自动排放系统（包括钻杆水平/垂直转换系统和钻杆垂直排放系统）两大部分组成，研究内容主要包括以下几个方面：

（1）机械结构设计　钻杆自动处理系统的机械结构设计是装备设计的初始环节，其内容不仅包括常规设计时相应结构尺寸参数的确定，还必须考虑海洋作业环境的影响，包括对材料选择和防腐处理工艺的特殊要求，因此要求十分严格。这里主要对其中的结构设计进行简要描述。

1）钻杆自动传送系统的机械结构设计。根据钻杆传送的操作过程，结合目标钻井平台的工作环境，确定钻杆自动传送的合理方案。在此基础上，针对系统要执行的各种操作，对系统的各个组成部分进行合理的结构设计，确定各主要机构的尺寸参数。

2）钻杆自动传送系统的设计计算与静力学分析。对钻杆自动传送系统进行设计计算，确定驱动构件为实现执行构件的各种功能所应输出的驱动功率，并针对部分运动速度慢、质量小的机构进行静力学分析。

3）钻杆自动传送系统的运动学与动力学分析。对运动构件进行运动学分析，求出机构终端与机构关节之间的位置映射关系和速度映射关系，对起重机进行动力学分析，求出连杆的运动速度与关节力之间的函数关系。

4）钻杆自动传送系统的液压系统设计。根据钻杆自动传送系统要完成的各项动作，设计其液压系统原理图，并结合工作载荷的大小，对各液压元件进行设计和选择。

5）钻杆自动排放系统的初步设计。根据前面初步确定的传送系统的结构参数和作业功能的具体需要，对钻杆自动排放系统进行初步设计。

6）钻杆自动排放系统部分的进一步设计和完善。在钻杆自动排放系统已经基本成形的基础上，针对其细节进行补充和完善，使其能够与钻杆自动传送系统实现良好配合。

7）系统的建模以及运动仿真。用 Pro/E 或其他相关软件对钻杆自动传送系统的全部内容以及钻杆排放系统的新增内容进行建模，并针对部分运动机构进行运动仿真。

（2）液压系统设计　用于海洋钻井作业的钻杆自动处理系统的工作环境非常恶劣。为满足工作要求，其驱动系统应具有简单、紧凑的结构，以便降低整个系统的复杂程度，提高驱动系统的可靠性。钻杆传送系统除了要克服较大的工作载荷之外，还要受到恶劣的外界环境因素的影响，因此，驱动系统要易于实现安全保护，传递运动要平稳，以便于实现自动化控制。

目前主要的传动方式包括机械传动、电气传动、气压传动和液压传动。各种传动方式的优缺点见表 2-7。

表 2-7　各种传动方式比较

传动类型	优点	缺点
机械传动	准确可靠，操作简单，效率高，维护简单	不易进行无级调速和远距离操作
电气传动	传动快，易于实现自动化	平稳性差，成本高，工作容易受到环境影响

（续）

传动类型	优点	缺点
气压传动	结构简单，成本低，损失小	低温工作时气体易凝结成水，容易泄漏，传动功率小
液压传动	体积小，重量轻，便于无级变速，运动平稳，易于实现安全保护	易泄漏、效率低，对元件精度要求较高

从对各种传动方式的比较分析可以看出，液压传动方式具有极大的优势，因此，液压传动方式被广泛应用于海洋钻井平台上的钻杆自动传送系统。

钻杆自动传送系统的工作原理复杂，执行装置多样，为确保液压系统设计的合理性，对各种工作装置特点进行分析后，一般从以下几个方面进行考虑。

1）液压系统工作压力的选择。在同等载荷的前提下，工作压力越低，传动和执行元件的结构越大，而钻杆传送系统的工作空间是有限的；工作压力越高，对传动和执行元件的精度要求也越高，并且容易造成泄漏。因此，一般都是参照相关设计经验，定义钻杆传送系统为重型起重运输机械，进而确定相应的液压系统压力。

2）液压系统保护装置的设计。每一个液压泵的出油口都安装一个溢流阀，当出现系统堵塞或部分执行机构过载而引起系统压力过高时，溢流阀溢流以起到安全保护作用，避免液压泵因输出压力过高而损坏。液压马达两端并联有两个反向安装的叠加溢流阀，它除了在制动时具有补油和辅助制动的功能外，还可以在过载时溢流，防止液压马达因过载而损坏。

3）执行元件的锁定及制动方式。执行元件的制动方式要根据执行元件自身的类型及其工作原理而定。钻杆传送系统液压缸主要采用换向阀中位机能进行锁定，起重机末端夹持器的夹持液压缸和预紧液压缸则选用液压锁锁定，确保其工作位置的迅速锁定。

要根据液压马达不同的工作性质，选择合理的制动方式。驱动猫道机本体的液压马达在制动时不仅要克服液压马达本身的惯性力，也要承受猫道机本体的惯性力，为保证其能够实现快速制动，常选用制动器制动回路。

4）执行元件的调速方式。在钻杆自动传送系统中，无论是液压马达还是液压缸都要进行调速，其中一部分还要实现大范围内的无级调速。液压系统常用的调速方式有节流调速和容积调速两种。节流调速是指将节流元件安装在液压回路中，通过改变节流口大小来改变流量，从而改变执行元件的运行速度。容积调速是指在不增加节流元件的基础上，通过改变液压泵的输出流量或液压马达的排量实现调速。其中，节流调速方式简单，但降低了效率，还会造成系统发热；容积调速没有节流损失，效率较高。

钻杆自动传送系统执行元件调速的设计思路是：对功率较大并且工作频率较高的执行元件，例如猫道机驱动马达、梭车驱动马达、起重机大（小）车驱动马达及起升马达等采用容积调速，以避免节流损失引起的系统发热和能量浪费。对于功率较小的执行元件，例如猫道机进给机构、举升机构以及起重机末端执行元件等采用节流调速。

5）起重机大车驱动的同步设计。通用桥式起重机的大车采用分别驱动时，由于两轮的阻力不同、两侧驱动机构有偏差等，两侧会出现“一前一后”的现象。当起重机的跨度较小时，主体结构的水平刚性足够使起重机两侧的阻力重新分配，使两侧的速度趋于一致，即通过主体结构的刚性实现同步，不需要纠偏。当起重机跨度≥ 40m 时，则要采用纠偏或其他方式实现同步。

6）液压马达及液压泵的类型选择。节流调速回路中的液压泵不需要改变输出流量，因此选用定量泵。同时，由于齿轮泵具有结构简单、工作可靠的优点，因此常选用齿轮泵作为节流调速回路中的液压动力源。在容积调速回路中常采用变量泵 - 定量马达调速回路。该回路具有的恒转矩特性，即液压马达输出转矩不变，随着变量泵输出油量的增大（减小），液压马达转速沿直线上升（下降），符合钻杆传送系统的工作要求。因此，容积调速回路选择轴向柱塞式变量泵作为液压动力源。

（3）控制系统设计　控制系统是实现钻杆自动处理的重要环节，控制系统的优劣将直接影响钻杆自动处理系统的工作性能。因此，在前期完成钻杆自动排放系统机械结构设计和液压系统设计后，要对钻杆自动排放系统的控制系统进行合理设计。具体工作是：结合平台的工作环境，兼顾相关作业设备的预期布局方案，给出监控系统和人机交互界面的初步设计，并合理选择 PLC、传感器型号，结合由相应的执行装置组成的速度控制模块和同步控制模块，形成较为完整的设计控制方案。

2. 关键技术

经过十几年的科研攻关，当前，我国已初步掌握了钻杆自动处理系统的相关设计制造工艺。但是，与国外先进技术相比，仍然存在一定的差距。因此，在一些关键技术方面，仍然需要进一步攻关。

（1）定位基准　钻杆自动处理系统和钻台要有一个相同的定位基准，这样能够保证钻杆的对中，并将钻杆移送到指定位置，完成接送钻杆任务。例如前面提到的大臂旋转移送型钻杆自动处理系统，如果它和钻机台面没有相同的定位基准，就不能保证将钻杆送到顶驱装置的中心位置。因此，在设计时要考虑如何将钻杆由水平位置准确地移送到竖直位置。动力猫道移送型和平行连杆机构移送型钻杆自动处理系统都是将钻杆送到井口的相对位置，再由顶驱或吊卡将其抓住，这需要在设计时考虑定位基准。

（2）钻具适应性　钻杆自动处理系统不仅要能够处理钻杆、钻铤，还要具备处理套管、油管的能力，而钻杆、钻铤、套管和油管的管径、长度和重量是不相同的，在设计时要尽可能地使钻杆自动处理系统能够处理一定范围内的各种管子。

（3）结构设计　钻杆自动处理系统应尽量减小占地空间，这就要求其钻杆处理装置的结构应紧凑、合理。另外，在设计时还要充分考虑钻杆处理装置是否便于安装、拆卸和运输。

（4）远程控制技术　钻杆自动处理系统应采用较好的远程控制技术，以便尽量减少井口作业人数。相关数据资料显示，很多与钻（修）井相关的安全事故发生在井口作业过程中，减少安全隐患最简单的办法是减少从事危险操作的人员的数量，并使他们由劳动者变为操作者。

（5）安全稳定性设计　设计过程中要充分考虑钻杆自动处理系统的安全性。长为10m、直径为127mm的钻杆的质量约300kg，如其在操作过程中滑落，会砸伤人，引发安全事故。因此，设计时应对钻杆自动处理系统的刚度和强度进行充分校核，保证其工作的安全稳定性。

（6）防腐技术研究　海上长时间工作会导致钻杆自动处理系统产生内、外腐蚀，特别是外部环境对钻杆自动处理系统的腐蚀更为严重。钻杆自动处理系统一旦腐蚀便很难维修，因此，做好其防腐工作十分重要。

3. 制造技术研究

（1）起重机（以折臂式起重机为例）

1）臂架。主要为钢板和角钢焊接而成的箱体结构，内部设加强筋。钢板铰接处强度符合要求。

2）回转结构。使用高强度螺栓连接，回转支承的内外滚道经过淬火处理。

3）夹持器。需要满足相应的强度要求，可使用橡胶增加摩擦力。

（2）水平输送系统

1）翻转结构。为保证翻转结构的耐磨性，选择表面淬火加渗碳强化处理的热处理方式。

2）V形槽。为了减少V形槽的滑动磨损，可在V形槽表面加一层聚四氟乙烯。

（3）自动排放系统

1）排管机摩擦夹具。排管机摩擦夹具需要满足强度和摩擦因数的要求，对热处理要求较高的，需要在夹具上加涂层。

2）排管机臂架。主要为钢板和角钢焊接而成的箱体结构，内部设加强筋。

3）排管机移动燕尾槽。在工件上画线并打上样冲眼，使用刨床刨削，也可在立式铣床上使用塔形铣刀加工。

4）铁钻工加工关键技术。铁钻工加工的关键技术在于上扣夹具的加工和旋扣滚筒的加工，既要求其有一定强度，又要求其能保持摩擦力。

参考文献

[1] 段梦兰，陈永福，李林斌，等．海洋平台结构的最新研究进展第9届ISOPE大会报告综述[J]. 海洋工程，2000，18（1）:86-90.

[2] 张鹏飞，于兴军，栾苏，等．自升式钻井平台的技术现状和发展趋势[J]. 石油机械，2015，43（3）:55-59.

[3] 王定亚，丁莉萍．海洋钻井平台技术现状与发展趋势[J]. 石油机械，2010，38（4）:69-72.

[4] 栾苏，韩成才，王维旭，等．半潜式海洋钻井平台的发展[J]. 石油矿场机械，2008（11）:90-93.

[5] 许骞，许鉴冲．关于深海平台发展现状与趋势[J]. 当代化工研究，2016（7）:90-91.

[6] 谭越，李新仲，王春升．深水导管架平台技术研究[J]. 中国海洋平台，2016，31（1）:17-22.

[7] 康庄，付森，袁洪涛，等．SPAR平台张紧式与半张紧式系泊性能比较[J]. 船舶与海洋工程，2018，34（4）：15-21.

[8] 段梦兰，李秀巧．发展张力腿平台迎接深水钻井的挑战[J]. 石油机械，2000，28（12）:46-48.

[9] Uzunoglu E, Guedes Soares, C. A system for the hydrodynamic design of tension leg platforms of floating wind turbines[J].Ocean Engineering, 2019, (171):78-92.

[10] Sam-Kwon H, Jae-Moon L, Dong-Woo J, et al.A study on the impact load acting on an FPSO bow by steep waves[J].International Journal of Naval Architecture and Ocean Engineering, 2017, 9(1):1-10.

[11] Shimamura Y.FPSO/FSO:State of the art[J].Journal of Marine Science and Technology, 2002, 7(2):59-70.

[12] 杨进，曹式敬.深水石油钻井技术现状及发展趋势[J].石油钻采工艺，2008（02）：10-13.

[13] 赵洪山，刘新华，白立业.深水海洋石油钻井装备发展现状[J].石油矿场机械，2010，39（5）:68-74.

[14] 陶永宏.我国海洋工程发展现状[J].中外船舶科技，2009（3）:16-25.

[15] 畅元江.深水钻井隔水管设计方法及其应用研究[D].青岛：中国石油大学(华东)，2008.

[16] Dong Q, Lu H, Yang J, et al. Dynamic gangway responses between TLP and semi-submersible platform during tender-assisted drilling[J]. Marine Structures, 2019, 67(9): 103645.1-102645.21.

[17] Mclean D L, Taylor MD, Giraldo Ospina A, et al.An assessment of fish and marine growth associated with an oil and gas platform jacket using an augmented remotely operated vehicle[J]. Continental Shelf Research, 2019, (179):66-84.

[18] 王子寒.新型SPAR平台方案设计和分析[D].哈尔滨：哈尔滨工程大学，2012.

[19] 史筱飞.浮动式海洋油气生产平台研究现状与发展[J].机械设计与制造工程，2015，44（11）:7-10.

[20] 王天英，冯永训.新概念FPSO最新研究进展[J].船海工程，2011，40（5）:184-188，192.

[21] 王璞.FPSO结构设计技术的进展[J].船舶，2014，25（2）:1-8.

[22] 中国造船工程协会，我国海洋工程装备产业发展形势与对策[J].船海工程，2014，43（1）:1-9.

[23] 刘健，蒋世全，殷志明．深水修井技术与装备浅谈[J]. 内蒙古石油化工，2011，37（13）:91-94.

[24] 黄维平，曹静，张恩勇．国外深水敷管方法与敷管船研究现状及发展趋势[J]. 海洋工程，2011，29（1）:135-142.

[25] 段梦兰，张爱霞，王建军，等．自升式钻井平台拔桩阻力预测的数值计算方法[J]. 机械强度，2010，32（6）:961-966.

[26] 刘军鹏，段梦兰，罗晓兰，等．深水浮式平台选择方法及其在目标油气田的应用[J]. 石油矿场机械，2011，40（12）:70-75.

[27] 肖丽娜．半潜式平台发展趋势研究[J]. 船舶标准化与质量，2018(6):42-47.

[28] 郝孟江，王晋，何艳飞，等．三立柱型半潜式平台上部组块总体布置研究[J]. 海洋工程装备与技术，2016，3（6）:346-349.

[29] 杨强，李金栋，王维旭，等．深海半潜式平台上部模块布局关键技术综述[J]. 石油矿场机械，2019，48（4）: 74-79.

[30] 李昕，金峤，周晶．在役导管架平台的评估策略研究现状[J]. 防灾减灾工程学报，2007（3）:368-376.

[31] Xiaojie T, Qingyang W, Guijie L, et al.Topology optimization design for offshore platform jacket structure[J].Applied Ocean Research, 2019,（84）:38-50.

[32] Weiliang J, Qizhong H, Zhaowei S, et al.Reliability-Based load and resistance factors design for offshore jacket platforms in the bohai bay:Calibration on design Factors[J].China Ocean Engineering, 2009, 23(3):387-398.

[33] 王进全，王定亚．国外海洋钻井隔水管与国产化研究建议[J]. 石油机械，2009，37（9）:147-150.

[34] 谢彬，张爱霞，段梦兰．中国南海深水油气田开发工程模式及平台选型[J]. 石油学报，2007，28（1）:115-118.

[35] 李新仲，王桂林，段梦兰，等．深水油气田开发中的浮式平台新技术[J]. 中国海洋平台，2010，25（4）:36-42.

[36] 韩进东．深水钻井隔水管与井口技术研究进展[J]. 中国石油和化工标准与质量，2018，38（16）:181-182.

[37] 田梦.500 英尺自升式钻井平台总体设计研究[D]. 大连：大连理工大学，2013.

第3章

海洋水下生产装备

3.1 概述

3.1.1 水下采油树

1. 水下采油树简介

随着陆上石油储量的日益减少以及对石油需求的不断加大，石油开采开始往海洋发展并慢慢地由浅水往深水发展。1887 年，在美国加利福尼亚海岸数米深的海域钻探了世界上第一口海上探井，拉开了海洋石油勘探的序幕。随着科学技术的进步和人类对海洋石油资源认识水平的不断提高，海洋油气勘探开发从浅海海域逐渐向中深海（100 ～ 500m）、深海（500 ～ 1 500m）及超深海（1 500m 以上）海域发展。相比于陆上石油开采，海洋石油开采更加复杂，需要的技术更高。

海洋石油的开采通常采用水下生产系统，包括水下采油树、水下管汇、水下控制系统、出油管线、跨接管、水下分离设备等。水下采油树是指放置在海床水下井口上的，由阀门、管线、连接器和配件组成的一个采油系统。水下生产系统如图 3-1 所示。

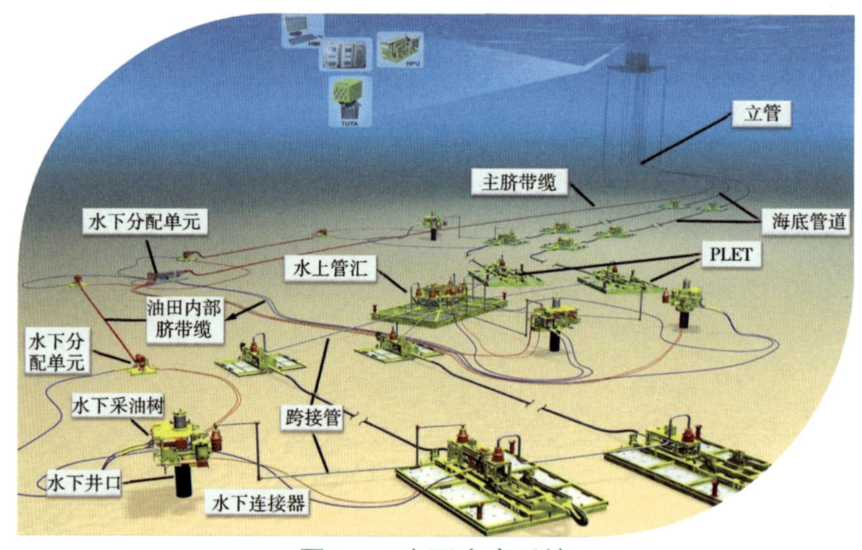

图 3-1 水下生产系统

水下采油树是重要的生产设备之一，其主要作用是注水、注气、控制油气产量、注入化学试剂，同时可通过紧急关闭采油树阀门来避免油井生产事故的发生。

水下采油树主要分为干式、湿式两种。干式采油树把采油树置于一个密封的常压、常温舱里，维修人员像在陆地上一样在舱内进行工作，湿式采油树完全暴露在海水中。干式采油树由于装置仪器繁多、结构复杂、成本高、技术难度较大，且对操作人员存在安全隐患，因此逐渐被淘汰。目前湿式采油树逐渐成为水下生产系统的首选。

2. 水下采油树结构组成

水下采油树主要由树体、采油树与井口回接系统、采油树内帽、阀门、监控装置、控制系统、水下机器人控制盘等组成。

（1）树体　树体为整体加工的空心圆筒体，内部加工成与油管挂和采油树内帽相配合的形状，下端及顶部为螺纹状结构，分别与直径为 476.25mm、压力为 68.95MPa 的液压井口连接器及采油树内帽相连接。

（2）采油树与井口回接系统　该系统由上、下两部分组成，它的主要功能是为采油树树体和水下井口之间的 VX 型垫片提供第二道屏障。它的上部分叫作上定位刺，其顶部与树体相接并密封；它的下部分叫作下定位刺，其底部与套管悬挂器相接并密封；其中间由上、下两部分相接并密封。密封均采用金属附加弹性体的方式，能承受 34.47MPa 的压力。有此回接系统，井口和采油树之间的连接密封就不会受到井下压力的作用，可靠性大为增强。

（3）采油树内帽　采油树内帽安装在油管挂的顶部，依靠液压式起下工具与树体相连，其与树体之间的密封为金属对金属结合的弹性密封，为树体内部与外部环境之间提供第二道屏障。另外，在生产期间，采油树内帽可为油管挂提供第二道固定装置，避免油管挂在油井热力及压力变化时产生移位。

（4）阀门　阀门主要包括：生产阀门，注气管线阀门，化学药剂注入管线阀门，转换阀，环空通路阀，监视采油树内部部件工作状态的 TCM 阀、RCM 阀及 GT 阀和压力传感器关断阀，以及生产关断阀、清管阀和气举关断阀。

（5）监控装置　在生产过程中必须监测生产液的温度和压力，监测点通常取在生产主阀和翼阀之间，分别使用压力传感器和温度传感器监测环形空间通路的压力变化，监测方式与对生产油流的监测是相同的。

（6）控制系统　控制系统主要包括修井控制系统（WOCS）、生产控制系统（PCS）、电液转换控制系统、液压控制系统及电气控制系统。

（7）水下机器人控制盘　水下机器人控制盘位于采油树正面，所有的阀门执行器均朝向水下机器人控制盘并通过延长杆与其相连，而水下机器人控制操作头均可以插入其控制盘上的母头中，并转动阀杆的延长杆，操纵阀门的开与关。

（8）气举阀　油田采用气举手段采油，通过气举阀进行常规的注气控制。气举阀的控制通过水下控制模块实现，水下机器人可优先控制气举阀，气举阀位置传感器及管线流量计把信号通过水下控制模块传回上部控制设施。

（9）化学药剂注入阀　化学药剂的注入点位于生产主阀和翼阀之间或者气举阀与管毂之间的环形空间通路上，由水下控制模块开启化学药剂注入阀并控制化学药剂的注入。

3.1.2　吸力锚及水下基础结构

吸力锚可为船只提供系泊力，也可以作为海洋平台、大型码头等构筑物的基础结构，广泛用于海底管道敷设施工中做起始点锚固。吸力锚具有以下几个显著特点：材料和制造成本低廉，海上安装施工简易，安装工期短，不需要打桩设备，抗拔性能卓越，就位准确，对不同的土质具有广泛的适用性，可以实现易地复用等。

目前，国外深水吸力锚的设计与海上安装施工技术已经非常成熟，吸力锚的长度大多为 5 ～ 30m，长径比为 1 ～ 10，在砂型土、黏土或分层土海床中都具有良好的适用性，使用水深最大已超过 2 500m。目前，国外从事吸力锚研究的主要科学研究机构有：挪威岩土工程研究所（NGI）、牛津大学、西澳大利亚大学、荷兰代尔夫特理工大学、美国德克萨斯州大学奥斯汀分校等。

3.1.3　水下跨接管及连接器

1. 水下跨接管

水下跨接管主要用于水下生产设施之间的连接，如水下采油树与水下管汇、水下管线与水下采油树等设施之间的连接，是水下生产系统的主要连接设施。

典型的水下跨接管在管道的两头分别有一个连接器接头。管道是刚性的叫作刚性跨接管，管道是柔性的叫作柔性跨接管。

柔性跨接管由两个终端接头以及接头之间的柔性管组成，主要用于输送油气，也可用于分离船体和海上浮式生产储卸油装置的刚性隔离管。海底设备之间的连接通常采用刚性跨接管，在安装跨接管之前，必须测量好海底设备之间的距离和方向，在制造刚性跨接管的时候必须严格按照测量好的长度，以便使其能够正好连接两个设备。

2. 水下连接器

水下生产系统中不同部件之间的连接主要通过水下连接器实现。水下连接器种类较多，根据连接原理可以分为卡箍式连接器和套筒式连接器。卡箍式连接器广泛用于水下采油树节流阀的连接锁紧，起到防止节流阀内油气泄漏、支撑密封圈和承受复杂载荷的作用。水下连接器按照驱动方式可以分为液压式连接器和机械式连接器，按照连接方向可以分为垂直连接器和水平连接器。

3.1.4 防喷器及水下防喷器组控制系统

1. 防喷器

防喷器是在试油、修井、完井等作业过程中用于关闭井口、防止井喷事故发生的安全密封井口的装置。防喷器安装在井口套管头上，在钻井过程中，当井内油气压力很高时，防喷器能把井口封闭（关死）；当从钻杆内压入重泥浆时，其闸板下有四通，可替换出受气侵的泥浆，增加井内液柱的压力，控制高压油气的喷出。

防喷器分普通防喷器（单闸板、双闸板）、环形（万能）防喷器和旋转防喷器等。普通防喷器有闸板全封式的和半封式的，全封式防喷器可以封住整个井口，半封式防喷器封住有钻杆存在时的井口环形断面。环形（万能）防喷器可以在紧急情况下起动，适用于任何尺寸的钻具和空井。旋转防喷器可以实现边喷边钻作业。在深井钻井和海上钻井中通常是除采用两种普通防喷器外，再加上万能防喷器、旋转防喷器，将三种或四种防喷器组合装于井口。

2. 水下防喷器组控制系统

水下防喷器组控制系统是一套能够对水下防喷器组和一些地面设备进行准确、快速地操作和控制的装置。它能在几十秒内把水下防喷器打开和关闭，在紧急情况下能将防喷器组与井口及时脱开和回接，能有效控制水下井口连接器、事故安全阀等。

防喷器控制系统由平台发出控制信号，信号通过电缆传递给水下电磁阀操作其动作，从而打开相应的液压控制阀，将蓄能器中的高压动力液导入相应的防喷器关闭腔，使之关闭。

防喷器主要有两种控制形式——液压控制和电液控制。液压控制系统成本低，工作可靠，防爆性能好，技术相对成熟，但响应时间比较长，目前多用于近距离和浅水钻井防喷器控制。电液控制采用电源及电气控制元件和电传感元件，先导控制时间短，从而缩短了防喷器开、关所需的时间，适合远距离控制。

水下防喷器组控制系统是多项控制技术的组合，不仅控制点多、系统构成复杂，而且要可靠性高、控制元件灵敏快捷，其构成如图 3-2 所示。水下防喷器组控制系统从位置上分为水上控制设备和水下控制设备。水上控制设备主要包括 1

套液压动力单元（HPU）、不间断动力供给单元（UPS）、2 套动力和通信分配柜、2 台脐带缆盘管装置及脐带缆、1 台管线盘管装置及 1 套水上测试系统等。水下控制设备主要包括 2 套水下控制器（POD）、1 套水下蓄能器、1 套液压紧急恢复系统及 1 套声控两位辅助系统等。

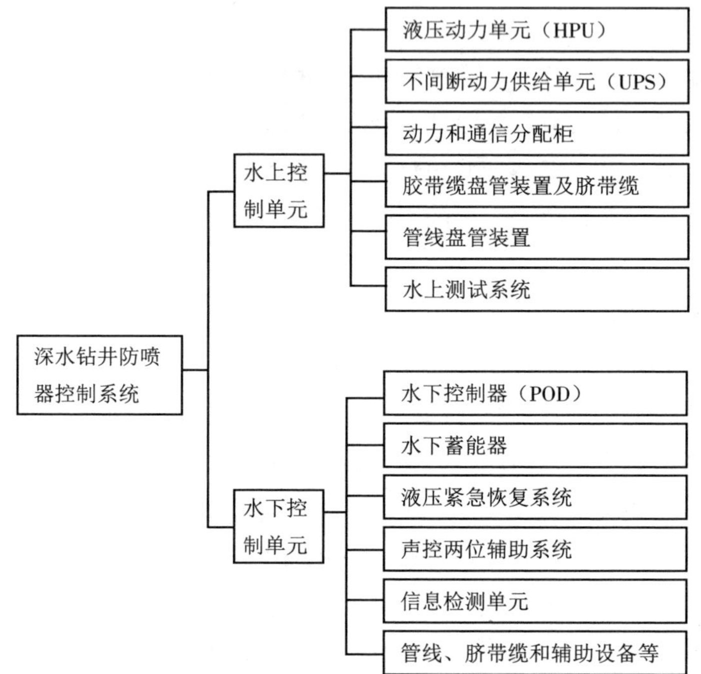

图 3-2 深水钻井水下防喷器组控制系统构成

3.1.5 水下阀门及执行机构

1. 水下阀门

水下阀门是水下生产系统中的控制部件，用来改变通路断面和原油流动方向，具有导流、截止、节流、止回、分流或溢流卸压等功能。水下阀门的品种规格很多，从最简单的截止阀到极为复杂的自控系统中所用的阀门。例如一棵水下采油树上的大型阀门有十几个，包括总阀门、四通阀门、生产阀门、测试阀门等。水下阀门的工作压力为 13.8 ～ 137.9MPa，工作温度为 -60 ～ 182℃。

水下阀门的选择依据是其应用范围。闸阀一般应用于水下采油树和水下管汇。由于球阀使用非金属的密封和涂料，因此球阀的应用水深更深。各种水下阀门如图 3-3 所示。

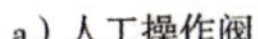
a）人工操作阀

b）作业中的水下阀门

c）试验阀门

图 3-3　水下阀门

2. 水下阀门执行机构

海洋钻井平台上用的很多阀门都具有执行机构。水下生产系统的阀门长期工作在海水环境，操作人员无法在深水环境中进行现场操作，因此，需要通过执行机构来实现水下阀门的开启和关闭。水下阀门执行机构要具有高可靠性和长寿命，以达到免维修的目的。目前，对水下阀门进行远程控制采用最多的是液压执行机构，其结构示意图如图 3-4 所示。

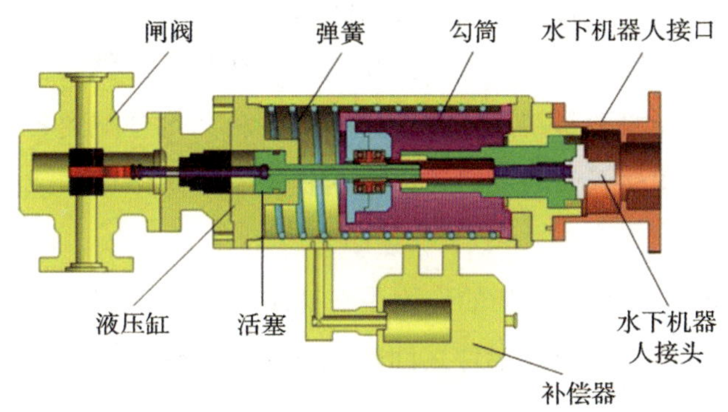

图 3-4　水下阀门及执行机构示意图

水下阀门液压执行机构与陆地阀门液压执行机构的工作原理基本相同，但由于工作环境不同，因此水下阀门液压执行机构应主要考虑海水腐蚀及深水压力对其的影响。另外还要考虑水下阀门执行机构的安全性，还要为执行机构配备标准的水下机器人接口，以便于水下机器人对水下阀门进行操作。

3.1.6　水下管汇

水下管汇由阀门、管线和配件组成。水下管汇是一个生产汇集点，汇集从水下井口流出的流体，并将汇集的流体输送到主平台。

水下管汇具有的主要功能有：汇集和控制底盘井和卫星井产出的井液，并通过海底管线输往附近的平台；输送来自水面的气体至各井口，实现气举；从上部设施向各井泵送过输油管工具；向各井注入化学药剂；对单井的产液特性进行测试和计量；可通过清管环形管进行清管；可在平台进行遥控操作等。

水下管汇包括生产管线、化学药剂注入管线、结构框架、控制模块及阳极块等。

（1）生产管线　水下管汇的生产管线包括 2 条并行汇管、6 条支管和 1 条清管回路弯管。通过 2 条并行汇管可以实现高、低压井隔离集输，方便清管作业，并且使生产管线具有一定的冗余度，在一条汇管发生故障时可以继续进行生产。

每条支管同时连接在两条汇管上，通过液压/水下机器人控制闸阀来控制流体流向哪条汇管，从而实现高、低压井隔离集输。在单井发生故障时，可将该井支管关闭，而不会影响其他井的生产。在某条汇管发生故障时，可以控制流体进入另一条汇管，而不必完全停产。

（2）化学药剂注入管线　化学药剂注入管线包括乙二醇注入管线、甲醇注入管线、药剂注入管线、放气管线、高压供液管线和低压供液管线等。这些化学药剂注入管线的功能主要是将乙二醇、甲醇等各种药剂分配到各个井口，其中乙二醇注入管线和甲醇注入管线同时连接到两根汇管，可以单独或同时向汇管内注入乙二醇、甲醇。

（3）结构框架　结构框架的作用是在建造、运输、安装和生产的过程中承受管道和阀件的重量，保持各部件之间的位置关系，保护管道和阀件不受落物和其他外力的破坏。

3.1.7 管线/管汇终端

1. 管线/管汇终端介绍

管线终端（Pipeline End Terminate，PLET，见图 3-5）主要用于实现管线与水下生产设施（如水下采油树、水下管汇、管线等）之间的连接。但是，因管线与水下生产设施之间一般通过跨接管连接，因此，管线终端主要用于管线与管线之间的连接。

管汇终端（PipeLine End Manifold，PLEM）是连接管线与水下设备（如水下采油树、水下管汇、水下处理设备等）的连接装置，同时具有汇集和分配水下管线的功能。与管汇相比，管汇终端结构简单、功能单一、成本低，不具备计量等复杂功能。管汇终端与管线终端的最大区别就是其能够起到汇集和分配水下管线中的油、气、水、化学药剂等的作用，从而达到优化海底管线布局、缩短建造时间、节省成本等目的。

图 3-5　一个结构简单的管线终端

2. 管线终端/管汇终端的选择与设计因素分析

一般来说，无固定型号的管线终端/管汇终端供开发商选择，需要根据目标油气田的实际情况对其进行具体设计和选择。在深水油气田的开发中，并不是每个水下生产系统都需要管线终端/管汇终端，作业者可根据水下井口的实际布局需要选择单独的管线终端、管汇终端或者二者的组合。管线终端/管汇终端设计时要考虑的因素如下：

（1）水下井口的数目　水下井口的数目决定了是否需要管线终端或者管汇终端，并且直接影响管线终端/管汇终端的布局。一个油藏规模较小的深水油气田，可以不安装管汇，直接将产出物从水下井口中输送出去，此时只需要管线终端，用它来将流动管线与水下采油树、水下分配终端等设备相连。在平台末端，采用管线终端将输出管线与立管相连，将产出液泵送到钻井平台。如果油藏规模较大，那么就需要布局管汇，利用其来分配、汇集、计量产出流体，这时往往需要大量的管线，故一般采用管线终端和管汇终端组合的方案。管线终端用来连接管线与水下设备，管汇终端用来汇集或者分配管线，从而减少管线的使用数量。组合方案要达到三个有利于的标准，即有利于优化海底管线布局、有利于节约油田开发成本、有利于提高油田开发效率。

（2）水下采油树与水下管汇的布局　一个油藏的水下井口布局好了以后，就要根据井口的方位及水下管汇的数目确定水下管汇的最佳布局方案，包括水下管汇的数目、尺寸等，以确保设计开发时投资最小。如果油藏比较集中，则水下采油树与水下管汇之间的距离较短，可以通过跨接管直接将水下采油树与水下管汇相连，不需管线终端。反之，如果水下采油树与水下管汇之间的距离较远，因水下跨接管的长度有一定的限制，则不能依靠单根的水下跨接管实现水下采油树与水下管汇的直接相连，这时单个水下采油树与管汇之间的连接需要 2 个管线终端实现。一个管线终端利用跨接管实现管线与水下采油树的连接，另一个管线终端利用跨接管实现管线与水下管汇的连接，两个管线终端之间用流动管线连接起来。

（3）影响管线终端/管汇终端安装的因素　在深水环境中进行管线终端/管汇终端的安装时，由于连接管线的湿重随着水深的增加而增加，在安装过程中会受到船体的运动以及环境的影响，从而在安装过程中产生很大的拉伸、弯曲和扭转载荷。这些载荷作用在连接点和悬挂点上会给管线终端/管汇终端的安装带来很大的挑战，为此，一般需要设计一个特殊的框架或者说是管线终端/管汇终端的结构部件来应对这些载荷。这些结构有共轭架座（Yoke）、吊钩（Hook）、挡板（Bulkhead）和铰链盒/销子等。

3.2 技术水平

3.2.1 水下采油树

水下采油树一般包括阀门、油管悬挂器（阻塞器）、采油树帽、框架、水下机器人（ROV）面板等部分。本节从设计技术、测试技术等方面对水下采油树的设计进行说明。

1. 设计技术

水下采油树部件主要包括各种阀门及其执行机构、采油树树体、油管悬挂器（阻塞器）、外部采油树帽、采油树内帽、井口连接器、采油树框架和隔离短节等。

（1）阀门的设计选型

1）水下卧式采油树阀门。依据 ISO 13628-4：2011《石油天然气工业水下生产系统的设计与操作　第 4 部分：水下井口装置和采油树设备》，水下卧式采油树主要有以下几种阀门：生产主阀（PMV）、生产翼阀（PWV）、环空阀（AAV）、环空主阀（AMV）、转换阀（XOV）和节流阀（PCV）。

LW3-1 油田控制及液压线路要求见表 3-1，水下采油树各阀门数据见表 3-2。

表 3-1 LW3-1 油田控制及液压线路要求

线路名称	最小内径 /mm	工作压力 /MPa
低压、采油树阀门和连接器线路	6.35	34.5
高压和密封测试线路	6.35	69.0
腐蚀抑制剂线路	6.35	34.5、103.5

表 3-2 水下采油树各种阀门数据

阀门名称	阀门类型	数量	阀门公称直径 /mm	阀门工作压力 /MPa	执行机构类型	失效安全状态
生产主阀（PMV）	闸阀	1	130	69	液压控制/水下机器人操作	故障安全
生产翼阀（PWV）	闸阀	1	130	69	液压控制/水下机器人操作	故障安全（FSC）
环空主阀（AMV）	闸阀	1	52	69	液压控制/水下机器人操作	故障安全
环空阀（AAV）	闸阀	1	52	69	液压控制/水下机器人操作	故障安全
转换阀（XOV）	闸阀	1	52	69	液压控制/水下机器人操作	故障安全
CIV	闸阀及单向阀	1	20	69	液压控制/水下机器人操作	故障安全
化学药剂计量阀（CIMV）	计量阀	1	12	69	液压控制/水下机器人操作	故障安全
控制管线隔离阀（SCSSV）	针阀	1	9	69	手动控制/水下机器人操作	故障失效
液压贯穿环空测试隔离阀	针阀	1	12	69	手动控制/水下机器人操作	故障失效
油管悬挂器排放阀/测试管线隔离阀	针阀	1	9	69	手动控制/水下机器人操作	故障失效
补偿器填充阀	针阀	1	12	69	手动控制/水下机器人操作	故障失效
井口头 VX 垫圈测试管线	针阀	1	12	69	手动控制/水下机器人操作	故障失效

2）阀门选型的设计条件。水下卧式采油树的阀门选择主要依据于水下卧式采油树使用的环境状况，应当满足油气压力 69MPa、介质为油气混合物质、温度为 -18 ～ 121℃的主体要求。

参照 ISO 10423：2009、ISO 13628-4：2011 标准，根据设计要求，油管悬挂器出油口直径为 130.175mm，所以，生产主阀、生产翼阀、环空翼阀和生产隔离阀公称直径为 130mm，外端采用标准 API 6BX 水下法兰连接。控制系统可采用水下机器人和液压控制系统。

参照 ISO 10423：2009、ISO 13628-4：2011 标准，环空主阀、修井阀、转换阀、化学抑制剂注入阀（HIV）公称直径 52mm，外端采用 API 6BX 水下法兰连接。控制系统可采用水下机器人和液压控制系统；化学试剂注入阀、甲醇注入阀公称直径为 20mm，且应当满足防腐的需求，可采用水下机器人或液压控制系统控制。

此外，针阀所在线路公称直径均为 9mm，可根据其设计压力确定管线壁厚。

3）阀门的结构设计要求。在水下卧式采油树阀门的结构设计选型过程中，需要选用以下参数：安装尺寸和外形尺寸；阀门的操作压力和阀杆行程；与阀门连接的管道的公称通径和连接方式；阀门壳体和内件的材料；阀门的适用介质、工作压力、工作温度；阀门内流体的流量特性；阀门的密封等级。

根据水下卧式采油树的设计条件（使用水深为 1 500m，工作压力为 69MPa，使用温度 -18 ～ 121℃，通过介质为油、气、水、化学药剂，使用寿命为 20 年），所选择的阀门要有实际工程应用背景，并具有很好的可靠性，必要时应当要求供货方提供相应的性能验证试验程序与试验结果。

（2）油管悬挂器的结构设计

1）设计要求。油管悬挂器的结构是双顶部阻塞器，要求有主要的和独立的次级保持机构以保证油管悬挂器锁紧，这样油管悬挂器和外界环境之间就有两道屏障，因此不需要内部采油树帽。

油管悬挂器位于水下采油树本体内，如图 3-6 所示，其主要功能是悬挂油管柱，起到密封油管柱与油层套管柱之间的环形空间，以及提供油流通道、修井通道、电缆通道、井下安全阀液压液通道和化学试剂注入通道等作用。

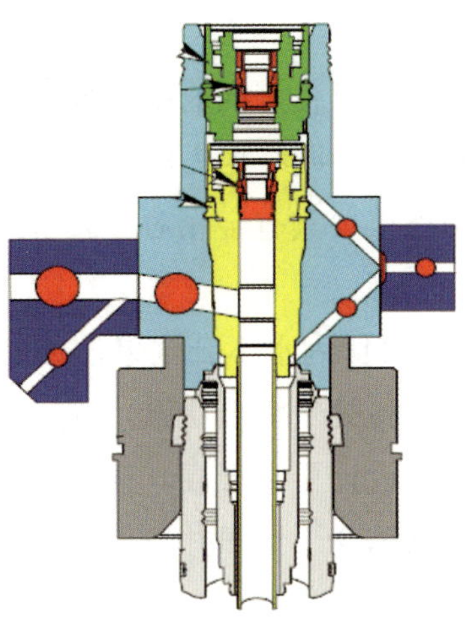

图 3-6 油管悬挂器安装位置

油管悬挂器的具体设计要求如下：

①能够配合管径为 139.7mm 的油管，压力级别为 69MPa。

②油管悬挂器位于水下采油树树体内部，为树体内的流体通道提供压力密封，密封位于出油口上、下侧，为金属对金属密封。

③生产主阀出口上方内部有两个着陆接触型面，上部型面的位置要保证上部阻塞器在安装接口设备（如采油树内帽等）时不会受到损伤。阻塞器要设置备用密封。每个着陆接触轮廓至少应当能够承载来自上部的防喷器最大测试压力以及来自下部的最大额定工作压力。轮廓位置应当保证阻塞器下部阻流板的高度与出油口内径上部有足够的距离，以保证在阻塞器底板下有流动死区以减少流动冲蚀损害的风险，至少要有一个阻塞器直径的距离，两阻塞器之间也要有一个阻塞器直径的距离。

④有钢丝绳安装阻塞器型面保护器，用于在井下操作过程中保护阻塞器密封面，其能够适应所有能够穿过油管的井下钢丝绳工具、设备和阻塞。

⑤能承受油管悬挂器上的所有部件的拉力载荷，约为 3 430kN。

⑥油管悬挂器底部有内螺纹，可考虑采用矩形螺纹。油管底部的螺纹应当有足够的材料，以便能够对其进行二次螺纹加工。要按照制造商的要求对螺纹涂覆或电镀以防止其磨损，密封区域应为耐腐蚀合金。

⑦下放、定位、锁紧都由油管悬挂器下放机具来完成，锁定装置要能够承受压力和热膨胀。允许通过压力测试来验证密封性能。如果金属对金属主密封失效，

需要有应急的弹性密封。

⑧有导向定位系统，能够提供良好的对中和导向，以便为树体和油管悬挂器上的液压穿越器提供准确的定位，同时也为出油口提供导向。

⑨所有电气和液压控制连接要具有金属对金属密封接头。水平液压贯穿要位于油管悬挂器一侧。

2）设计方法。油管悬挂器作为水下卧式采油树的关键组成部件，它一旦出现问题，整个水下卧式采油树将处于瘫痪状态，同时有可能引发海底采油灾难，因此，对其结构强度和功能的设计要求很高。油管悬挂器内部需要承受来自井底的油气压力，如井口压力为荔湾 3-1 气田井口压力，为了保障整体的结构强度，其设计压力选为 69MPa，设计使用温度为 -18 ～ 121℃。油管悬挂器内部通过的介质为油、气、水和化学药剂，设计使用寿命 20 年。为了达到设计要求，需要考虑腐蚀裕量的取值。

3）结构型式。油管悬挂器内部结构的设计采用压力容器（ASME Ⅷ -2）的设计方法，外接管道的设计采用压力管道的设计方法，具体的设计思路如下：

①油管悬挂器有 1 个主通道，它是油流的生产通道和修井通道，在主体内部还贯穿有各种小通道，实现地面对井下注化学试剂和液压油的控制，达到防砂、防蜡等功能。

②因为油管悬挂器需要悬挂油管，一般下部油管质量可以达到 100t（与下放深度有关），所以在油管悬挂器上要设计锁定装置，与油管的连接机构以及可以支撑油管悬挂器本体和下部油管重量部分的结构。为此，采用在油管悬挂器主体部分设计承载台肩的形式，将较大的油管重量通过台肩传递给采油树本体。而锁定装置需要有锁紧和解锁两个功能。正常生产前，锁定装置将油管悬挂器固定在采油树本体的确定位置上，为之后实现油管悬挂器在水下卧式采油树中的功能做准备。拆卸时，通过外力或自身弹力解除锁紧效果，使油管悬挂器能够从采油树本体中取出。

③油管悬挂器的侧面有一个出油口，此出油口与采油树本体上的出油通道连通，它们共同构成了油流通道，将从井底采上来的油逐级传输，最后通过管汇系统和立管传输到钻井平台或浮式生产装置中。由于油管悬挂器侧面存在出口，所以需要在出油口的上下位置进行密封，且需要有定位机构来对出油口进行定位，保证油管悬挂器的出油口和采油树本体的出油口在同一方向、同一水平位置上。在锁紧结构固定油管悬挂器之前和密封机构起作用之前，需要先对油管悬挂器进

行定位。在油管悬挂器和采油树本体之间存在空隙，即在油管悬挂器的出油口和采油树本体的出油口之间有间隙，因此，密封机构的作用是密封油流通道，隔离油管悬挂器下部空间与上部空间，同时，对于油管悬挂器主体结构上的液压控制管线和化学试剂的注入通道也需要进行密封。

（3）采油树帽的结构设计

1）设计要求。采油树帽置于采油树顶端，保护采油树内部结构不受到海水侵蚀和岩屑落入。采油树帽应该具有以下作用：

①保护采油树顶部区域，能够承受半径100mm以内2kJ的冲击。

②应该可以通过水下机器人操作安装工具进行水下安装。

③能够为采油树顶部提供一个隔离空间和密封区域。

④能够通过水下机器人操作针阀将化学药剂注入采油树帽和树体之间的空间，以排出海水，通过这种方式保护密封区域。

⑤确保采油树帽上有海水排放口和化学药剂注入口。

⑥确保注入口有单向阀保证低压排水。

⑦确保设备携带抗微生物剂可以在内表面上发挥作用。

⑧确保水下机器人液压线路接头能够轻易插入。

⑨锁紧装置可将采油树帽锁紧在再入接口上。

2）结构型式。采油树帽的结构应满足以下要求：

①化学药剂注入口。在采油树帽的上端设置一个化学药剂注入口，在水下机器人将其安装到位后，可将水下机器人携带的化学药剂接头插入此注入口，注入化学药剂以防止微生物和海水的污染。

②阳极保护块。在采油树帽上安装阳极保护块，其具有一定的防止海水腐蚀的功能。

③内侧接口。因为采油树的再入接口与井口的尺寸相同，故采油树帽的内侧接口应该适用于的井口。

（4）采油树管道的结构设计

1）采油树内部管道设计。按照管道和仪表流程图（Piping and instrumentation diagram，P&ID），水下采油树的生产、环空和转换管线的设计要选择最经济的布局，减少连接。管路要能够承受管线连接带来的受力和热膨胀/冷缩，不会引起损伤或失效。如有必要，需考虑热循环引起的疲劳应力。设计时要考虑如何对湍流可能带来的冲蚀、腐蚀的区域进行处理。

主要的内部管道包括生产管道、两个环空管道（一个连接环空翼阀，一个连接环空主阀）、转换通道。根据 API 17D（2011）规定，采油树管路应符合现行文件的管道规范要求，如 ANSI/ASME B31.4、ANSI/ASME B31.8 和 ANSI/ASME B31.3。因管路的额定工作压力至少应等于采油树的额定工作压力，则管道设计压力为 69MPa。温度等级同样采用采油树的温度等级来设计。环空通道与生产通道的结构如图 3-7 所示。

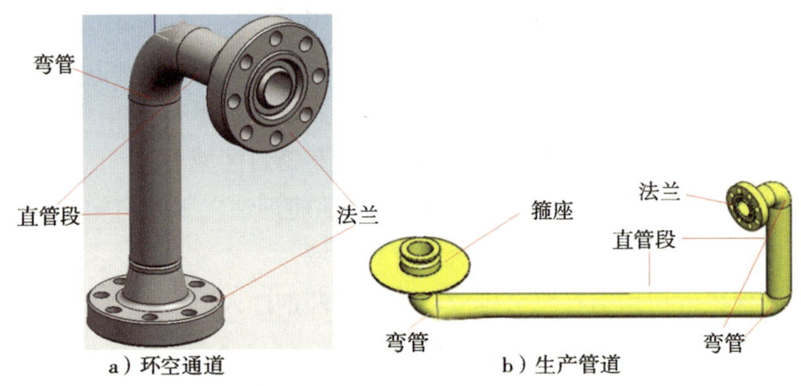

图 3-7　环空通道与生产通道的结构

管道的内径依据阀门的尺寸来确定，与连接阀门的内径一致。

管道与阀门及三通之间采用法兰连接，法兰采用 API Spec 6A 中规定的 6BX 法兰。

采油树管路流动环路可使用锻造接头，或使用连续件制造，可以使用冷弯或热弯。由于采油树管路的形状复杂，直接整体铸造和锻压均较困难，因此将管路分解为几部分，两端的法兰头和弯管分别单独加工制造，最后采用焊接的方法将几部分连接起来。

2）井口跨接管连接箍座。井口跨接管系统包括跨接管、压力帽、安装工具、紧急工具和其他测试安装设备。箍座要按照设计要求及管道和仪表流程图确定。

（5）水下采油树树体的结构设计

1）设计要求。其功能应符合以下要求：

①为油管悬挂器金属对金属密封做准备。

②确保连接器和井口之间对准。

③为水下卧式采油树和防喷器组、防喷器导向漏斗、采油树帽和下放工具提供一个直径 $18\frac{3}{4}$in、压力 69MPa HD H4 的上部剖面接口，并且要与其兼容。

④为油管悬挂器及其下放工具提供垂直通路。

⑤提供井口连接器密封圈测试的端口。

⑥一个直径 130mm、压力 69MPa 的生产孔出口以及 API 17D/ISO 13628-4∶2011 CRA inlayed 环形槽和 Rotabolt 类型的螺柱。

⑦直径 $2\frac{1}{16}$in、压力 69MPa 的环空出口以及 API 17D/ISO 13628-4∶2011 要求的 CRA inlayed 环形槽。

⑧再入系统要保证在密封到位之前安装完成，连接器要完全对齐。

⑨所有阀门驱动器在同一方向上，且互相平行。

2）设计方法。树体作为水下卧式采油树的关键组成部件之一，其结构不但要满足与各部件的配合，而且其可靠性十分重要。树体作为采油树上的支撑部件，一旦出现问题，就会立即影响水下采油生产，更为甚者，会使所有的安全结构失效，导致事故及灾难发生。因此，对树体的结构强度和功能的要求很高。树体内部要开通孔，并采用台阶式结构承载油管悬挂器及下部油管的所有重量。另外，由于油管悬挂器属于承压结构，因此承载油管悬挂器的树体也要按照承压件设计，即树体的结构强度设计压力选为 69MPa，设计的使用温度为 -18～121℃。此外，由于设计规定采油树的使用寿命为 20 年，因此，树体的设计寿命最低也应为 20 年。树体外壳接触海水，内部通孔须接触油气、化学试剂等腐蚀性流体，因此，树体应采取防腐设计，并取足够的腐蚀裕量。

3）结构型式。采油树树体主要结构如下：

①上部端口。提供与采油树帽或防喷器的连接界面。

②隔离阀测试通道。为处于树体上的各针阀提供液压测试通道。

③执行器接口。为处于树体上的闸阀提供执行器接口。

④阀组接口。为与树体相连的生产阀组和环空阀组提供接口，实现螺栓连接。

⑤内部接口。具有与油管悬挂器、采油树内帽的尺寸相配合的接口，实现油管悬挂器、采油树内帽的固定。

⑥螺纹底座。在底座上加工出螺纹，与连接器相连。螺纹加工参照相关标准。

2. 测试技术

（1）水下采油树无损测试与载荷测试　非破坏性测试（NDT）和材料载荷测试要参照水下设备材料规格书的要求。

材料载荷测试应满足 ISO 13628-4∶2011 规定的设备的额定承载要求，应通过性能鉴定试验和工程分析予以验证。在试验时，在满足所有性能要求的条件下，材料应在加载到额定承载能力时不发生变形，加载重复次数符合 API 17D 中表 3 的要求。

采油树的性能应通过性能试验、有限元分析或典型的工程分析予以验证。如果采用工程分析，则应采用符合形成文件的工业作法的技术和程序进行分析。

采油树中需要进行载荷试验的装置主要为油管悬挂器、控压件和常压主构件。

（2）水下采油树性能验证　所有的水下采油树和油管悬挂器系统的部件和工具，如果没有经过油田水深、生产流体温度、生产流体关断油管头压力或化学药剂注入压力证明的，要参照 API 17D、API6A 中规定的 PR2 性能鉴定试验标准，ISO 13628-4：2011、ISO 10423：2009 的 PSL 等级标准，以及 PR-2 附录 F 和公司规范进行验证。所有部件的验证和测试对应特定的程序。设计、验证程序、验证结果、测试程序和测试结果要提交公司批准。采用这些性能验证程序来鉴定原始设备（首产品）或装置，应选择在设计、尺寸/公差、制造流程、偏差和材料方面具有代表性的样机。如果在配合、形式、功能或材料方面产品设计有任何更改，制造商应将对产品性能产生影响的相应更改形成文件。有实质性更改的设计应视为一种新设计，要重新试验。设计的实质性更改应予以记录，制造商应有充分理由证明是否需要重新鉴定，包括配合、功能或材料方面的更改。如果新材料的适用性可用其他方法证实，那么材料的更改可不必重新试验。

1）高压舱试验

①试验要求。依据 API 17D 和 ISO 13628-4：2011 附录 L——高压舱试验准则，需要进行高压试验的部件见表 3-3。

表 3-3　需要进行高压试验的部件

部件名称	高压下操作循环次数
金属密封件（生产过程中暴露于井筒中）	200
金属密封件（生产过程中未暴露于井筒中）	3
非金属密封件（生产过程中暴露于井筒中）	200
非金属密封件（生产过程中未暴露于井筒中）	3
其他端部连接装置	不适用
井口装置/采油树/油管头连接装置	不适用
完井/修井连接装置	不适用

（续）

部件名称	高压下操作循环次数
油管头	不适用
阀	200
阀驱动器	200
采油树帽连接装置	不适用
水下节流阀	200
水下节流阀驱动器	200
水下井口装置套管悬挂器	不适用
水下井口装置环空密封总成（包括紧急密封总成）	不适用
水下油管悬挂器、水下卧式采油树内部采油树帽和顶部阻塞器	不适用
阀杆、滑套和单向阀	200
泥线油管头	不适用
泥线井口装置、套管悬挂器、油管悬挂器	不适用
送入工具	不适用

注：不包括水下井口装置送入工具。

②试验设备。高压试验舱（YLT2030深水环境压力模拟装置）如图3-8所示。出于安全的考量，应提供监测和释放测试舱压力的方法。如果被测设备的内部压力超过测试舱压力，则需要提供安全系统；如果设备测试时发生泄漏，则需要立即放空施加压力和测试舱压力。

图3-8　高压试验舱

2）PR2 性能试验。按照 API 17D 和 API 6A 中规定的 PR2 性能鉴定试验标准，承压件和控压件的保压期应采用气体作为试验介质，其他设备可进行水压试验。按照 API 17D-2011 5.1.7 节中的要求，采油树系统需要进行的试验见表 3-4。

表 3-4　采油树系统需要进行的试验

零件名称	压力载荷循环试验/次数	温度循环试验[a]/次数	耐久性循环试验/累计循环次数
生产中暴露于井筒中的机械密封	200	3	PMR[c]
生产中未暴露于井筒中的机械密封	3	3	PMR[c]
生产中暴露于井筒中的非机械密封	200	3	PMR[c]
生产中未暴露于井筒中的非机械密封	3	3	PMR[c]
其他端部连接装置	200	不适用	PMR[c]
井口装置/采油树/油管头连接装置	3	不适用	PMR[c]
维修连接装置	3	不适用	100
油管头	3	不适用	不适用
阀[b]	200	3	600
阀促动器	200	3	600
采油树帽连接装置	3	不适用	PMR[c]
出油管线连接装置	200	不适用	PMR[c]
水下节流阀	200	3	500
水下节流阀促动器	200	3	1 000[e]
水下井口装置套管悬挂器	3	不适用	不适用
水下井口装置环空密封总成（包括紧急密封总成）	3	3	不适用
水下油管悬挂器，水下卧式采油树帽和堵头	3	不适用	不适用
提升阀、滑套和单向阀	200	3	PMR[c]

（续）

零件名称	压力载荷循环试验/次数	温度循环试验[a]/次数	耐久性循环试验/累计循环次数
泥线油管头	3	不适用	不适用
泥线井口装置、套管悬挂器、油管悬挂器	3	不适用	不适用
送入工具[d]	3	不适用	PMR[c]

a. 温度循环应符合 ISO 10423：2009 要求。

b. 压力循环试验前后应进行低压密封性试验，试验压力为（2±10%）。

c. PMR 意为“核制造商的额定值”。

d. 不包括水下井口装置送入工具。

e. 节流阀促动器循环试验应为节流阀全开－全关或全关－全开的全行程。

①静水压循环试验。静水压（或气压，如适用）循环试验用于验证现场长期作业中会出现起动和关断压力循环的设备。在静水压循环试验时，在达到规定的压力循环次数之前，设备应交替地加压到额定工作压力，然后泄压。每一个压力循环均不要求保压期。在静水压循环试验之前和之后，应进行标准静水压（或气压，如适用）试验。

②载荷试验。设备应通过性能验证试验、有限元分析或典型的工程分析予以验证。如果用试验来验证设计，那么，在试验时，在满足其他任何性能要求的条件下，设备应在加载 API 17D 表 3 中要求的额定压力时不变形。如果采用工程分析，那么，应采用符合形成文件的工业作法的技术和程序进行分析。需要进行载荷试验的装置主要有油管悬挂器、控压件和常压主构件。

③温度循环试验。在额定工作压力下，应对设备进行试验温度不低于额定工作温度级别的鉴定试验。

④使用寿命/耐久性试验。使用寿命/耐久性试验（如连接装置的装配拆卸、试验，阀、节流阀和执行器的操作试验）的目的是评价试验设备的长期磨损特性，可在任何温度下进行。在进行使用寿命/耐久性试验时，设备的工作循环应按照制造商的性能规范（如：按满转矩装配/拆卸，在额定工作压力下开启/关闭）。如能证明压力/温度试验能达到寿命循环试验规定的条件，这些循环可以累积到寿命循环的总数中。例如，阀的 200 次压力循环和 13 次温度循环可以算作 213 次寿命循环（寿命循环要求循环总数为 600 次）。

（3）水下采油树 FAT 测试

1）部件 FAT 测试。所有采油树中的部件要进行工厂验收测试（FAT），FAT 用以验证各个部件是否满足标准中强度和功能的特定要求。提升设备要进行无损载荷测试，至少满足 DNV 2.7-1 的要求。FAT 测试基于 API 17D/ISO 13628-4：2011 5.4 节质量控制的要求，对于 PSL3G 级别的产品，应符合以下质量控制要求：

静水压试验程序应符合 ISO 10423：2009 中规定的 PSL 3 或 PSL 3G 要求，但零件在试验之前可涂装。对于所有的额定压力值，本体静水压试验的压力最低应为额定工作压力的 1.5 倍。静水压试验的验收准则为保压期间无可见渗漏。如使用压力监控仪表和 1M 图形记录仪进行试验验证，图形记录显示的压降速率每小时不宜超过试验压力的 3%。最终压力不应低于保压期结束之前的试验压力。初始试验压力不应高出规定试验压力的 5%。

FAT 至少要满足以下要求：

①所有测试结果要经过第三方检测机构的认证。

②测试开始之前所有线路要验证。

③对已批准程序进行的任何修改要经过复审和检查。

④使用正确的测试设备以避免损伤和污染。

⑤所有压力仪表要具有有效的校准证书，压力测量要在测量仪表量程的 25% ～ 75%。国外水下采油树部件 FAT 列表见表 3-5。

表 3-5　国外水下采油树部件 FAT 列表

测试部位	测试项目				
油管悬挂器	内部孔径静水压测试	短钻杆连接静水压测试	SCSS 和 CI-D 管路液压测试	通径测试	锁紧机械功能测试
水下采油树帽（TC）	锁紧机械功能测试	本体静压测试			
管线连接器	液压线路压力测试	液压线路功能测试	锁紧压力测试	静水压测试	控制流体清洁度测试
水下采油树连接器	液压线路压力测试	液压线路功能测试	锁紧压力测试	控制流体清洁度测试	密封圈功能测试
卧式水下采油树本体	采油树本体和采油树连接器静水压测试	采油树本体生产通道二级密封和上部对准接头内部静压测试	上部对准接头外部静水压测试		

（续）

测试部位	测试项目				
生产翼阀组	驱动器压力/性能试验	静水压测试	通径测试	开启压力测试	
环空翼阀组	驱动器压力/功能测试	静水压测试	通径测试	开启压力测试	
环空接入阀组	功能测试	静水压测试	通径测试	转矩测试	
转换阀	驱动器压力/功能测试	静水压试验	通径测试	开启压力	
化学注入阀	驱动器压力/功能测试	静水压试验	开启压力测试		
生产回路（生产翼阀到生产节流阀、生产节流阀到管线连接器）	静水压测试				
环空接入回路、转换回路	静水压测试				
气举回路（管线连接器到气举节流阀）	静水压测试				
盲法兰和单向阀	静水压测试				
油管悬挂器钢丝绳堵塞	静水压测试				

2）总成 FAT 测试。水下采油树总成的静水压测试、压力测试和通径测试按照 API 6A/ISO 10423：2009 中 PSL 等级的要求进行。

压力测试包括静水压本体测试、装配体泄漏测试——静水压和气压测试、阀门密封测试—静水压和气压测试；所有阀门要进行 5 次关、密封测试、开的循环操作。

阀门密封测试包括上游和下游工作压力静水压测试、上游和下游工作压力气压测试、上游和下游低压气体测试。

除以上 FAT 测试的一般要求之外，对采油树的阀门还要进行以下测试：通径测试（FAT 前后）；无内压阀杆外压密封测试；ROV 执行操作转矩测试；所有通径测试要使用尼龙通径，不可使用金属通径材料。水下采油树总成的 FAT 测试内容包括：尺寸检测，冲洗，仪器、适配检查；控制线路连通测试；电连通测试；称重。

3.2.2 吸力锚

吸力锚利用负压原理工作，具有安装方便、定位精准、承载力强、综合性能好、适合多种土质等优点。本节从总体技术、关键技术、生产工艺技术和制造设备技术等方面对吸力锚进行介绍。

1. 制造技术

吸力锚的制造过程主要包括对大型钢结构的切割、焊接、拉伸形变等各种冷、热处理工艺和喷涂防腐等工艺。吸力锚制造过程中用到的主要设备有：

（1）大型液压式三辊卷板机　吸力锚的筒壁加工需要利用大型卷板机。卷板机的上辊可以垂直升降，也可以水平移动。上边两个辊通过减速器的输出齿轮与下辊齿轮啮合，为卷制板材提供转矩，具有预弯和卷圆功能。上辊为鼓形辊，下辊通过托辊进行挠补偿，确保产品的精度。人性化的远程控制按钮使操纵更加简单、方便。上辊的水平移动和升降均采用数字显示、NC 控制，使吸力锚筒壁的加工变得简单精确。

（2）钢板自动切割机　加工吸力锚筒顶及筒壁需要的钢板，可以采用机械冷加工或者采用火焰切割。为保证钢板加工的尺寸精度和加工的便捷性，钢板的切割使用龙门数控切割机。主机由横梁和两个纵向端架组成。机器门架由端架和横梁组成，纵、横向移动装置均采用拖链。机械部分采用高精度齿轮齿条传动，实现平稳传动。纵向导轨采用高精度精磨导轨，经精密加工的滑动导轨紧固在带支座的钢架上，并配有调节螺栓，以便安装和调整。纵向的驱动系统装在纵向端架内，低位置的设计使传动更加合理、平稳。纵向端架底部有前后两个滚动轮可沿导轨平滑滚动，前后端装有导轨刮屑器以保证导轨表面无杂物。为确保机器的导向精度，卷板机的横向传动、割炬升降都加设了高强度线性导轨。而精密加工的齿轮和齿条保证了机器的纵、横向传动精度并消除了间隙。机器的运动是由可靠的步进电动机加行星减速器驱动系统实现的。纵向和横向的驱动装置都由驱动齿轮和高精密斜齿齿条组成，齿轮和齿条间的啮合可自动消隙，从而保证了机器在连续运动中的高精度。

（3）钢板坡口机　钢板坡口机用于焊接前金属板材坡口的加工，其主要是采用铣削方式，对钢板边缘按所需角度进行铣削，以得到焊接所需的坡口。自动行进式平板坡口机克服了火焰切割、磨光机磨削等操作工艺工人劳动强度大、角度不规范、坡面粗糙、工作噪声大等缺点，有效避免了火焰切割后板材变形和硬度变性，大幅降低了氧气/乙炔气的消耗及人工成本。自动行进式平板坡口机能根据材料的边的形状自动行走，具有角度调节方便、操作便捷、单位时间内效率高、环保、角度精准和加工表面光滑等特点，尤其是对不锈钢的加工具有相当突出的优势。

（4）自动埋弧焊机　埋弧焊机由焊接电源、焊枪和辅助设备构成。其电源可以使用交流电源、直流电源或交直流电源并用。埋弧焊机分为自动埋弧焊机和半自动埋弧焊机两大类。

自动埋弧焊机是由埋弧焊机、辅助设备组成，可以完成自动焊接。自动埋弧焊机的主要功能是：连续不断地向焊接区送进焊丝，传输焊接电流，使电弧沿接缝移动，控制电弧的主要参数，控制焊机的起动与停止，向焊接区敷施焊剂，焊接前调节焊丝端位置。

常用的自动埋弧焊机有等速送丝和变速送丝两种。它们一般都由机头、控制箱、导轨（或支架）以及焊接电源组成。等速送丝自动埋弧焊机采用电弧自身调节系统，变速送丝自动埋弧焊机采用电弧电压自动调节系统。按照工作需要，自动埋弧焊机可做成不同的形式，常见的有焊车式、悬挂式、机床式、悬臂式和门架式等。

（5）智能温控仪/辐射式电加热装置　因为吸力锚筒体厚度较大，冷裂倾向较大，所以基层焊接时必须进行预热。预热使用电加热，由智能温控仪动态控制温度。智能（手动）温控仪可简易地安装在墙面或接在八六盒（插座）上，温度为 0 ～ 30℃，可按需调节。智能温控仪具有电源和工作状态指示灯，随环境温度变化，自动开关电加热设备，具有地温双控功能，可以防潮湿、防烟雾、防霉菌。

（6）履带式起重机及其他吊装设备　由于吸力锚体积大、质量达几十吨，因此，加工时需要用到多种吊装设备。履带式起重机起重量大，具有较强的吊装能力，但其拆装麻烦，适合大型工厂使用，在厂区内工作。

履带式起重机由动力装置、工作机构以及动臂、转台、底盘等组成。动臂为多节组装桁架结构，调整节数可改变长度，其下端铰装于转台前部，顶端用变幅钢丝绳滑轮组悬挂支承，可改变其倾角。也有在动臂顶端加装副臂的，副臂与动臂成一定夹角。起升机构有主、副卷扬系统，主卷扬系统用于动臂吊重，副卷扬系统用于副臂吊重。转台通过回转支承装在底盘上，其上装有动力装置、传动系统、卷扬机、操纵机构、平衡重和机棚等。动力装置通过回转机构可使转台作 360° 回转。回转支承由上、下滚盘和其间的滚动件（滚球、滚柱）组成，可将转台上的全部重量传递给底盘，并保证转台的自由转动。底盘包括行走机构和行走装置：前者使起重机前后行走和左右转弯，后者由履带架、驱动轮、导向轮、支重轮、托链轮和履带轮等组成。动力装置通过垂直轴、水平轴和链传动使驱动轮旋转，从而带动导向轮和支重轮，使整机沿履带滚动方向行走。

2. 测试技术

（1）吸力锚的主要技术指标

1）能适应 1 500m 水深及典型深水环境条件。

2）设计水深：1 500m。

3）压力等级：34.5MPa。

4）温度等级：U（-18 ～ 121℃）。

5）设计寿命 30 年。

（2）测试技术　吸力锚焊缝焊接完后需要做 100% UT 超声探伤无损检测，确认无缺陷后再进行其他工序。

3. 安装技术

深水吸力锚的安装建议采取起重机/绞车安装的方法，采取以下工艺安装流程：

1）安装船在吸力锚安装位置就位后（若吸力锚采用工程驳船运输，则工程驳船平靠在安装船旁边），检查吸力锚、锚链、锚缆、下水滑道及专用施工机具，如图 3-9 所示。

图 3-9　安装船就位

2）将锚缆从滚筒拉出并放进布缆卡具。用牵引钩起重机将专用吸力泵撬安装在吸力锚顶部的排水口处，如图 3-10 所示。吸力泵撬上装配有电罗经和水平仪，并在吸力锚上装配 2 套水下定位信标。

图 3-10　泵撬安装

3）将吸力锚吊起并下放，水下机器人在水下实时检查锚链是否有扭转，并在甲板上进行调整。通过水下机器人再次确认无扭转后，连接锚缆，继续下放吸力锚，如图 3-11 所示。通过动力定位系统调整船位并进行吸力锚的初定位。

图 3-11　将吸力锚吊起并下放

4）在吸力锚底部距海底 5m 时停止下放，如图 3-12 所示。用水下定位系统对吸力锚进行精确定位。调整安装船的艏向，并通过水下机器人和电罗经进行方位角测定。

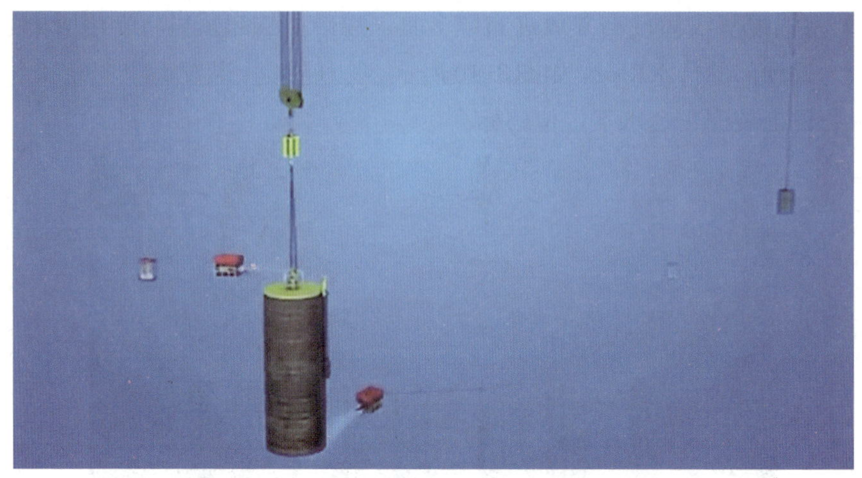

图 3-12　吸力锚水中下放

5）水下机器人实时检查吸力锚安装专用泵撬、泵撬控制管缆、吸力锚和锚链的状态，并保证其安装精度在允许范围内。上述定位指标满足要求后，使吸力锚靠自重下沉入泥，如图 3-13 所示。起重机上保持一定的吊重，必要时调整吊钩位置使吸力锚满足倾斜度的安装要求。

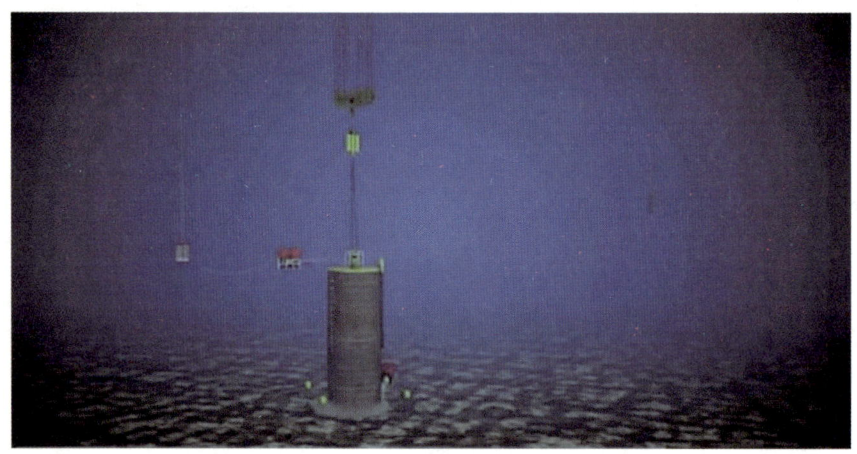

图 3-13　吸力锚自重沉贯

6）当吸力锚入泥深度为其长度的 30% ～ 50% 时，吸力专用泵撬开始工作，如图 3-14 所示。在吸力锚沉贯的全过程中，需不断调整吊钩位置和保持合适的吊力，同时分步下放锚链和锚缆，调整和保持吸力锚的倾斜度使之符合安装要求。水下机器人监视吸力锚的入泥情况，在吸力锚的入泥深度达到设计要求后，关闭泵撬。

a）吸力锚吸力沉贯　　b）吸力锚沉贯至设计深度

图 3-14　吸力锚沉贯过程

7）水下机器人对吸力锚安装结果进行最后检查。通过水下机器人操作拆除吊扣，打开吸力泵撬的液压固定卡具，起钩回收吊装索具和吸力泵撬。水下定位系统对吸力式基础的安装位置进行再次测定后，由水下机器人回收水下定位信标，完成吸力锚安装，如图 3-15 所示。

图 3-15　位置测定及机具回收

3.2.3　水下跨接管及连接器

目前，国外已有多家公司掌握水下连接器的研发技术，世界范围内的水下连接器产品基本上出自 FMC 公司、Cameron 公司、Oil States 公司、GE-VetcoGray 公司以及 Aker Solution 公司等水下设备供应商，而且核心技术只有企业的内部人员掌握。国内缺乏水下跨接管和连接器技术，开展相关技术研究非常重要。本节从设计技术、生产工艺技术、测试技术等方面对跨接管和连接器的设计进行介绍。

1. 跨接管

（1）设计技术　水下跨接管设计时需要考虑的影响因素有：

1）跨接管的长度。跨接管的长度主要由其所连接的海底结构物之间的距离确定。对于任何给定形式的跨接管，跨接管的长度越大，柔性越大，与短的跨接管相比，能够允许更大的测量误差。但跨接管长度的增加也会造成其重量的增加，会增加应力，跨接管也更易受海底引起的涡激振动的影响。

2）管径和材料。跨接管的最小管径和材料由生产要求决定。跨接管的壁厚必须能够承受所有载荷的作用，包括偏心、外压、内压、自重、外部载荷等。除此之外，在局部的高应力部分，要加大壁厚，通常跨接管的高应力出现在与毂座相连的两端或中间的选跨段。如果跨接管有清管要求，跨接管的内径必须与所连接的管线保持一致。

3）海流引起的涡激振动。在大多数情况下，靠近海底处的海流足够小可以忽略，但是在一些情况下（如南海出现孤立波），底流可能很大，不能忽略。若跨接管由泥线支撑，不悬空，则不会引起显著的涡激振动。不过，对于跨接管的选跨段，必须考虑底流的作用，因为底流的涡激振动引起的疲劳将缩短跨接管寿命，设计时必须考虑。一般来说，设计跨接管时，跨接管选跨段的固有频率要避开涡激振动的固有频率，选跨段的固有频率与跨接管的长度成反比，与跨接管的管径成正比。

4）外部载荷。作用于跨接管的外部载荷除了海流载荷之外，主要是温度变化引起的管线热膨胀。管线热膨胀的大小和方向对跨接管引起的应力都有显著的影响。将跨接管的热位移作为初始位移过于保守，不符合实际情况，尤其是对于短的跨接管。在设计跨接管时，要对这些载荷进行实际计算。

5）对中系统。外部对中系统的尺寸、形状、重量取决于跨接管偏斜的大小。跨接管的偏斜是测量误差、制造误差等累积的结果。在进行跨接管最终设计之前确定这些值的最大范围，使设计的跨接管有足够的柔性满足过载的要求。

6）腐蚀余量。在跨接管的壁厚设计中必须考虑腐蚀余量。随着管线的腐蚀，跨接管选跨段的强度降低，在某种程度上会减小跨接管选跨段的偏斜（自重引起），但是壁厚减小又会导致相同操作压力下引起的环向应力的减少。

（2）生产工艺技术

1）直缝埋弧焊管主要生产工艺。直缝埋弧焊管是采用埋弧焊方法、自动埋弧焊工艺生产的、带有一条直焊缝的钢管。国内外大口径直缝埋弧焊钢管的制造工艺主要包括 UOE 成形和 JCOE 成形两种。UOE 成形机组设备庞大，投资高，同时钢管成形过程所需工装较多，生产成本高，但生产效率较高。JCOE 成形工艺是在现代数控折弯技术的基础上发展起来的，采用多步渐进式成形，投资适中，生产效率较 UOE 成形机组低，产品质量与 UOE 成形钢管相当。近年来，国内外新建的直缝埋弧焊管生产线广泛采用 JCOE 成形机组。各生产企业的制管工艺参数各有不同，但钢管制造流程基本一样。

UOE 成形工艺是当今国际上最先进的直缝焊管成形方法之一。UOE 成形后的钢管壁厚和管径更加精确，同时具备高可靠性、高质量和高产量等优点，可很好地满足深海钻井隔水管严苛的要求。在 UOE 成形过程中，钢板经过 U 成形、O 成形之后采用双面埋弧焊，最后再进行整体扩径。UOE 成形工艺流程如图 3-16 所示。

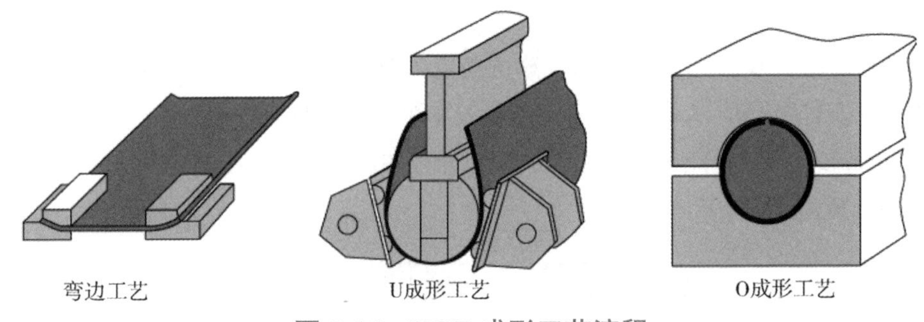

图 3-16　UOE 成形工艺流程

JCOE 成形就是在钢板经过弯边以后，经过 J 成形、C 成形和 O 成形，然后再采用双面埋弧焊焊接，最后进行机械扩径。JCOE 成形具有很高的生产效率和加工范围，产品在通过性能验证后即可用于深海钻井隔水管。JCOE 成形工艺流程如图 3-17 所示。

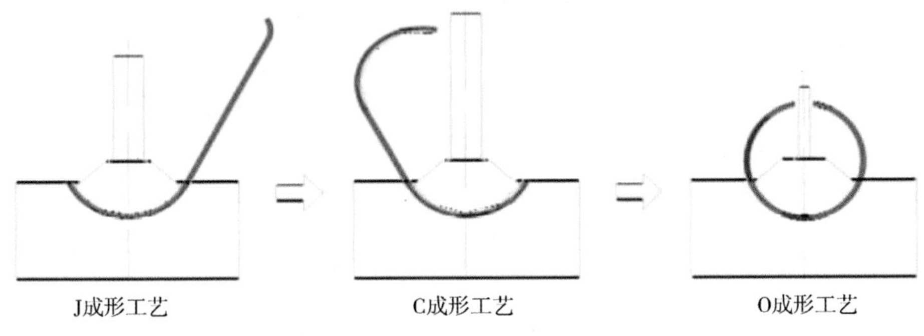

图 3-17　JCOE 成形工艺流程

2）直缝高频电阻焊管生产工艺。直缝高频电阻焊管是采用电阻焊工艺生产的、带有一条直焊缝的钢管，对焊缝和整个热影响区应进行类似正火的热处理工艺，不应使用填充金属。成形设备是直缝高频焊管生产线的核心设备，集中体现了生产线的工艺装备水平。

（3）测试技术　水下生产设施在制造中心完成部件性能测试、部件装配之后，装配成一套完整系统或者功能单元，在 FAT 测试中心进行工厂验收测试。

跨接管的 FAT 测试除了长度、标志、接口等必要的外部检测外，主要有生产管清洁度测试和液压管线清洁度测试。静水压测试和外部密封测试一般是在系统完整性测试阶段进行的，也可分别在 FAT 测试阶段的强化测试单元和采油树测试区中的测试水池中完成。跨接管测试中使用的设备包括压力测试单元（带有隔离阀、压力传感器和压力计）、液压冲洗单元（流量＞ 40L/min）、流量计、清洁度测试仪、数字温度计、卷尺和连接器。

由于跨接管和管汇测试区部分测试单元的功能存在通用性，因此，在可能的情况下应该尽量合用，从而节省测试中心空间，也可优化中心物流路径，便于测试过程的管理。跨接管测试区测试单元见表 3-6。

表 3-6　跨接管测试区测试单元

序号	测试单元	数量	被测设备	测试内容	面积/m^2	配套设备
1	混凝土强化测试单元（介质为液压油和水）	1	跨接管、管线连接器	液压线路压力及功能测试、静水压测试	534	悬臂起重机、压力测试单元、流量计（水泵）
2	液压清洗区	1	跨接管、管线连接器的液压控制管线	清洁度测试	246	悬臂起重机、液压冲洗单元（配备颗粒传感器等清洁度测试仪）
3	装配待测区	若干				装配工具组（卷尺、MQC 测试板）

2. 连接器

（1）设计技术　“十二五”期间，中国石油大学（北京）进行技术攻关，突破了卡爪式连接器的设计关键技术，并依靠南阳二机的装备制造实力，完成了首台样机的制造安装和测试。水下连接器主要的设计技术总结如下：

1）密封设计技术。密封是保障油气顺利运输的关键，目前一般采用金属 - 金属密封。在连接器安装完毕后，要进行密封测试以保证连接器的可靠性，这就要求密封结构的设计既要保证密封件的安装便捷，又要便于密封测试，且密封件的设计寿命要长。此外，设计时需考虑在密封失效的情况下如何快速更换密封件的问题。以上这些均是连接器研究中的关键技术。

密封技术的关键在于密封环设计，采取金属 + 非金属密封的两级密封形式：

第一级为金属密封，采用双锥面结构，实现可靠密封；第二级为非金属密封，其与金属密封面配合形成密闭空间，保证密封面与外界隔断，同时可以检测金属的密封性能。如图 3-18 所示。

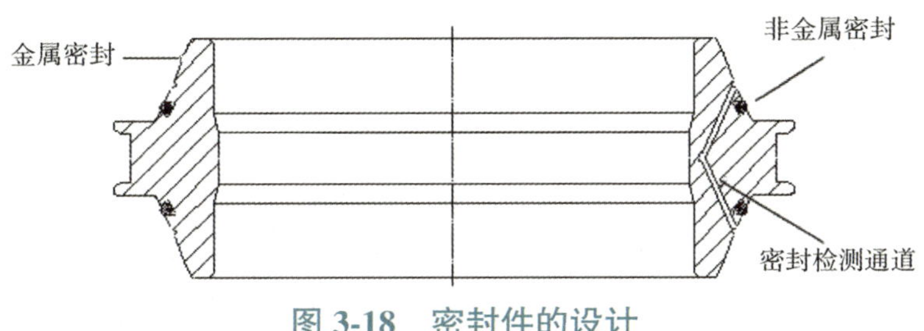

图 3-18　密封件的设计

在连接器锁紧完成后，可以向金属密封接触面和非金属密封接触面围成的环形空间中注入高压液压油来检测密封的可靠性，通过毂座上预留的专用通道将液压油注入密封环的密封检测通道中。

2）连接器安装过程中的精确对中。连接器安装时，因受海底洋流的作用，其自身心轴并不能与毂座心轴保持完全平行，因此，当连接器坐落于毂座时，连接器整体可能与毂座形成一个倾斜的角度。如何保证连接器与毂座之间形成精确对中并保证在一定倾斜角度范围内连接器有效可靠，是连接器研究中的一个关键技术。

双重对中方案可以使连接器在安装过程中精准对中，保证锁紧和密封。设计原理：安装前首先把连接器下放至毂座上方，如图 3-19a 所示；继续下放连接器，通过连接器下端的喇叭口与对中装置相配合，实现连接器安装的粗对中，如图 3-19b 所示；通过连接器末端法兰和毂座法兰上的止口结构，实现连接器安装的精对中，如图 3-19c 所示。

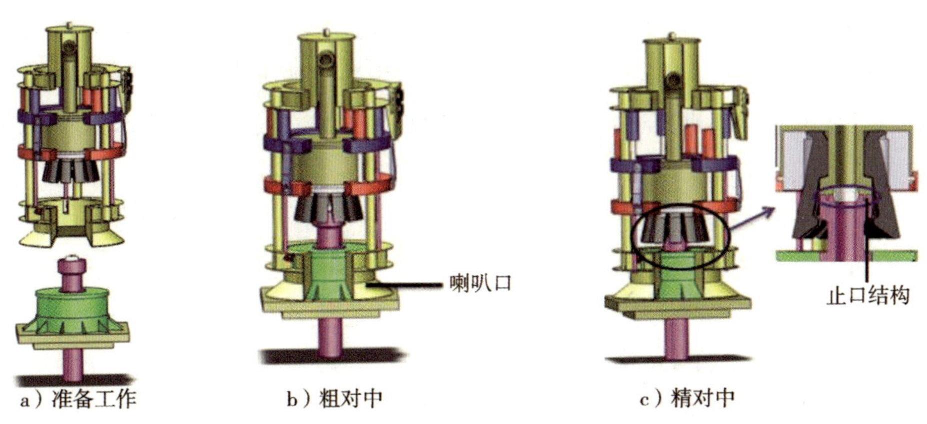

图 3-19　垂直连接器对中过程

3）卡爪的结构。连接器工作时，主要通过卡爪与毂座的啮合实现设施的连接，因此，卡爪的结构必须保证在油田开发期间不失效。大量实践证明，卡爪在转角及啮合面处容易发生失效。连接器在高压高温下受到拉伸、扭转、弯曲、热应力等多种载荷的共同作用时，要保证卡爪强度、自锁性能及易于锁紧和解锁，卡爪的结构设计是其中的一个关键技术。

卡爪是连接器的核心部件，它不仅要与连接器的安装过程相配套，还要完成预紧任务，使连接器密封。如图 3-20 所示，设计卡爪时要解决的关键问题包括：自锁（自锁面角度参数的确定），与驱动环的配合（接触面积对锁紧力的影响），与上下毂座的配合（接触面角度对锁紧与解锁的影响规律），防止干涉（各接触面之间不会出现干涉，影响锁紧与解锁的功能）。

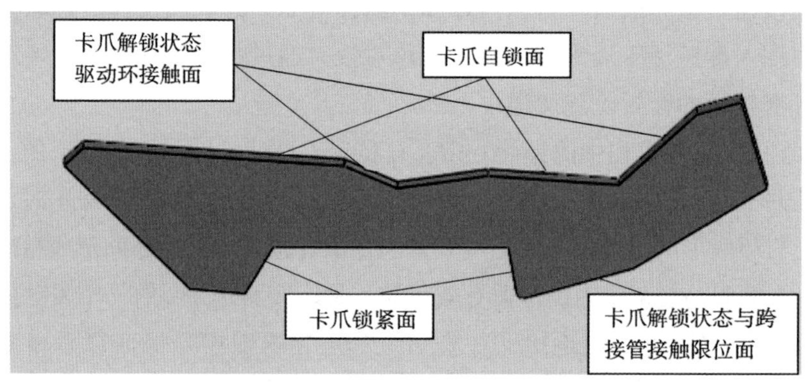

图 3-20　卡爪各个接触面示意图

（2）制造技术　各连接器生产厂商对连接器主要零部件的加工制造技术进行了研究，为连接器的产业化积累了宝贵的经验。

1）卡爪加工技术。卡爪的加工采用先整体加工，然后再切割成个体的方法进行。切割前，卡爪为多斜面回转体结构，采用数控加工中心对其进行加工。加工成形后采用线切割机床进行卡爪的单件切割。采用立式铣床铣去卡爪收拢时的干涉角，也可采用线切割加工干涉角。

2）毂座主体结构加工技术。连接器毂座上有与密封件配合的密封面，可采用卧式加工中心完成其密封面的加工。连接器本体上密封件限位机构的安装孔采用数控钻床进行加工，保证安装孔轴线与主体中心线具有 45° 的夹角。

3）密封环加工技术。在加工制造过程中，为得到材料的最佳性能并提高其耐蚀性，需要对材料进行退火处理。在热处理过程中材料不能接触硫、磷、铅及其他低熔点金属，否则会脆化。应注意清除诸如标记漆、温度指示漆、彩色蜡笔、润滑油、燃料等污物。可采用电加热炉进行退火处理。

4）驱动环加工技术。在零件的加工制造过程中，需要对材料进行正火和回火处理。随着正火温度的提高，抗拉强度、屈服强度都有一定的提高，但是冲击韧度略有下降，在正火后增加回火处理，其抗拉强度、屈服强度、韧性都有提高。经研究，决定采用 970℃空冷正火和 630℃空冷回火。可采用电阻炉和旋风回火炉进行材料的热处理。

另外，液压控制系统的液压阀、液压缸、液压管线都要考虑深海环境条件，必须保证水深为 1 500m 时满足使用要求。

（3）测试技术

1）外压试验。主要是模拟 1 500m 水深工况，验证连接器的密封性能。将连接器放入高压舱内，在连接器外部施加 15MPa、内部施加 34.5MPa 额定工作压力，检验连接器的密封性能。

2）浅水试验。浅水试验主要是在浅水水池中检验垂直安装工具是否可以将连接器锁紧和解锁，是否满足设计要求。

3）深水测试。在深水环境中测试垂直安装工具是否可以将连接器锁紧和解锁，是否满足设计要求。应当进行海上试验，进一步检验产品的性能。

4）第三方认证条件。在进行产业化前需要取得第三方认证机构颁发的资格证书，即产品的设计、制造、测试各个环节均需要得到第三方的认可。目前行业认可的认证机构主要有美国船级社（American Bureau of Shipping，ABS）、挪威船级社（DET NORSKE VERITAS，DNV）、法国船级社（Bureau Veritas，BV）、中国船级社（China Classification Society，CCS）等。

3.2.4 防喷器与水下防喷器组

深水钻井防喷器系统在保障海上油气作业安全、保护海洋环境和操作人员人身安全方面起到关键作用。

（1）外压试验　模拟 3 000m 水深工况，验证防喷器的密封性能。将防喷器放入高压舱内，检验防喷器的密封性能。

（2）深水测试　在深水环境中测试防喷器组及其控制系统是否满足设计要求。应当进行海上试验，进一步检验产品的性能。

（3）第三方认证　在进行产业化前需要取得第三方认证机构颁发的资格证书，即产品的设计、制造、测试各个环节均需要得到第三方的认可。

3.2.5 水下阀门及执行机构

水下阀门是水下生产系统中不可或缺的设备之一，其应用范围广、技术含量高、可靠性要求高、寿命要求长，掌握水下阀门的相关技术非常必要。本节从设计工艺技术、制造工艺技术和测试技术等方面对阀门的设计进行介绍。

1. 设计工艺技术

在水下采油树通径和采油树管路中所使用的阀门和阀门组，应符合 ISO 10423：2009 中适用的通径尺寸要求。对应用于过出油管中的阀门和阀门组，应按照 ISO 13628-3：2000 的过出油管泵送作业系统来进行设计。

（1）材料选择　国内常用的阀门标准有国家标准（GB）、国家推荐标准（GB/T）、专业标准（ZB）、机械行业标准（JB）、中国阀门行业标准（CVA）。国外常用的阀门标准有国际标准（ISO）、美国国家标准（ANSI）、英国国家标准（BS）、德国国家标准（DIN）、法国国家标准（NF）、日本工业标准（JIS）、美国机械工程师学会标准（ASME）、美国材料试验协会标准（ASTM）、美国钢铁学会标准（AISI）、美国石油学会标准（API）、美国阀门和管件制造厂标准化协会标准（MSS）、美国焊接协会标准（AWS）、美国规格学会标准（ASI）、美国军用标准（MIL）和日本石油学会标准（JPI）等。

水下阀门材料的选择除了符合各类材料特性以及 API-6A、API-17D 和 NACE MR0175 规范中的规定外，在实际工程设计中，还应考虑材料的抗拉强度、屈服强度、断后伸长率、断面收缩率、硬度、冲击韧度及其他特殊性能，如抗摩擦能力、抗擦伤能力及耐腐蚀能力。

根据相关规范的规定，影响阀门设计的因素较多。由于水下阀门所处的环境恶劣、腐蚀严重，务必充分考虑 H_2S、CO_2 和 Cl^- 等对阀门材料的腐蚀。

针对水下阀门不同工况要求，根据 API-6A 和 API-17D 规范中提出的材料性能及影响因素，并结合实际设计经验，相关科研人员已经对水下阀门设计中的几种典型材料进行了试验分析，并给出了详细的加工工艺要求。阀门材料级别及最低要求见表 3-7。

表 3-7　阀门材料级别及最低要求

材料级别		材料最低要求	
		本体、阀盖、端部和出口连接	控压件、阀杆和心轴悬挂器
AA	一般使用	碳钢或低合金钢	碳钢或低合金钢

（续）

材料级别		材料最低要求	
		本体、阀盖、端部和出口连接	控压件、阀杆和心轴悬挂器
BB	一般使用	碳钢或低合金钢	不锈钢
CC	一般使用	不锈钢	不锈钢
DD	酸性环境	碳钢或低合金钢	碳钢或低合金钢
EE	酸性环境	碳钢或低合金钢	不锈钢
FF	酸性环境	不锈钢	不锈钢
HH	酸性环境	耐蚀合金	耐蚀合金

（2）密封设计　为了实现阀门的零泄漏，阀门必须具有可靠的密封性能。阀门的密封部位主要有启闭件与阀座两密封面间的接触处、阀杆和阀盖接触处、阀杆密封处、阀体与阀盖之间的垫片接触处等。其中，启闭件与阀座两密封面间的泄漏称为阀门的内漏，而阀杆和阀盖、阀杆密封及阀体与阀盖密封面间的泄漏称为阀门的外漏。

API SPEC 6A《井口和采油树设备规范》中涉及的输油阀、多管完井阀、自动关闭阀及单向阀等，采用的一般是闸阀、旋塞阀和蝶阀。本节主要针对这三种水下阀门的密封设计工艺进行分析。

1）闸阀。闸阀的启闭件是闸板，闸板的运动方向与流体流动方向相垂直，闸阀只能全开和全关，因此不能用于调节流量。闸板有两个密封面，最常用的楔式闸阀的两个密封面形成楔形，楔形角随阀门参数而异。楔式闸阀的闸板可以做成一个整体，叫作刚性闸板；也可以做成能产生微量变形的闸板，以改善其工艺性，弥补密封面角度在加工过程中产生的偏差，这种闸板叫作弹性闸板。

平板闸阀阀杆密封常用的一种结构是自密封式和注入密封脂式填料组合结构。其主体材料为耐磨性好、自润滑性能好的成型填料（如四氟乙烯）和含纤维胶质状密封脂。成型填料为上中下结构，在阀杆填料函内分上、下两组安装，形成两个各自独立的密封室组。密封脂填料由填料函中间的密封脂注入塞注入阀杆填料函和上下组合填料之间，形成密封。

更一般的密封结构是用填料压盖压紧密封，填料座内设数道油浸石棉盘根（或者其他材料），中间通过给油环加入润滑油，起润滑阀杆和密封的作用。

闸阀关闭时，密封面可以只依靠介质压力来密封，即只依靠介质压力将闸板的密封面压向另一侧的阀座来保证密封面的密封性，这就是自密封性。大部分闸阀是采用强制密封的，即阀门关闭时，要依靠外力强行将闸板压向阀座，以保证密封面的密封性。

2）旋塞阀。旋塞阀是用带通孔的塞体作为启闭件的阀门，塞体随阀杆转动，以实现启闭动作。常用的旋塞阀（按旋塞形状分类）包括圆柱形旋塞阀和圆锥形旋塞阀。在圆柱形阀塞中，通道一般成矩形，而在锥形阀塞中，通道成梯形。旋塞阀用于切断和接通介质以及分流，也可用于节流。

① 圆柱形旋塞阀。在圆柱形旋塞阀中，旋塞与阀体之间的密封经常采用充入密封剂，利用阀塞膨胀，使用 F4、F46、PVDF、PP、PO、PE 等自润滑材料衬套，以及将偏心旋塞楔入阀座等密封形式。

② 圆锥形旋塞阀。圆锥形旋塞阀密封副之间的泄漏间隙可通过阀塞压入阀座的深度来调整，属于金属对金属密封。当阀塞与阀体紧密接触时，阀塞仍可旋转，或在旋转前从阀座提起旋转 90°，而后再压入密封。填料式圆锥形旋塞阀是阀体内带有填料，通过压紧填料来实现阀塞与阀体密封面之间的密封。油封式圆锥形旋塞阀，用油枪把密封脂强制注入阀塞和阀体内的油槽，使阀塞和阀体的密封面间形成一层油膜，从而提高旋塞阀的密封性能，并且使开启和关闭阀门时省力，同时防止密封面受到摩擦损伤，起到保护密封面的作用。但是这种产品不宜用于节流，因为节流时会把露出的密封面的密封剂冲掉，这样阀门每次关闭时，都要对阀体密封重复加注密封剂。

3）蝶阀。蝶阀又叫翻板阀，是一种结构简单的调节阀。蝶阀的启闭件是一个圆盘形的蝶板，在阀体内绕其自身的轴线旋转，从而达到启闭或调节的目的。蝶阀本身没有自锁能力，为了蝶板的定位，要在阀杆上加装蜗杆减速器。采用蜗杆减速器不仅可以使蝶板具有自锁能力，使蝶板能够停止在任意位置上，还能改善阀门的操作性能。

按照不同的密封形式，蝶阀可分为：

① 强制密封蝶阀：阀门关闭时蝶板挤压阀座，阀座或蝶板本身的弹性产生密封作用，或者外加转矩于阀门轴上产生强制力形成蝶板与阀座密封。

② 充压密封蝶阀：由阀座或蝶板上的弹件密封元件充压产生密封作用。

③ 自动密封蝶阀：由介质压力自动产生密封作用。

蝶阀的使用压力和工作温度范围小，且密封性较差。

2. 制造工艺技术

（1）加工流程图　平板阀中的阀体和阀座两种部件的加工流程如图 3-21 所示。

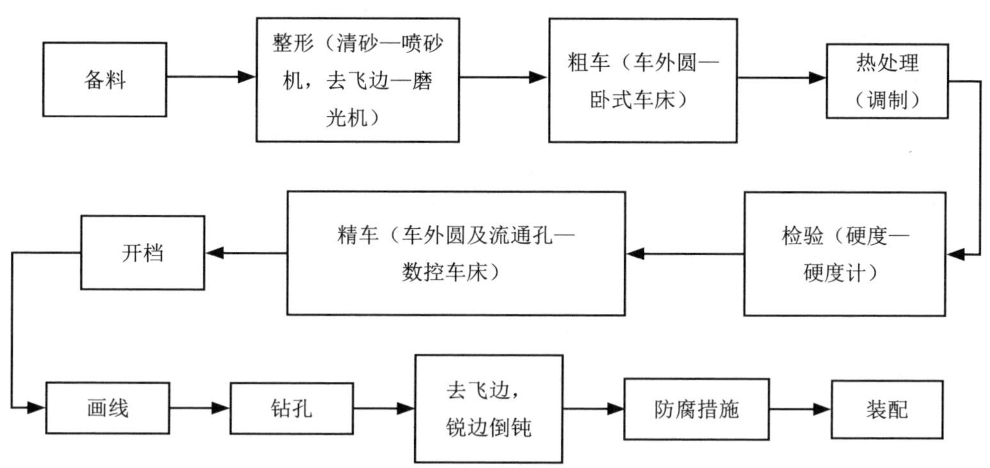

图 3-21　阀门阀体和阀座加工流程

（2）关键技术　通过对国外相关水下阀门产品以及相关专利、文献的调研发现，水下阀门制造的关键技术主要包括水下阀门的材料选择、水下阀门的密封结构设计和水下阀门的防腐措施。

3. 阀门液压执行机构设计工艺

（1）水下阀门液压执行机构设计参考标准见表 3-8。

表 3-8　水下阀门液压执行机构设计参考标准

标准编号	标准名称
API 6A/ISO 10423：2009	井口装置及采油树设备规格书
API 17A/ISO 13628-1：2010	石油天然气工业　水下生产系统的设计和操作　第 1 部分：一般要求和推荐规范
API 17D/ISO 13628-4：2011	石油天然气工业　水下生产系统的设计和操作　第 4 部分：水下井口装置和采油树设备
API 17F/ISO 13628-6：2006	石油天然气工业　水下生产系统的设计与操作　第 6 部分：水下生产控制系统
API 17H/ISO 13628-8：2006	石油天然气工业　水下生产系统设计与操作　第 8 部分：水下生产系统水下机器人（ROV）接口
API 6D/ISO 14313	石油天然气工业　管道运输系统　管道阀门

（续）

标准编号	标准名称
API 6DSS/ISO 14723：2009	石油天然气工业　管道运输系统　海底管道阀门
ASME B16.5	管道和配件标准
ASME B31.8	天然气传输及分配管道系统
ASME Ⅷ Div II	锅炉及压力容器规格书　第Ⅷ部分　第 2 分部　附录 4
ASTM A182	锻造或滚轧合金与不锈钢管道法兰的标准规格书　高温应用中的锻造连接件与零件
ASTM A193	高温高压用合金钢和不锈钢螺栓
ASTM A194	高压和高温设备用碳素钢与合金钢螺母规格书
ASTM A320	低温用合金钢螺栓材料规格
ASTM A370	钢制品机械测试的标准测试方法与定义
AWS D1.1	钢结构焊接规范
BS EN 10204	金属产品　试验文件类型
DNV-RP-B401	阴极保护设计推荐做法
NACE MR0175/ISO 15156：2015	石油和天然气工业　油、气生产过程中含硫化氢（H_2S）环境下使用的材料
SAE AS4059	液压液洁净度分级
NORSOK M-001	材料选择

水下阀门执行机构的总体设计要求包括：

1）执行机构与阀门之间应设计接口或连接体，便于通过法兰或焊接形式将执行机构与阀体连接。

2）执行机构应设计可视化位置指示器，便于水下机器人操作时识别当前阀门状态。

3）执行机构的水下机器人操作机制应保证标准的水下机器人工作转矩足以驱动阀门。

4）执行机构的结构和外部材料应具备足够的强度，以满足深海压力的要求。

5）执行机构应具备良好的外部密封能力，依据 API6DSS/ISO 14723：2009 标准，在推荐最大压差下完成外压密封测试。

6）水下机器人操作接口应严格按照 API17H/ISO 13628-8：2006 标准进行设计，以确保水下机器人可以正常作业。

7）执行机构应设置压力补偿系统，以减小静水压力对执行机构的影响。

（2）水下阀门液压执行机构设计内容

1）机械结构设计。包括：液压控制功能的实现；水下机器人功能结构的实现；故障安全功能结构的设计；压力补偿功能机构的设计；机械强度分析；控制功能仿真方案设计；相关参数计算（开启力计算，液压缸设计计算，螺旋传动副的设计计算，水下机器人选型）。

2）密封方案设计。水下阀门液压执行机构受到水下操作环境的影响，因此，在对其进行密封设计时要考虑水下环境涉及的水密封、温度、压力、腐蚀等方面的因素。水下阀门液压执行机构的密封性能直接影响其作业深度和可靠性。由于水下密封的特殊性，在方案设计时应针对水下阀门液压执行机构各个密封点的不同要求，对其密封结构进行设计，并选择符合水下特殊环境要求的密封材料。

密封材料需要满足其所配套阀门的设计使用寿命、水下作业深度、水下工作压力、使用温度等具体要求，同时也应满足密封材料的一般要求，包括：材料致密性好，不易泄漏；有适当的机械强度和硬度；压缩性和回弹性好，永久性变形小；高温下不软化、不分解，低温下不硬化、不脆裂；耐蚀性好，在酸、碱、油等介质中能长期工作；体积、硬度变化小，且不黏附在金属表面上；摩擦因数小，耐磨性好；具有与密封面贴合的柔软性；耐老化性好，经久耐用；加工制造方便，价格便宜，取材容易。

显然，密封材料要完全满足上述要求是不可能的，但应满足上述大部分要求，以实现优异的密封性能。

（3）水下阀门液压执行机构的材料设计　水下阀门执行机构材料目前还没有明确的标准，但可以参照阀门材料的相关标准。其他部件，如紧固件、滚动轴承、弹簧、补偿器等可以参照其他相关标准。API6A 标准第 5 章规定了阀门本体、阀盖、端部和出口及端部连接装置、悬挂器、防磨衬套、压力边界贯穿装置和密封垫环用的材料性能、加工过程和成分要求。

（4）水下阀门液压执行机构的防腐设计

1）防腐材料选择。水下阀门液压执行机构长期受海水腐蚀，在选择与海水接触的相关部件的材料时应考虑各种材料的耐蚀性。此外，由于海水的电导率较高，在两种电极电位不同的金属之间会产生电化学腐蚀，表 3-9 列出金属和合金在海水中的腐蚀电位顺序，越是在表的上方，且在表中离得越远的金属，电化学腐蚀作用就越容易发生。阀门执行机构防腐材料选择方案见表 3-10。

表 3-9 海水中金属的腐蚀电位排序

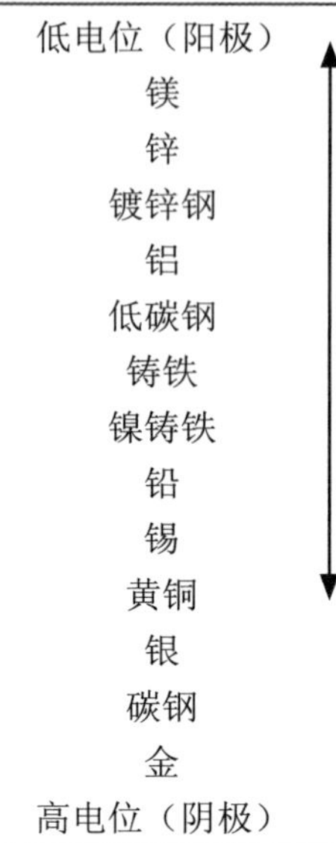

表 3-10 阀门执行机构防腐材料选择方案

零件分类	零件名称	材料选择				材料防腐性能
		国外材料		国内可替代材料		
		ASTM（美国材料与试验协会）标准	UNS 牌号系统	国标	牌号	
执行机构与海水接触的主要部件	指示器旋转头上的销钉、指示器指针上的销钉、指示器面板上的螺栓、水下机器人接口螺栓、补偿器、保护壳与筒壁连接的螺栓、指示器旋转头、水下机器人接头、指示器指针、补偿器堵头、筒壁上的吊耳	ASTM A959—2004	S31803	GB/T 1220—2007	022Cr22Ni5Mo3N	耐海水腐蚀性和耐晶间腐蚀性好，对亚硫酸、硫酸、磷酸、醋酸、甲酸、卤素、亚硫酸盐均有良好的耐蚀性

2）涂层材料选择。水下阀门液压执行机构设计寿命长，在服役期间基本不考虑维修，且其所处环境的腐蚀性较强，因此，对其外防腐涂层的要求就比较高。水下阀门液压执行机构的外防腐涂层主要包括如下几种材料：熔结环氧涂层、聚

乙烯涂层、煤焦油磁漆涂层、复合涂层（3LPE）、聚四氟乙烯涂层（PTEE）和电弧喷铝涂层。

常用涂层性能对比见表 3-11。

表 3-11　常用涂层性能对比

防腐涂层类型	防腐特性	缺点
熔结环氧涂层	富有柔性，附着力强，具有极好的抗化学、抗阴极剥离及绝缘性能，耐海水腐蚀	易被尖锐硬物碰破
聚乙烯涂层	耐磨、耐冲击、抗海水浸透、耐海水腐蚀	易产生环境应力开裂，抗阴极剥离性能差
煤焦油磁漆涂层	使用寿命可达 60 年，具有良好的黏接性、低吸水性和低水渗透性、优异绝缘性，耐海水腐蚀，价格便宜	对周围海水环境有污染
复合涂层	具有熔结环氧涂层和聚乙烯涂层共同的优点	施工技术要求较高，且价格较贵
聚四氟乙烯涂层	能耐高温和低温，耐海水腐蚀，耐各种酸碱腐蚀，无毒害性	涂装工艺复杂且价格较昂贵
电弧喷铝涂层	使用寿命可达 20 年，能耐高温，耐海水腐蚀，能同时起到隔离海水和阴极保护的作用	铝涂层表面粗糙，需对孔隙进行封闭处理

综合考虑水下阀门液压执行机构所处的环境（海水、海泥等）、操作条件、环境温度、设计寿命、造价等，可选用使用寿命最长且使用最广泛的煤焦油磁漆涂层、防腐性能较好的复合涂层或者电弧喷铝涂层作为水下阀门液压执行机构主体的外防腐涂层，选用聚四氟乙烯（PTEE）涂层作为暴露的紧固螺栓的防腐涂层。

3）复合涂层。复合涂层由熔结环氧层、胶黏剂层、聚乙烯层组成，复合涂层的主要特点是防腐性能好、吸水率低，同时还具有一定的抗压性，机械强度高，是目前国际上广泛采用的水下外防腐涂层。

复合涂层的厚度应根据具体设计要求确定，通常为 2.8 ～ 3mm。各层厚度的参考值：熔结环氧层 200 ～ 300μm，胶黏剂层 100 ～ 200μm，聚乙烯层 2.5mm。复合涂层力学性能见表 3-12。

表 3-12 复合涂层力学性能

项目	参数值
抗拉强度/MPa	≥ 20
断后伸长率（%）	≥ 600
阴极剥离尺寸（48h，65℃）/mm	≤ 10（半径）
脆化温度/℃	≤ -65
耐环境应力开裂时间/h	≥ 1 000
冲击强度 /（J/mm^2）	≥ 5
剥离强度（20℃ ±5℃）/（N/cm）	≥ 60

4）电弧喷铝涂层。电弧喷铝涂层是利用燃烧于两根连续送进的稀土铝丝之间的电弧熔化金属，用高速气流把熔化的铝雾化，并对雾化的铝粒子加速，使它们喷向工件形成涂层。

该涂层生产效率高、使用寿命长、喷涂工艺简单、易于现场施工，使用寿命一般可达 20 年，目前被广泛用作舰船、海上石油勘探设施以及港口中的钢铁设施的防腐涂层。但铝涂层表面粗糙，一般需要对涂层进行封闭处理，配合封闭涂层使用后可大大提高其防腐效率。电弧喷铝涂层的厚度一般为 150 ～ 200μm，其操作简便，经济效益显著，也比较适合作为水下阀门液压执行机构的防腐涂层。

5）煤焦油磁漆涂层。煤焦油磁漆涂层是由 200 ～ 300℃的煤焦油沥青，在重质煤焦油馏分中分散煤粉，使其增塑反应，先制成调和物，然后再添加适量的填充料制成的混合物。该材料具有优异的防腐、防水、绝缘及良好的金属附着性能，使用寿命可达 60 年之久，目前广泛用作陆上和海底管道的内外涂层，在国外已有近百年的使用历史。当管道需加配重层时，采用这种涂层最为适宜，可以有效地防止敷管过程中中间层的滑移。该涂层与纤维玻璃布共同使用，可增加涂层的强度及韧性。

与复合涂层相比，煤焦油磁漆涂层价格更便宜，在目前的陆地和海洋管道防腐中使用得更为广泛，而且涂装工艺也更简单，所以，该涂层更适合作为水下阀门液压执行机构的外防腐涂层。

6）聚四氟乙烯涂层。美国华福公司生产的 Xylan™ 材料是一种聚四氟乙烯涂层。该涂层是对金属进行表面处理后再进行喷涂加工，可起到保护金属的效果，具有优异的防腐性能，已被成功应用于海底的强腐蚀环境。Xylan™ 涂层的主要技术参数见表 3-13。

表 3-13　Xylan™ 涂层主要技术参数

项目	参数值
涂层厚度/μm	20 ～ 25
工件涂层厚度/μm	20 ～ 30
减小转矩程度（%）	70
摩擦因数	0.08 ～ 0.11
底涂承受力度/MPa	27.56
涂层附着力	4B，5B
可选颜色	蓝色，红色，黄色，绿色
工作温度/℃	-195 ～ 260

7）阴极保护。阴极保护方法分为牺牲阳极阴极保护和外加电流阴极保护两种。前者是靠电位较负的金属的溶解来提供保护所需的电流，所以称为牺牲阳极阴极保护。该方法为一次性投入，一般不需要后期维护。而后者则靠外部的直流电源来提供阴极保护所需的电流。为了使电流能够流通，还需要辅助阳极，辅助阳极通常为惰性阳极。采用该方法需要增加电源装置，占用一定空间，同时后期的维护和修理费用较高，因此，外加电流阴极保护法在国内外应用于海洋工程领域的实例不多，国内海底管道的阴极保护主要采用牺牲阳极的阴极保护方法。

考虑到水下阀门液压执行机构长期与海底管道相连，可与海底管道一同做阴极保护。目前，海底管道阴极保护中的阳极材料多为铝合金、锌合金和镁合金等，其中铝合金最为常用。

4. 水下阀门液压执行机构制造技术

通过对国外相关水下阀门液压执行机构产品以及相关专利、文献的调研发现，水下阀门液压执行机构的关键技术包括：水下阀门液压执行机构故障安全功能实现技术，液压/水下机器人操作转换技术，位置指示器设计技术，压力补偿功能实现技术以及执行机构与阀体连接技术等。

5. 测试技术

水下阀门及其液压执行机构是水下生产系统的最终执行单元，要在制造完成后对其进行相应的测试，以保证其可靠性和使用寿命，并且只有通过相关测试、获得相关认证证书之后，才可以将其应用到水下油气田中。表 3-14 为 2010 年版 API-6A 标准对液压执行机构性能要求级别的规定，对于应用于水下的液压执行机构，一般都选择 PR2 性能要求级别。

表 3-14 液压执行机构性能要求

性能要求级别	操作循环数/次
PR1	3
PR2	200

根据 API17D 标准中测试部分的相关规定，将测试内容分为两大项：性能鉴定试验和工厂验收试验。

性能鉴定试验是新产品开发时必须做的试验，可能会具有一定程度的破坏性。这类性能鉴定试验包括压力循环试验、载荷试验、温度循环试验、使用寿命/耐久性试验 4 个试验项目，即从 4 个方面来鉴定执行机构的设计性能。工厂验收试验是产品出厂时需要在制造厂家做的试验，这类试验分为执行机构本体试验、阀和执行机构总成试验，其中执行机构本体试验主要是气密性试验，包括静水压壳体试验、操作试验、密封试验 3 个试验项目。

（1）性能鉴定测试　性能鉴定试验属于阀和执行机构安装为总成后的试验，用来证明和鉴定设备的性能，能够反映出相应设备规定的性能特征，反映总成的性能极限。

1）压力循环试验。压力循环试验也称静水压循环试验。水下阀门液压执行机构必须反复承受静水压循环，以模拟现场长期作业中会出现的起动和关断压力循环，其操作循环数至少要达到 200 次。进行静水压循环试验时，在达到规定的压力循环次数之前，应对执行机构加压到额定工作压力，然后泄压。每一个压力循环均不要求保压期。

2）载荷试验。该试验用来验证执行机构的额定承载能力，与压力循环试验一同进行，在满足其他任何性能要求的条件下，应多次加载到额定承载能力而不变形，加载重复次数至少为 200 次。

3）温度循环试验。在额定工作压力或载荷下，应对液压执行机构进行试验温度不低于额定工作温度级别的温度循环鉴定试验。对液压执行机构必须反复进行温度循环试验，以模拟现场长期作业中会出现的起动和关闭温度循环，其操作循环数至少要达到 3 次。

进行温度循环试验时，将阀和执行机构总成放入温度循环试验箱，加热并冷却到其额定工作温度的温度上极限（121℃）和温度下极限（-18℃）。温度从室温到温度上极限再到温度下极限的循环，可以用来代替直接在两个温度极限之间的温度循环。

4）使用寿命/耐久性试验。使用寿命/耐久性试验的目的是评价所试验设备的长期磨损特性。在进行压力循环试验和温度循环试验时，就间接地进行了液压执行机构的耐久性试验，给执行机构施加 34.5MPa 的压力，使其在额定工作压力下开启和关闭，操作循环次数至少要达到 600 次。如能证明压力/温度试验能类似地将部件或总成加载到寿命循环试验规定的条件，则这些循环试验可以累计到寿命循环试验的总数中。例如液压执行机构的 200 次压力循环试验和 3 次温度循环试验可以算作 203 次寿命循环试验。

（2）工厂验收试验　液压执行机构应进行工厂验收试验，以证明完工后的执行机构的结构完整性和装配及操作正常。这类试验分为阀与执行机构本体试验、阀与执行机构总成试验，其中执行机构本体试验包括静水压壳体试验、操作试验、密封试验 3 个试验项目，执行机构总成试验主要是气密性试验。

1）阀与执行机构本体试验

① 静水压壳体试验。液压执行机构的液压缸、活塞和弹簧腔均应进行静水压试验，以证明其结构的完整性。

② 操作试验。执行机构的试验应从全关断位置到全开启位置，至少循环 3 次，以试验操作是否正常。按照制造商的书面规范，执行机构在两个方向的操作均应平稳，并没有明显的阻滞和颤动现象。液压执行机构的试验介质由制造商规定。开关循环之后进行其他试验，下一步再进行低压试验，开关循环试验可确认高压试验没有破坏密封。

③ 密封试验。执行机构的密封试验应在 0.2～1 倍的额定工作压力下进行，不允许有任何可见的渗漏。试验介质由制造商规定。每一个试验压力的最短保压时间应为 3min。应该在试验压力已达到规定值并稳定，且压力监测装置已与压力源隔离后，再开始试验周期的计时。在每次保压期的开始和结束均应记录试验仪表的压力和时间。

2）阀与执行机构总成试验。阀与执行机构总装配之后，应按照制造厂商的书面规范进行功能试验和压力试验，以证明装配正确和操作正常。完成液压试验的设备总装后只需进行额定工作压力下的试验。

阀与执行机构性能鉴定测试和工厂验收测试的测试内容、试验条件及其所对应的测试设备见表 3-15。

表 3-15 阀与执行机构性能鉴定测试和工厂验收测试的测试内容、试验条件及所对应的测试设备

<table>
<tr><th colspan="3">试验内容</th><th>试验条件</th><th>试验设备</th></tr>
<tr><td rowspan="4">性能鉴定测试</td><td colspan="2">压力循环试验</td><td>外压 15MPa，内压需加压到 34.5MPa</td><td>高压舱（长 3m、内径 1m 的圆筒体，工作压力至少 15MPa），增压泵（加压能力可达到 34.5MPa）</td></tr>
<tr><td colspan="2">载荷试验</td><td>外压 15MPa，内压需加压到 34.5MPa</td><td>高压舱，增压泵</td></tr>
<tr><td colspan="2">温度循环试验</td><td>温度上极限（121℃），温度下极限（-18℃）</td><td>增压泵（加压能力可达 34.5MPa），温度循环试验箱（参数：高≥ 3m，长≥ 1m，宽≥ 1m）</td></tr>
<tr><td colspan="2">使用寿命 / 耐久性试验</td><td>温度大小和外压存在与否都不影响该试验</td><td>增加泵（加压能力可达 34.5MPa），高压舱（可不用）</td></tr>
<tr><td rowspan="4">工厂验收测试</td><td rowspan="3">执行机构本体试验</td><td>静水压壳体试验</td><td rowspan="3">静水压力（变动）</td><td rowspan="3">静水压试验台</td></tr>
<tr><td>操作试验</td></tr>
<tr><td>密封试验</td></tr>
<tr><td>阀和执行机构总成试验</td><td>气密性试验</td><td>（1）温度：在环境温度下；
（2）介质：氮气；
（3）压力：额定工作压力，即 34.5MPa；
（4）阀门应处于部分开启状态，保压时间至少 15min（计时应从达到试验压力且设备和压力监测仪表与压力源隔离后开始）</td><td>设备应完全浸没在水池内</td></tr>
</table>

3.2.6 水下管汇

水下管汇系统一般包括生产管道、支撑框架和管汇基础 3 部分，生产管道主要对生产出的油气进行收集、运输，支撑框架主要是对管汇的整体进行保护，管汇基础可以将水下管汇整体固定在海床上。本节从设计技术、制造技术、测试技术等方面对水下管汇进行介绍。

1. 设计技术

（1）框架结构预制及组装质量控制

1）在预制过程中，需按材料清单核算结构重量，该重量应与设计重量一致。结构组对完成后可进行称重，结构最终的总重与按材料清单核算的重量之差应控制在结构总重的 5% 以内。

2）预制时，分片的对角线与理论尺寸需控制在规范要求之内。分片整体组对时需再次测量结构的整体尺寸，保证结构的平面度及长度符合规范要求。

3）下部结构预制时需保证钢管的直线度、同心度、圆度、端面垂直度等满足规格书中的要求。

4）所有的焊缝需进行 100% 的射线检测。

（2）管道预制及组装质量控制

1）管道与球阀或三通若采用螺栓法兰连接，一定要保证两法兰面的对中，确保垫片在水下的密封性。连接完成后需要做密封测试。

2）管道之间的焊接若采用对焊的形式，焊缝需进行 100% 的射线检测。

3）弯管部分的半径应为管道直径的 5 倍以上。

2. 制造技术

经过多年的发展，世界五大水下生产设备制造厂商——FMC、Cameron、Aker Solution、GE-Vecto Gray 和 Dril-Quip 几乎瓜分了水下管汇市场。虽然许多水下管汇的技术目前对于我国而言都是全新技术，但是随着对其研究的不断深化，技术难点将会被逐一突破，国产水下管汇将在国际市场上崭露头角。目前国产水下管汇的制造还存在以下技术难点。

（1）陆地测试技术　水下管汇制造完成后需进行 FAT 测试，主要包括以下几个方面：①尺寸控制；②重量控制；③管道冲洗与压力测试；④阀功能测试；⑤控制系统功能测试；⑥水下机器人进出测试；⑦通球测试等。目前，部分测试的具体方法在国内仍处于研究开发阶段，未来应逐步建设深水水下工艺装备测试基地，形成一套水下工艺装备测试技术体系，包括高压模拟舱测试系统、高压密封测试系统、电仪信号检测系统、设备元器件高压应力应变测试系统、寿命测试系统、液压系统测试系统、阀门动作测试系统等，以推动海洋工程装备测试技术的发展。

（2）执行标准　水下管汇制造执行的标准一般为国外 API、ISO、DNA、NORSOK 等标准，多为水下专业规范，需要技术人员深入学习规范，掌握要点。

这对为水下生产系统产业培养一定数量对相关规范熟悉的技术人员非常关键。

（3）管线焊接技术　耐蚀合金内衬管 X65+625 管道的焊接目前还处于研究阶段。焊接需要满足 AWS D1.1/D1.1M 和 API 6A 等规范的要求，焊工需要接受培训并取证。

（4）水下管汇制造厂房规划　由于水下管汇的制造涉及精密仪器较多，规格要求严，露天建造条件往往不能符合制造要求，且国外水下管汇的生产大部分是在车间内进行，这就需要根据管汇的生产规模和生产所需的相关设施及设备来设计、建造或改造车间。建造厂房时应做好厂房的长期使用规划，考虑如何合理使用厂房，以服务水下生产系统的生产。

3. 测试技术

（1）水下管汇 FAT 试验

1）水下管汇总成 FAT 试验。水下管汇总成应按照 ISO 13628-1：2010 和 DNV RP A203（2001）等标准进行试验。水下管汇总成的 FAT 试验应按照制造厂商的书面规范，使用实际配套设备或合适的试验夹具模拟适用的导向基座、跨接管和脐带缆等进行试验。

2）水下管汇本体静水压试验。对水下管汇本体进行静水压试验是为了验证水下管汇本体在实际工作环境下对内部水压的承载情况，检查其是否出现渗漏等现象。

水下管汇的本体静水压试验包括 3 部分，即初始保压期、压力降至零和二次保压期。

试验在本体充填油脂之前进行，装配中允许使用润滑剂。两次保压期的时间均不应少于 15min。直到达到试验压力，装置和压力测量仪表已与压力源隔离，本体构件外表面完全擦干后，才能开始试验计时。

验收准则：在试验压力下水下管汇本体不应有可见的渗漏。进行螺纹式井口零件的静水压试验期间，当用螺纹式试验工装连接时，试验压力超过螺纹的工作压力后，沿螺纹渗漏是允许的。

3）水下管汇本体气压试验。水下管汇本体气压试验的目的是验证管汇系统整体的密封性能，检验其是否存在密封失效的情况。

在保压期间，水池中应无可见气泡。只要在保压期间水池内无可见气泡，试验压力即使有所降低，但下降幅度不超过 2.0MPa，仍是可接受的。

4）水下阀门和驱动器总成的试验。水下阀门和驱动器总成的试验是为了测试总成的性能极限，应沿预定方向向单向阀施加压力进行试验。双向阀应分别沿两个方向施加压力进行试验。

5）水下阀门和驱动器静水压试验。每个水下阀门和驱动器都应进行静水压试验和操作试验，目的是测试每个完工的水下阀门和驱动器的结构完整性和装配及操作是否正常。

6）水下阀门驱动器相关试验。水下阀门驱动器相关试验的目的是为了测试驱动器在实际工作情形下的环境承载能力和密封性能，包括壳体静水压试验、驱动器密封试验和驱动器操作试验。

7）闸阀的倒密封气压试验。倒密封气压试验适用于闸阀，应与本体气压试验和阀座气压试验结合进行。

8）阀座气压试验。气体压力分别作用于双向阀闸板或旋塞的每一侧。除止回阀应在下游试验外，单向阀应按阀体上指明的方向进行试验。

9）导向桩试验。将导向架安装在试验桩上，在导向架上进行接口试验。试验结果应符合制造厂商的书面规范。

10）焊缝目视检验。所有焊缝应在焊后热处理和机加工后进行 100% 目视检查。检查应包括焊缝两侧相邻至少 13mm 的母材金属。验收准则为：所有承压焊缝应完全穿透熔合；咬边不应使该处（两边）厚度减少到最小厚度以下；不允许在密封表面或其 3mm 之内有表面缩松和裸露的夹渣。

11）焊缝无损检测。焊缝无损检测是为了验证对元件进行焊接作业后，是否有不满足强度要求的焊缝出现。

12）表面无损检测。所有承压焊件和堆焊层，在全部焊接、焊后热处理和机械加工完成之后，应进行 100% 磁粉检验（铁磁性材料）或液体渗透检验（非铁磁性材料）。

13）内部无损检验

① 取样。所有承压焊件在焊接、焊后热处理和机械加工完成之后，应进行 100% 的射线照相或超声波检验。所有修补大于原有壁厚的 25% 或 25mm（取较小者）的补焊焊缝，应该在所有焊接及焊后热处理之后，进行射线照相或超声波检验。检验应包括所有焊缝两侧相邻至少 13mm 的母材金属。

② 试验方法——射线照相检验。射线照相检验按 ASTM E94 的规定程序进行。

在各自厚度范围限度之内 X- 射线和 γ- 射线辐射源均可采用。如果有书面记载证明这些方法会产生最小当量灵敏度 2% 的结果，则实时显像和记录/增强方法均可采用。线性显像质量指示器可采用 ASTM E747 的相关要求。

③ 验收准则。验收准则包括：无任何类型的裂纹、未完全熔合或未焊透的缺陷区；在任何总长度为 12T 的焊缝内，没有线性累计长度大于焊缝厚度 T 的夹渣群，除非连续焊渣之间的距离超过最长夹渣长度的 6 倍。无任何超过 ASME 第Ⅶ卷第 1 册附录 4 规定的圆状磁痕。

14）水下管汇管路静水压试验。所有水下管汇管路应进行静水压验证试验。如果水下管汇管路试验压力超过水下管汇额定工作压力，则水下管汇管路可按单个管路件独立进行壳体静水压试验。水下管汇内侧管路的试验方法和试验压力应符合标准中要求。

水下管汇外侧管路应符合现行管道规范的要求，例如 ANSI/ASME B31.4、ANSI/ASME B31.8 或 ANSI/ASME B31.3。外侧管路的额定工作压力至少应等于水下管汇的额定工作压力。

（2）水下管汇系统总成测试（SIT）试验

1）SIT 试验准则。包括：尽可能地按照设备操作时的尺寸进行试验；第一次试验应连接所有的部件；及早辨明问题，以便校正；连接不同供应商提供的设备；制订可参考的操作方案；干燥和湿式 SIT 能够调整一些不足，并最终优化水下安装时间。

2）SIT 试验包含的设备。包括跨接管和运行工具、脐带缆和运行工具、水下管汇以及运行工具、生产控制器以及相关的运行工具和水下机器人。

3）SIT 试验的内容。包括：验证主要设备之间的连接；验证水下机器人通道和操作；验证安装和回收操作；验证安装指南；为员工提供进一步的水下安装训练。

4）SIT 试验操作方案。试验方案为水下管汇的综合性能测试而制订，包括地面试验、浅水试验两部分。试验的主要目的是对水下管汇的整体功能和可靠性，以及管线系统（包括阀件）、控制系统和液压系统等子系统的性能进行测试。试验不包括对子系统进行单独的质量、可装配性及功能的试验，并且认为各部件在安装之前通过检验，功能正常。

（3）其他的检验项目　其他检验项目包括：

1）外形尺寸检查。对管汇的总体尺寸和安装尺寸进行检查，确认尺寸符合设计要求。

2）管径测量。对汇管和支管的管径进行外观检查和通径测量，确认管径符合设计要求，并且没有变形。

3）吊装试验。对吊装设计进行验证，验证重心位置，验证吊点设置是否合理，并对结构框架强度进行验证等。

4）浮筒和吊索具碰撞检查。对安装时所用浮筒、锁具等进行检查，看有无干涉碰撞现象。

5）通气孔检查。检查水下管汇结构上有无封闭的空间和单向孔的空间，防止下水后发生压溃。

6）标识检查。检查标识、标志，确定标识、标志正确、牢靠，没有遗漏。

7）水下机器人操作阀件测试。测试这些阀件的开关力矩，完全打开和完全关闭的转动圈数和旋动方向。

8）牺牲阳极保护连接的可靠性。确保牺牲阳极焊接牢固，确保管道和牺牲阳极之间的导电回路完整。

9）吊耳检查。确定吊耳安装牢固，方向正确。

3.2.7 管线/管汇终端

1. 设计技术

（1）整体设计技术　管线/管汇终端的典型结构由基础、主结构框架和YOKE臂组成。主结构框架支撑着管系和各个部分（阀门、毂座等）。基础将载荷分布到海床上，以减小管道终端的沉降。YOKE臂和结构框架之间铰接，以减小在安装和下放过程中管线终端和管线总体旋转而产生的转矩。

1）滑动方式设计。根据与管线/管汇终端连接的管线的热膨胀位移，确定管线终端/管汇终端是采用局部滑移结构还是整体滑移结构。

2）安装分析。管线终端的安装方法通常有第一端安装和第二端安装两种。第二端安装应用较多，即先将海底管道从海底回收至工程船上与管线终端尾端处管系连接，然后将管线终端与海底管道一起下放至海底。

（2）框架设计技术　整体框架结构为管系及局部结构（铰接架、油管支架和锚法兰等）提供基座，承受环境载荷、管线终端结构和部件自重、膨胀弯载荷以及海底管道载荷等，保证管线终端在各种工况下的结构完整性。

管线终端结构设计要考虑吊装分析、下放分析和在位分析三种分析的结果。吊装分析结果和下放分析结果用来设计整体框架结构、YOKE臂和吊耳，在位分析结果用来设计防沉板结构。

（3）管系结构设计技术　管系结构包括管线终端上的管系及其各部件，即阀门、毂座等。在进行管系设计时首先要保证其能够满足油气田的生产需要，然后考虑其他功能，如清管、维护等。管系除了要满足油气田生产的需要，还要保证油气生产的安全性和可靠性。

（4）基础设计技术　管线终端的基础为防沉板。防沉板采用普通钢板制成，与主框架结构做成一体，为了加快海土孔隙压力的耗散，应设计渗水孔。通过膨胀弯作用于管线终端产生的侧向载荷计算防沉板的剪切力，将这些载荷转换成加载到管线终端重心处的等效载荷。将土壤承载的载荷作为施加在管线终端端部的水平载荷，校核管线终端的抗倾覆的稳定性。

（5）管系结构设计技术

1）YOKE 臂、吊钩及铰接架设计。在管线终端末端下放安装时，下放机具缆绳连接在 YOKE 臂吊钩以及吊耳上，此时，YOKE 臂吊钩以及吊耳共同承受管线终端的重量、海水浮力、水流等的共同作用。在下放到位时，通过对 YOKE 臂的调节，实现管线终端的准确定位与安装。因此，在设计时不仅要充分考虑 YOKE 臂、吊钩以及铰接架承载时的强度需求，还需考虑其定位功能。此外，由于管线终端本体的长度很大，导致 YOKE 臂很长，因此在选材时，有必要考虑材质的类型。

2）管系支撑架设计。设计管系支撑架的目的是为管线终端上的“S”形管系与管线的连接提供最佳的位置以及为水下提供操作的最佳视角，但是，管线终端很重要的一个功能是补偿管线热位移，这就使管道终端在随着管线热载荷的应变出现滑动时，与管线连接的管系支撑架要承受管线的拉压力以及弯矩。因此，管系支撑架作为管线终端实现其功能的一个承压件，其在各种工况下的承载情况必须进行校核。

3）锚固法兰设计。在下放过程中，海底管道呈悬链线形状，通过计算分析，可得到 205m 水深海底管道的最大重量。为了确保下放过程中管线终端整体结构的安全可靠，选用锚固法兰将管线终端与海底管道连接，而锚固法兰所承受的最大拉力即为海底管道的最大重量。

（6）阴极保护设计技术　阴极保护的设计依据是 DNV-RP-B401 规范。管组终端的阴极保护设计遵循以下步骤：

1）确定表面积（包括暴露表面积和掩埋表面积）。

2）确定设计参数。

3）电流需求计算。

4）阳极块选择。

5）所需阳极总质量计算。

6）阳极块电阻及输出电流计算。

7）阳极块数量计算。

8）总输出电流计算。

9）校核计算。

2. 测试技术

（1）外压试验　主要是模拟管线终端和管汇终端水深工况，验证密封性能。

（2）水池试验　主要是在水池中检测是否能在水中完成管道终端和管汇终端的连接和解锁。

（3）表面无损检测（NDE）　表面无损检测的目的是为了检验材料是否有裂痕缺陷，以致造成屈服强度降低。

（4）焊缝无损检测　焊缝无损检测是为了验证元件是否有不满足强度要求的焊缝。

（5）内部无损检验　所有承压焊件在焊接、焊后热处理和机械加工之后，均应进行 100% 的射线照相或超声波检验。所有大于原有壁厚的 25% 或 25mm（取较小者）的补焊焊缝，均应该在所有焊接及焊后热处理之后，进行射线照相或超声波检验。

（6）第三方认证　在进行产业化前需要取得第三方认证机构颁发的资格证书，即产品的设计、制造、测试各个环节均需要得到第三方的认可。

3.3　发展规模

3.3.1　水下采油树

在水下生产系统的诸多装置中，水下采油树的生产难度大、价值高，是水下生产系统的核心设备。

受石油开发领域的投资持续增加及全球水下设备的高新技术被欧美国家垄断的影响，目前世界水下采油树市场处于供不应求的紧张状态。

目前，单台水下采油树的均价超 550 万美元，按每年 400 座的订单量估算，水下生产系统中仅水下采油树的价值量就达 22 亿美元，是一个非常庞大并且具有高额利润的市场，现基本被五大公司垄断，见表 3-16。2008—2012 年，五家公司的水下生产系统订单总金额达到了 422 亿美元，安装水下采油树总量达到了 1 854 座。

表 3-16　五大公司订单总额及安装水下采油树数量

国家	公司名称	订单金额 / 亿美元	占比（%）	安装水下采油树数量/座	占比（%）
美国	FMC	173	41	704	38
美国	Cameron（OneSubsea）	80	19	556	30
挪威	Aker Solution	80	19	241	13
美国	GE Oil&Gas	63	15	334	18
美国	Dril-Quip	25	6	19	1

由表 3-16 可以看出，美国水下采油树的制造技术和生产能力处于世界领先地位，FMC、GE Oil & Gas 和 Cameron（OneSubsea）公司掌握着水下采油树的研发、设计、制造、安装、调试、维护等方面的核心技术，是世界水下采油树的顶尖供应商。此外，挪威 Aker Solution 公司也具备很强的技术实力，它与上述 3 家公司，以及美国 Dril-Quip 公司共同垄断着全球水下采油树市场。

1. 国外发展规模

自 20 世纪 70 年代起，全球石油公司加速向深海迈进，水下采油树以其经济性好、适合深海油气田开发等优点，在过去 50 多年中得到了快速发展。水下采油树作为深水油气开发中必不可少的一种设备，在技术上取得了日新月异的发展。水下采油树的使用始于 1950 年，巴西早在 1979 年就在 189m 水深安装了水下采油树，打破了当时的水深记录。1967 年，美国 FMC 公司生产出全球第一套水下采油树并用于墨西哥湾海域，水深 20m。1979 年，Garoupa 油田采用最大水下生产系统，即布置在常压舱中的干式井口装置进行石油开采，创立了水下生产概念。1981 年，Frigg North East 气田采用水下井口进行天然气开采，1982 年钻生产井 6 口，1983 年 11 月开始生产。1982 年 5 月，Exxon 公司开发的水下生产系统应用于 Central Cormorant 油田开发。到 2004 年，适应 2 000m 水深水下立式采油树和 2 500m 水深水下卧式采油树都已用于 P52 等油田的生产。到 2012 年，国外已有超过 400 个项目采用了海上油气田水下生产系统，最大水深超过 2 700m。墨西哥湾 Atwater Valley 项目创水下生产系统开发油气田水深纪录，最大水深为 2 714m；挪威 Sncphvit 气田创油气输送距离最远纪录，应用全水下生产系统开发油田并通过约 143m 的海底多相输送管道直接回接到陆上终端。

2. 国内发展规模

国内在海洋水下井口及采油装备的技术研究方面起步较晚。宝鸡石油机械有限责任公司在采油树的研究方面起步较早，并针对采油树成立了专门研究机构，主要产品为电潜泵井口装置及采油树（压力为34.48MPa），以及用于陆地和海上丛式井井口的采油装备。2010年，该公司研制出一种新型海洋水下卧式采油树，解决了现有技术中存在的由于密封可靠性差导致的冲蚀及影响悬挂器锁紧及回收的问题。

2010年，江苏金石集团与美国Argus公司在我国市场推出了国内首个AZ-10型中心孔式水下采油树。该水下采油树属于单孔立式采油树，质量不到25t，需要5件安装工具，整体组合简单，体积小，可靠性高，灵活性好，安装简捷。AZ-10水下采油树可应用于边际油气田的小型井口。AZ-10型中心孔式水下采油树的设计参数符合API 6A、17D以及NACE MR0175设计规范。

2009—2011年，针对流花4-1油田，江汉石油钻头股份有限公司与中国石油大学（北京）合作开发的电潜泵采油的水下卧式采油树，应用水深为300m。

2011年，国家科技部“863”计划启动了两个水下采油树的重大专项，分别是江钻股份有限公司、中国海洋石油总公司、中国石油大学（北京）共同研发的“水下采油树关键技术研究及成套设备研制（1期）”和中石油宝鸡石油机械公司研发的“水下卧式采油树系统研制（1期）”。完成一套适合1 500m水深油气开发的水下采油树样机，额定工作压力69MPa，温度等级为SU（-18～121℃），形成了一套完整的水下卧式采油树及下放安装工具的详细设计图样及相应的技术文件。同年，曾维修流花11-1油田水下采油树的美钻石油（上海）公司得到上海市政府支持，与中国石油在上海共同打造“水下生产系统测试基地”。

2013年，国家发展改革委启动了水下采油树的研发，由重庆前卫科技集团有限公司、中国海洋石油总公司、中国石油大学（北京）共同研发水下采油树并产业化。同年，应国家工业和信息化部要求，重庆前卫科技集团有限公司、中国海洋石油总公司、中国石油大学（北京）和宝鸡石油机械有限责任公司共同研制了一种水下立式采油树，其结构简单紧凑、密封性好，拆装方便，省时省力，能节约成本，提高效率，可将油气安全、快速地送入输油气管道。

目前，上海神开石油化工装备股份有限公司的水下采油树样机处于初级测试阶段，将来可适用于类似南海油气勘探开发环境的油气田的开发。

另外，江汉石油钻头股份有限公司、美钻能源科技（上海）有限公司等均已开展水下井口装备的研究工作，为我国水下采油树的全面快速发展提供良好的技术支撑。

3.3.2 吸力锚及水下基础结构

吸力锚在海洋工程领域有着明显优于其他锚或其他基础形式的经济、技术特性。如今，吸力锚技术已经被广泛应用于各种海上结构设施，如船只系泊、浮桶定位、存储设施、灯塔、导管架和其他平台等。吸力锚在我国的近海工程、深海工程中具有广阔的应用前景，随着一些主要从事近海、深海及海岸工程的开发、设计工作的专业公司逐渐成长壮大，必然能够降低我国深水油气田开发生产中昂贵的设计与设备租赁费用，促进我国深海油气田开发。随着深水油气的开采，深水吸力锚有广阔的应用空间，相关技术也将应用在日益兴起的浅海风力发电和潮汐发电等基础结构上。

目前，国外在深水吸力锚的设计与海上安装施工技术方面已经非常成熟，应用水深最深已超过 2 500m。吸力锚以其定位精确、安装方便、可重复使用、对土体适应性强等优点受到广泛关注，这项技术将会得到更为广泛的重视及应用。

3.3.3 水下跨接管及连接器

水下跨接管主要依据其端部连接器接头来区分。由于跨接管与连接器是成套投入市场的，因此，本节只以连接器作为对象进行归纳总结。

通过对世界海洋油气开发工程领域内的水下连接器数量进行统计分析，得到世界知名公司的水下连接器占比情况，如图 3-22 所示。数据显示，Oil States 公司以 39% 的市场占有率位居世界首位，原因在于该公司是最早进行水下连接系统攻关的公司，以其浅海使用量较多的卡箍式连接器和率先占领深海领域的液压式连接器位居榜首；其余 3 家公司在连接器技术领域的研究起步较晚，但均解决了液压式连接器的弊端，研制出应用范围较广的机械式连接器，并迅速得到广泛应用。

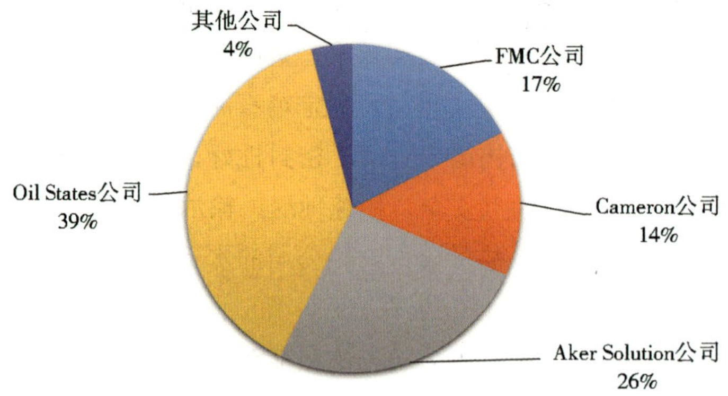

图 3-22 世界知名公司水下连接器占比情况

在水下连接器技术方面，国外 FMC、Cameron、Aker Solution、Oil States 等几家大型石油设备公司凭借雄厚的技术实力占据了全球将近 96% 的市场份额。国际上还有其他少数公司（如 Subsea Offshore 公司、ABB Offshore Technology 公司）也在研制水下连接器。

我国的深水连接器技术尚在起步阶段，特别是深水连接要求使用的无潜水下管汇连接器及相关技术，国外一直对该技术进行封锁。

中国海洋石油工程股份有限公司承接“十一五”期间国家“863”重点项目“水下分离器及相关技术研究”的下设子课题“水下连接器技术研究”（见图 3-23），进一步对水下连接器进行了研究。该子课题由哈尔滨工程大学负责，完成了垂直卡爪式连接器的设计，并最终制造出样机。该连接器是我国研制的首个水下连接器，在 2012 年进行海试安装时基本成功，但同时发现了一些问题，如上下接头导向不好，水下机器人操作比较困难，用潜水员安装要一两小时才能就位等。

图 3-23　中国海洋石油工程股份有限公司制造的水下垂直连接器

“十二五”期间，由中海油研究总院牵头，中国石油大学（北京）海洋油气研究中心承担的国家重大专项子课题“水下管汇连接器样机研制”，对 6in 垂直和 12in 水平套筒式连接器及其安装工具进行设计研究，委托南阳二机石油装备集团股份有限公司进行样机的制造和测试，形成的水下连接器样机产品如图 3-24

所示。该样机经过合格性测试，完全符合设计要求，并于 2015 年 8 月底成功进行海试。“十三五”期间，该项目得到延续，将为中国海油水下生产系统提供国产化连接器。

图 3-24　水下连接器样机产品

目前，国内掌握连接器制造技术的制造商屈指可数，水下连接器国产化进程刚刚起步。因此，打破国外技术垄断，抢占国内连接器市场，是国内企业目前最值得关注的焦点。

3.3.4　防喷器及水下防喷器组

防喷器没有像其他一些技术那样快速发展，这很可能因为它是钻井作业中非常重要的一个设备，所以对其使用采取了谨慎小心和逐渐扩大的态度。尽管体积减小、重量减轻和材料性能持续提高，防喷器设计仍然遵循着最原始的闸板式防喷器的基本原理。由于国内最近几年才涉及深水油气的开发，对深水水下防喷器组及其控制系统的研制基本上还处于空白阶段，落后于国外。

随着钻井技术的发展，防喷器技术也应改进，以便为钻井作业保驾护航。从预防海洋石油污染的角度看，在不久的将来，海洋油气开发方向主要是深水钻井和天然气水合物钻井。深水钻井成本更高、风险更大，要求防喷器具有更高的可靠性。在天然气水合物钻井中，防喷器需要考虑天然气水合物的物理化学性质。另外，为了提高防喷器的工作可靠性，海洋油气井通常使用的是防喷器组，其对液压控制系统的工作能力和响应时间提出了更高的要求。

我国自 20 世纪六七十年代开始进行陆地井口井控装备的研制工作，目前规模较大的企业主要有宝鸡石油机械有限公司、华北石油荣盛机械制造有限公司（简称华北荣盛）、上海神开石油化工装备股份有限公司等单位。“十一五”以来，我国加大了深水海洋油气资源的开发投资力度，国内的宝石机械、华北荣盛及有关高等院校等开始水下井口井控装备的研究工作，并开发试制了水下井口装置、水下防喷器等部分水下装备。

3.3.5 水下阀门及执行机构

1. 市场格局

水下阀门是工业阀门的一个分支。工业阀门广泛应用于涉及流体控制的各个工业细分领域，包括石油天然气、电力、化工、冶金等行业。根据 Mcllvaine 公司的统计，2015 年全球阀门行业销售收入达到 733 亿美元，其中，我国阀门行业销售收入达到 105.5 亿美元。全球工业阀门的市场需求中，石油天然气领域的需求占比最高，达到 30.0%；其次是水处理和能源电力领域的需求，分别占全球工业阀门市场需求的 14.1% 和 13.3%。前三大领域的市场需求合计占全部市场需求的 57.4%，如图 3-25 所示。

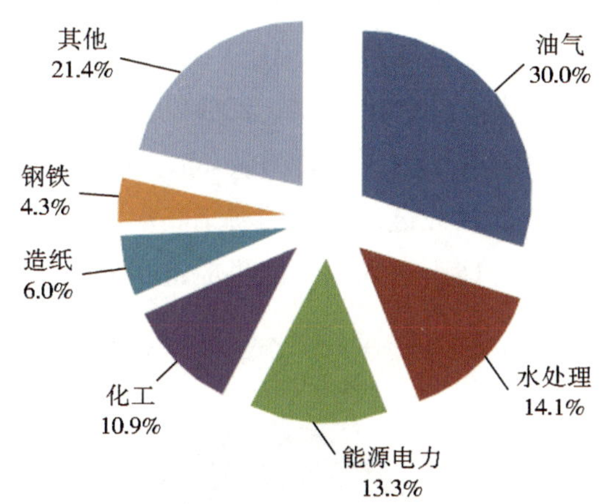

图 3-25 2015 年全球工业阀门市场需求结构

受石油开发领域的投资持续增加，以及全球水下高新技术被欧美国家垄断的影响，目前，世界水下设备市场处于供不应求的紧张状态。水下阀门作为重要零部件，广泛应用于水下采油树和水下管汇中，因此，其需求量也呈现增长态势。由于单一的水下阀门的市场数据较少，因此可通过大型设备的市场情况来估算水下阀门的市场情况。以水下采油树为例，全球水下采油树订单分布情况如图 3-26

所示。从图 3-26 可以看出，2000—2012 年，水下采油树订单量虽然有小幅波动，但总体来看一直处于高位。相应地，作为水下采油树重要零部件的水下阀门，其订单数量同样也是居于高位。

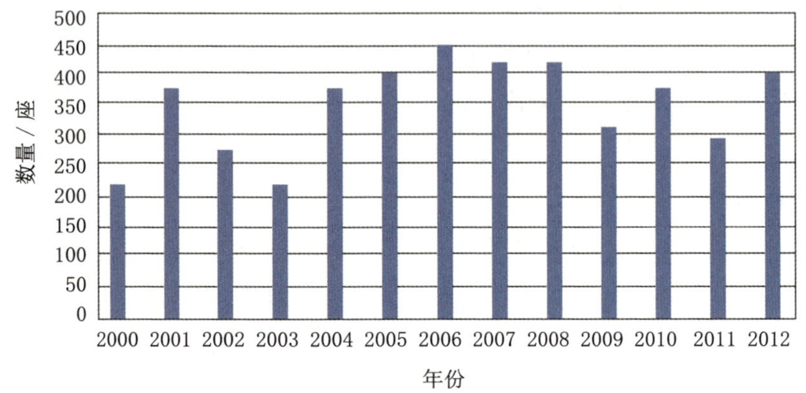

图 3-26　全球水下采油树订单分布情况

水下设备是各类海工装备中增速最快且技术难度最高的，未来 5 年复合增速 15%，且竞争格局稳定，全球 5 家公司垄断了全部的市场份额（见图 3-27）。这 5 家公司全部为欧美企业，分别是 FMC、GE-Vetco Gray、Cameron、Aker Solution 与 Dril-Quip，市场份额分别为 36%、33%、20%、9% 和 2%。水下阀门相关产品来自于上述这些公司下属的专业工厂或者 Pacson、Magnum、Dresser 等专业的阀门生产厂家，形成了完善的供应链。亚洲的海工高端装备制造强国韩国在这一领域也未取得突破，可以说，能否进入巨头的供应链和分包体系，是进入水底装备市场的关键。

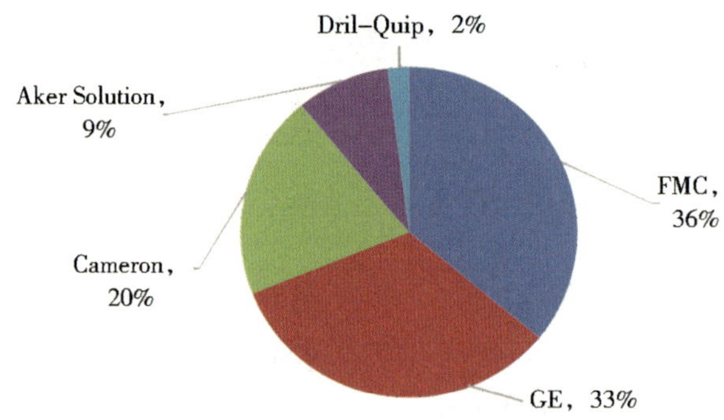

图 3-27　全球 5 家公司水下生产系统占比情况

注：数据来源于国金证券研究所。

图 3-27 中 5 家公司的水下生产系统见表 3-17。

表 3-17　5 家公司的水下生产系统

产品名称	FMC	Cameron	Aker Solution	GE-Vetco Gray	Dirl-Quip
水下采油树	√	√	√	√	√
井口	√	√	√	√	√
水下阀门	√	√	√		
控制系统	√	√	√	√	
水下处理	√	√	√	√	
脐带缆			√		

目前，在常规阀门产品领域，国内外产品的质量水平已经基本一致，但在高端阀门产品领域，与国外先进水平相比，我国阀门在阀体材料水平、软密封材料水平、阀门的机械加工水平、检验设备水平等方面还存在一定的差距。

世界上能生产水下阀门的厂家尚不多，国内尚没有能够生产可用于实际工程的水下阀门的厂家。水下阀门被国外厂家垄断，进口价格很高，且有昂贵的服务费用，交货期也难以保障。近几年国内已经开始研发水下阀门，2015 年，苏州纽威阀门股份有限公司（简称苏州纽威）的 2 台水下阀门（球阀/闸阀各 1 台）在中国船舶重工集团公司第七〇二研究所以及深圳海油工程水下技术有限公司的大力协助下，顺利完成高压舱试验，中国船级社（CCS）进行了现场见证，各项性能指标均满足标准及客户要求。苏州纽威水下阀门的高压舱试验属国内首次，标志着苏州纽威的水下阀门处于国内领先地位，为其今后迈出国门。走向世界夯实了基础。

国内海洋水下装备的研究和开发起步比较晚，目前国内还没有水下井口装置及采油树等成套设备的规模生产能力，水下油气开采设备主要从国外公司进口。目前我国海工装备的配套设备本土化率非常低，每年有 70% 以上需要进口，关键设备配套率不足 5%。

阀门行业企业数量众多、集中度较低，全球前 10 名企业的全球市场份额合计仅为 21%，而我国前 10 名企业的国内市场份额合计仅为 5%。

Mcilvaine 公司的数据显示（见图 3-28），石油化工领域对于阀门的需求逐年递增。

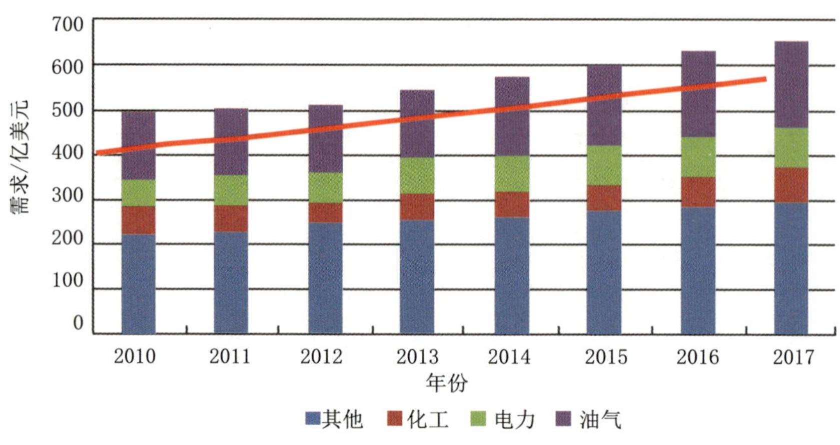

图 3-28　2010—2017 年全球阀门行业需求情况

3.3.6　水下管汇

起初，水下生产系统只是采用单井，没有使用水下管汇。经过多年的发展，水下管汇从单一的油井系带、菊链式管汇、丛式管汇发展到现在的集成基盘式管汇。国外的水下管汇技术远比国内的先进，多采用丛式管汇和集成基盘式管汇。

3.3.7　管线 / 管汇终端

目前，国内尚无制造管线终端和管汇终端的公司。中国石油大学（北京）海洋油气研究中心正在进行关键技术的研发，并取得了一定成果。国内使用的管线终端和管汇终端大都由国外公司制造。

3.4　投资与需求

3.4.1　水下采油树

1. 市场需求

未来世界海洋油气开发投资旺盛，前景看好。资料表明，全球的海底石油总蕴藏量约有 1 400 亿～ 2 000 亿 t，占陆地石油储量的 30% ～ 50%，海洋油气在全球油气开发中的占比已由 1970 年的 10% 快速增加到 2012 年的 33%。随着大陆架油气资源的日益枯竭，深水及超深水域油气开发将成为世界海洋油气工业发展的必然趋势。另外，目前海洋油气开发的主要模式为“水面装备 + 水下生产系统”。随着海洋油气开发向深远海不断发展以及各种水下技术的日趋完善，未来海洋油气开发将向“全水下”模式过渡，水下生产系统需求潜力极为巨大。

目前，世界上已有近 110 个海洋工程项目投产，并且世界各大石油公司在深海领域的投资仍在不断增加。每年增长幅度达 16%。

2. 国际水下采油树市场潜力分析

经过调研统计，全球各地区的水下采油树数量见表 3-18。

表 3-18　全球各国家和地区水下采油树数量

国家和地区	水下采油树数量 / 台
非洲	445
亚太地区	110
澳大利亚	58
欧洲	400
南美洲	412
北美洲	318

全球各国家和地区水下采油树数量占比如图 3-29 所示。

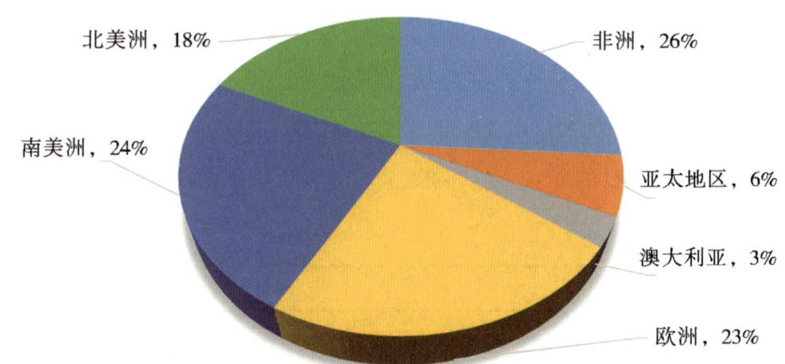

图 3-29　全球各国家和地区水下采油树数量占比

可以看出，亚太地区水下采油树在全球所占比例较小，这主要与亚太地区海洋石油资源开发起步较晚、海域水深较深、油气资源丰富的海域存在较多争议等有关，但亚太地区海洋油气资源非常丰富，未来有较大的发展潜力和开发前景。

印度尼西亚和马来西亚的水下采油树安装使用数量在亚太地区占主导地位。我国渤海、东海、南海海洋油气资源极其丰富，随着技术的进步，我国海洋油气资源迎来大开发只是时间问题，因此，不难预测，水下采油树在我国具有非常广阔的市场和应用前景。

3. 国内水下采油树市场潜力调研

目前，国内采用水下采油树生产的油气田有流花 11-1 油田、流花 4-1 油田、惠州 26-1N/32-5 油田、陆丰 22-1 油田、荔湾 3-1 气田、崖城 13-4 气田，详见表 3-19。

表 3-19　水下采油树国内使用情况

油气田名称	水深 /m	类型	生产厂家	数量	备注
流花 11-1 油田	310	卧式水下采油树	FMC	25	已投产
流花 4-1 油田	260 ～ 320	卧式水下采油树	FMC	8	已投产
惠州 26-1N/32-5 油田	120	卧式水下采油树	FMC	4	已投产
陆丰 22-1 油田	329	卧式水下采油树	FMC	5	已废弃
荔湾 3-1 气田	1500	卧式水下采油树	Cameron	10	已投产
崖城 13-4 气田	85	卧式水下采油树	Aker Solution	3	已投产

3.4.2　吸力锚及水下基础结构

1. 市场需求

吸力锚在海洋工程领域有着明显优于其他锚或其他基础形式的经济、技术特性，这一项技术将会得到更为广泛的重视及应用。深水吸力锚在国内虽然还没有得到广泛应用，但应用前景十分广阔。2015—2030 年吸力锚市场需求预测如图 3-30 所示。

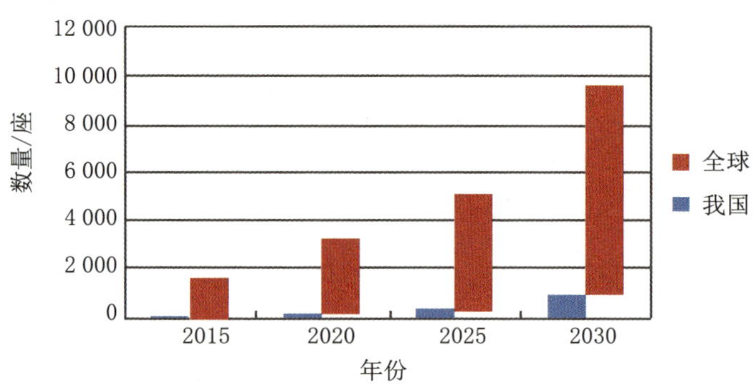

图 3-30　2015—2030 年吸力锚市场需求预测

吸力锚是用于海上船只系泊、浮桶定位及存储设施、灯塔、导管架和平台等固定的重要海洋装备，这些功能涉及海洋油气开发、海洋风电、海洋潮汐发电、海洋运输、海洋存储等行业，这些产业都是吸力锚的前向关联产业。其后向关联产业主要包括工程设备制造、传感器制造、钢材制造、水泥生产和软件生产等。其侧向关联产业主要包括项目的技术提供、能源等。

由此可见，深水吸力锚关键技术及其国产化项目可有效地带动上述前向、后向和侧向行业的发展，对上述行业技术水平的提高和规模的扩大具有促进作用。

综上所述，吸力锚作为水下生产系统和海洋平台必不可少的一种基础结构，随着海洋石油勘探开发的不断发展，其需求也必将不断增长。

2. 投资分析

以某国产吸力锚建设项目为例进行分析。要实现深水吸力锚的国产化和产业化需要新建车间场地面积 5 000m^2，建设大型土池实验室、离心机土工试验室和改造生产车间。其中大型土池实验室占地面积约 440m^2，离心机土工试验室占地面积约 500m^2，改造生产车间面积约 40 000m^2。

该吸力锚项目的建设期为 4 年，总投资 70 700 万元。其中，建设期共投入 60 200 万元，每年平均投入 10 550 万元，第五年开始进入生产期，需要投入流动资金 10 500 万元。

项目投资主要内容包括：研发费用 10 700 万元，其中仪器设备购置费 960 万元，材料费用 300 万元，测试化验加工费 250 万元，燃料动力费及其他费用 190 万元；科研团队津贴与补助 800 万元；基本建设费 3 700 万元，其中厂房建设费用 2 200 万元，科技平台建设费用 400 万元，生产设备费用 1 100 万元；流动资金 1 500 万元。项目总投入资金及构成见表 3-20。

表 3-20　项目总投入资金及构成

序号	项目	金额/万元
1	一、研发费用	1 700
2	1. 设备费	960
3	（1）购置设备费	780
4	（2）安装、试制费	100
5	（3）设备运输费	20
6	（4）维护运转费	20
7	（5）改造升级费	30
8	（6）设备租赁费	10
9	2. 材料费	300
10	（1）采购费	270

（续）

序号	项目	金额/万元
11	（2）运输费	20
12	（3）装卸整理费	10
13	3. 测试化验加工费	250
14	（1）检验、测试费	50
15	（2）化验费	50
16	（3）加工费	150
17	4. 燃料动力费	90
18	5. 其他	100
19	二、研发团队津贴与补助	800
20	三、固定资产及无形资产投资	3 700
21	1. 土地购置及厂房建设	2 200
22	2. 科技平台建设	400
23	3. 生产设备	1 100
24	四、流动资金	1 500
25	总计	7 700

项目研发阶段需要购买土工试验离心机、多通道数据采集仪、可调压力潜水真空泵、龙门吊、液压控制台、激光位移传感器等设备。研发阶段所需设备见表3-21。研发期间所用材料费用见表3-22。

表 3-21 研发阶段所需设备

序号	设备名称	单价/万元	数量（台或件）	金额/万元	主要技术性能指标
1	土工试验离心机	550	1	550	1.7m/100g
2	多通道数据采集仪	50	1	50	16 通道
3	可调压力潜水真空泵	36	1	36	
4	龙门吊	16	1	16	
5	液压控制台	15	1	15	
6	液压泵站	9.5	1	9.5	
7	中性缆	6	1	6	
8	加力液压缸	5	2	10	

（续）

序号	设备名称	单价/万元	数量（台或件）	金额/万元	主要技术性能指标
9	测力装置	5	2	10	
10	孔隙压力传感器	2	16	32	
11	搅拌机	2	1	2	
12	激光位移传感器	1	3	3	
合计			31	739.5	

表 3-22　研究阶段所用材料费用

序号	材料名称	用途	单价/万元	购置数量/t	金额/万元
1	钢板	制作模型	0.8	50	40
2	型钢	制作模型	1.0	30	30
3	水泥建材	离心机安装	0.5	100	50
4	线缆		2.0	10	20
合计					140

生产吸力锚需要购买大型液压式三辊卷板机、钢板自动切割机、钢板坡口机、自动埋弧焊机、智能温控仪、无损检测装备、钢管内壁自动化抛丸机、漆膜测厚仪、铣边机、数控车床、数控剪板机等大型设备 20 多台（套）。生产设备价格数量清单见表 3-23。

表 3-23　生产设备价格数量清单

序号	设备名称	单价/万元	数量 /（台或件）	金额/万元
1	履带式起重机	500	1	500
2	大型液压式三辊卷板机	450	1	450
3	钢管内壁自动化抛丸机	20	2	40
4	自动埋弧焊机	10	2	20
5	钢板自动切割机	5	2	10
6	无损检测装备	5	2	10
7	铣边机	5	2	10
8	数控剪板机	5	2	10
9	钢板坡口机	4	2	8

（续）

序号	设备名称	单价/万元	数量 /（台或件）	金额/万元
10	数控车床	4	2	8
11	智能温控仪	2	2	4
12	漆膜测厚仪	0.1	5	0.5
合计			25	1 070.5

3.4.3 水下跨接管及连接器

1. 市场需求

据统计，国内海洋油气田中有流花 11-1 油田、陆丰 22-1 油田（退役）、流花 4-1 油田、崖城 13-4 气田、番禺 34-1/35-2/35-1 气田、荔湾 3-1 气田采用了水下生产系统生产模式，共使用了 178 台连接器，可以看出，跨接管及连接器在我国有着广泛的应用市场。

随着深水油气田的勘探开发，水下生产系统设施的应用前景十分光明。水下跨接管和水下连接器的市场潜力巨大，再加上中国海油近些年来力推水下生产设施国产化，抢占国内连接器市场必然可以带来丰厚的利润。

2. 投资

（1）固定投资估算　以某海洋装备产业园区引进某连接器制造企业为例进行投资估算。经测算，企业投入固定资产约 1 000 万元，明细表详见表 3-24。

表 3-24　投资明细表

序号	项目名称	费用/万元
1	加工设备	930
1.1	卧式加工中心	200
1.2	电火花线切割机床	100
1.3	双柱电液锤	50
1.4	卧式加工中心	200
1.5	数控龙门式钻床	50
1.6	数据镗铣床	60
1.7	全自动堆焊机	30
1.8	电阻炉	50
1.9	旋风回火炉	40

（续）

序号	项目名称	费用/万元
1.10	其他设备	150
2	测试配套设施	70
2.1	试验水池改造及配套设备	12
2.2	试压机	10
2.3	外压试验租赁费	10
2.4	弯扭试验装置	3
2.5	第三方认证费	20
2.6	其他设备	15
合计		1 000

（2）成本及利润估算　经测算，国内生产一台连接器的成本约为80万元（见表3-25），而进口一台Cameron公司6in CVC连接器的价格为30万美元，约合人民币180万元。可见，国产连接器在价格上比国外产品有明显优势。

表3-25　跨接管及连接器成本价估算

序号	项目名称	费用/万元	备注
1	单台连接器成本造价	80	
1.1	材料费	30	
1.2	加工费	20	
1.3	安装测试费	30	
2	单根跨接管成本造价	55	跨接管管道可以单独预制，之后与连接器接头进行焊接
2.1	材料费	3	
2.2	加工费	2	
2.3	2个连接器接头费用	50	

（3）投资规划

1）第1年：消化吸收中国石油大学（北京）海洋油气研究中心的技术，完成首台跨接管及连接器样机制造测试，并进行海试安装。获得目标油田支持，投入生产，试运行3个月，为后续产业化奠定基础。

2）第 2 年：完成首批 150 套水下跨接管及连接器的生产，产值达到 15 000 万元以上。

3）第 3 ～ 5 年：根据实际订单量，完成 200 ～ 250 套水下跨接管及连接器的生产，实现 2 亿～ 4 亿元的产值。

3.4.4 防喷器与水下防喷器组

随着海洋油气开发的深入，设备需求量将越来越大，而深水防喷器组及其控制系统是深水半潜式钻井平台和钻井船的标准配置，每座平台大约要配备 6 台防喷器组，其需求量自然会越来越高。

世界范围内的深水水下防喷器市场一直被欧美少数专业公司垄断，我国海洋勘探开发使用的水下防喷器一直依靠进口，国内深水水下防喷器组及其控制系统的研制还基本上处于空白，落后于国外。因此，打破国外公司垄断，抢占国内水下防喷器市场是目前国内企业最值得关注的焦点。

随着深水油气田的勘探开发，水下防喷器的市场潜力巨大，再加上中国海油近些年来力推海洋石油装备国产化，抢占国内水下防喷器市场必然可以带来丰厚的利润。

3.4.5 水下阀门及执行机构

目前，海洋油气开发的主要模式为“水面装备 + 水下生产系统”。随着海洋油气开发向深远海不断发展，以及各种水下技术的日趋完善，未来海洋油气开发将向“全水下”模式过渡，水下生产系统需求潜力极为巨大。英国著名能源分析研究机构 Infield System 预测，水下油气田开发市场在 2012—2020 年或达到 11.9% 的复合年均增长率。

总的来说，由于水下阀门（主要为闸阀和球阀）是水下采油树及水下管汇的关键部件，在水下采油设备中发挥着重要作用，在海洋油气资源开发不断加大的趋势下，水下阀门具有非常好的发展前景。

3.4.6 管线/管汇终端

目前，世界海底油气管道总长度已超过 10 万 km，最大作业水深已达 3 000m。截至“十一五”末，我国已建成海底管道总长度尚不足 400km，最大作业水深仅 300m。到“十二五”末，我国海洋油气装备总价值已突破 7 000 亿元，海底管道总长达 6 000km，最大作业水深为 1 500m 左右。预计到“十三五”末，我国海底管道总长将突破 9 000km（见图 3-31）。管线终端和管汇终端是与海底管道配套使用的装置，未来市场潜力巨大。

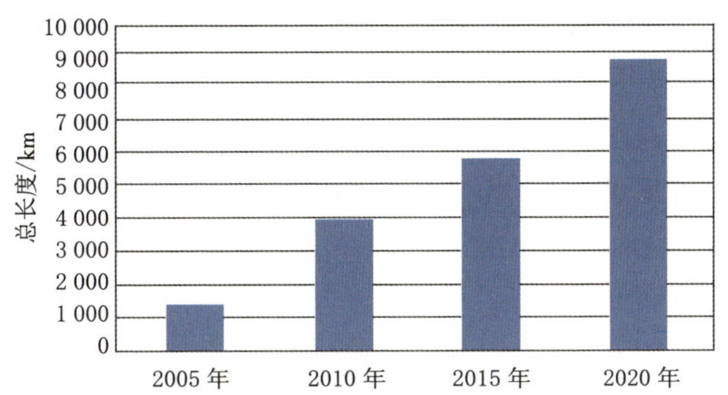

图 3-31　2005—2020 年我国海底管道总长度增长趋势

3.5　主要研究、设计、制造及服务厂商

3.5.1　水下采油树

我国深水油气田的开发起步较晚，在水下生产系统的应用方面缺乏必要经验。由于国外公司技术垄断和专利保护等原因，加之水下采油树的研究工作本身又是一个跨学科的系统化工程，我国在水下采油树的产品研发方面尚处于起步阶段。在国际上，水下采油树的关键技术和九成以上的市场被美国的 FMC 公司、Cameron 公司、GE-Vetco Gray 公司和挪威 Aker Solution 公司等厂商垄断，其水下采油树的设计研发已经成熟。FMC 公司、GE-Vetco Gray 公司和 Cameron 公司掌握着水下生产系统的研发、设计、制造、安装、调试、维护等方面的核心技术，是世界水下生产系统的顶尖供应商。挪威 Aker Solution 公司也具备很强的技术实力，它与上述 3 家公司共同垄断着全球水下生产系统市场。GE-Vetco Gray 公司和 Cameron 公司以生产研制陆上和海洋井口、井控类产品、水下采油树及海洋钻井隔水管等见长，其产品在国际市场占有较大份额；Aker Solution 公司在海洋钻采平台、平台钻井设备及水下井口井控等设备开发方面具备较强的综合实力，在世界海洋装备研究领域享有较高的地位。

1. 美国 FMC 公司

FMC 公司是最早研制水下井口和采油装置的企业，在海洋水下装备技术研究及产品开发方面积累了丰富的经验。目前，FMC 公司是世界领先也是最大的水下采油树供应商，具备全系列水下采油树研制能力，国际市场占有率高达 50% 以上。其生产的立式和卧式水下采油树的额定工作压力最大为 103.5MPa，工作水深最深达 3 000m。

FMC 公司作为世界上最大的水下完井设备供应商，迄今已为 250 个项目提供了超过 1 200 台水下采油树。FMC 公司于 1967 年卖出第一台水下采油树，安装在墨西哥湾，水深 20m。长期以来，标准水下采油树的工作压力为 34.5MPa，而现在大多数水下采油树的工作压力超过 69MPa。过去只使用立式采油树，而现在立式和卧式采油树都在使用。

FMC 公司的采油树产品及其特性详见表 3-26。

表 3-26　FMC 公司的采油树产品及其特性

<table>
<tr><th colspan="2">产品</th><th>工作温度/℃</th><th>额定压力/MPa</th><th>油管尺寸/mm</th><th>适用水深/m</th><th>材料等级</th></tr>
<tr><td rowspan="4">卧式采油树</td><td rowspan="3">深水卧式采油树</td><td rowspan="3">-17.78～176.67</td><td>103.5</td><td>127.0、50.8</td><td>—</td><td>HH/EE</td></tr>
<tr><td>69.0</td><td>127.0、50.8
177.8、50.8</td><td>3 000</td><td>HH/EE</td></tr>
<tr><td>34.5</td><td>7、2</td><td>3 000</td><td>HH/EE</td></tr>
<tr><td>增强型水下卧式采油树</td><td>-17.78～176.67</td><td>69.0、103.5</td><td>127、50.8</td><td>3 000</td><td>HH/EE</td></tr>
<tr><td rowspan="4">立式采油树</td><td rowspan="2">双筒立式水下采油树</td><td rowspan="2">-17.78～121.11</td><td rowspan="2">69.0</td><td>101.6×50.8</td><td rowspan="2">3 000</td><td rowspan="2">FF/EE</td></tr>
<tr><td>127×50.8</td></tr>
<tr><td rowspan="2">增强型水下立式采油树</td><td rowspan="2">-17.78～121.11</td><td>69.0</td><td rowspan="2">—</td><td>2 250</td><td rowspan="2">FF/EE</td></tr>
<tr><td>103.5</td><td>3 000</td></tr>
<tr><td colspan="2">深水高温高压水下采油树</td><td>最高180</td><td>103.5</td><td>—</td><td>1 920</td><td>HH/EE</td></tr>
</table>

FMC 公司的水下采油树有 4 种类型。

（1）双筒立式水下采油树　该类型油管有两种内径规格，分别为 101.6mm×50.8mm 和 127mm×50.8mm，工作压力为 69.0MPa，可用于浅水或深水。双筒立式采油树具有以下特征：

1）适用于油气井。

2）具有液控或电液控系统。

3）最深工作水深 762m。

4）通过导向索安装及回收采油树和防喷器。

5）利用遥控潜水器（水下机器人）安装和回收采油树帽。

6）具有特定的管线连接和控制系统。

7）采油树和油管悬挂器根据 API 17D PSL-2 规范设计。

8）质量约 22 680kg。

（2）深水高温高压水下采油树　该水下采油树是为 BP 公司雷马油田项目研发的世界上第一台深水高温高压水下采油树，工作压力为 103.5MPa，使用温度达 180℃，水深为 1 920m。水下高温高压系统需要采用以前油气工业中没有使用过的特殊材料。FMC 公司的材料研发团队研发了一种名为 Novolastic 的高温材料，在橡胶上涂上硅化脂，能保证海底井口液体不凝结。Novolastic 是市场上唯一一种能用在高温高压系统中抵抗高温的保温材料。

（3）深水卧式水下采油树　该类水下采油树占 FMC 公司所提供的水下采油树总数的 45%。深水卧式水下采油树系统有以下特征：

1）采油树可以悬挂直径为 7in 的油管柱。

2）消除采油树内帽压力。

3）重新分配作用在采油树内帽上的压力。

4）不用通过着陆绳来安装采油树内帽，节省至少两天安装时间。

5）通过运行水下测试采油树系统（SSTT），减少安装费用，提高安全性。

6）仅使用一个组件，简化了水下测试采油树系统和防喷器界面（水下测试采油树系统仅用于油管悬挂器安装）

7）正常采油过程另增加一套机械锁定装置。

8）$18\frac{3}{4}$ in 液压装置加强卧式油管挂系统，带有上下堵头。

9）利用导向索安装和回收采油树和防喷器。

（4）深水立式水下采油树　立式采油树比卧式采油树安装和操作起来更灵活。其另一个优点是可以在立式采油树前安装油管。该类水下采油树的特点如下：

1）适用于油气井。

2）具有电液控制系统。

3）具有液压装置，同轴，$11\frac{3}{4}$ in 单筒油管挂系统。

4）提供 9 条下井线，用于控制、监测和化学试剂注入。

5）FMC130 型金属密封闸阀可用作生产阀、环面阀和转换阀。

6）利用导向索安装和回收采油树、油管头和防喷器。

7）利用遥控潜水器安装和回收采油树内帽。

8）立式管线接头系统带有环面 FMC Ⅲ型液压接头。

9）采油树、油管头和油管悬挂器根据 API 17D PSL-3 规范设计。

2. 美国 Cameron 公司

美国 Cameron 公司是全球领先的石油、天然气压力控制设备的制造商，具备完整的水下生产系统生产能力，主要产品包括阀门、井口、控制系统、闸板、防喷器和配套系统、油气分离设备及流量计量设备。1967 年，Cameron 公司研制出第一座水下采油树，工作水深为 17m。之后 50 年间，Cameron 公司向全球主要海洋油气产区交付了多达 1 700 台采油树，最大工作水深为 2 134m。

Cameron 公司为满足深水水下生产要求，对浅水、深水、高压高温油气田所需的水下采油树进行了相应的研究。根据功能不同，其产品分为直流电驱动型、双筒型、单筒型、模块化导向型和泥线型水下采油树等。Cameron 公司还与 Schlumerger 公司成立了合资公司 OneSubsea，主要从事与水下油气生产有关的产品建造及开发项目，于 2016 年 6 月正式运作。OneSubsea 公司的水下采油树主要分为 4 类：卧式水下采油树、立式水下采油树、全电驱动水下采油树以及高压高温水下采油树。其中立式水下采油树包括双筒水下采油树和单筒水下采油树。

Cameron 公司水下采油树产品及相关参数见表 3-27。

表 3-27　Cameron 公司水下采油树产品及参数

产品名称		工作温度/℃	额定压力/MPa	设计水深/m	材料等级
卧式水下采油树	浅水水下采油树	−17.78 ～ 121.11	68.97	1 000	HH/EE
	深水水下采油树	1.67 ～ 121.11	68.97/103.45	3 048	FF/EE
高温高压水下采油树		176.67	68.97/103.45	3 048	FF/EE

（1）卧式水下采油树　从 1994 年以来，该公司已安装了 1 000 多台卧式水下采油树，可适用于 68.97MPa 的浅水环境和 68.97MPa、103.45MPa 的深水环境。产品主要特点：确保完井和修井工作在防喷器全面保护下进行，减少钻井时间，省去了双筒修井和完井隔水管系统，不需要移除水平采油树就可以提升油管悬挂器，通过它的通用化设计可为多个领域提供标准化水下采油树解决方案。

（2）立式单筒水下采油树　该公司于 2000 年设计了世界上第一台 103.45MPa 立式单筒水下采油树，在该项技术上处于领先水平。产品主要特点：生产阀位于油管悬挂器正上方，生产孔与水下采油树系统同心，环空偏移，在悬挂器周围穿过，可以在不干扰完井的情况下回收水下采油树。

（3）立式双筒水下采油树　立式双筒水下采油树多年来一直是北海区域油气田的理想选择。该公司自 1995 年引入模块化设计后，已在全球交付 300 多台该类水下采油树。对于修井频繁、大修没有预期的区域，立式双筒水下采油树是理想的选择。其特点是：有专用的生产和环空通道，主阀体内的所有阀门位于油管悬挂器的正上方，修井或维修操作需移除水下采油树时，油管可以静置，所有井下功能从水下采油树底部到油管悬挂器顶部通过液压或电气连接，适用于浅水和深水环境。

（4）全电驱动水下采油树　该公司在电动水下采油树技术方面处于领先水平，研究出世界上第一台电动水下采油树。自 2008 年以来，该水下采油树一直在北海区域运行。第二代全电驱动水下采油树采用光纤通信系统，体系结构进一步简化。其主要特点为：高可靠性和可用性，灵活的以太网网络，通过电动水下控制模块（ESCM）可控制 32 个电动执行器，紧急脱断（ESD）时序改进，提高了安全性。

（5）高压高温水下采油树　高压高温水下采油树在全球广泛应用，包括墨西哥湾、北海和里海地区。该类水下采油树的工作压力为 68.97MPa 和 103.45MPa，工作温度高达 176.67℃。目前，该公司正在研发 137.97MPa 的水下采油树。

（6）泥线水下采油树　泥线水下采油树主要用于浅水，可以通过潜水员安装和维修，采油树直接与井口进行连接，不需要其他辅助连接设备和导向设备。

3. 美国 GE-Vetco Gray 公司

2007 年，GE 通过收购 Vetco Gray 公司实现了在石油与天然气领域的扩张。GE-Vetco Gray 公司主要为陆上和海上的钻井和生产提供设备和服务。GE-Vetco Gray 公司生产流体控制阀门、法兰、多支管、冒口以及配件。其研制的水下采油树最大使用温度为 177℃，最大工作压力为 103.5MPa。

GE-Vetco Gray 公司的水下采油树产品主要有两大类：D 系列深水卧式水下采油树和 S 系列浅水立式水下采油树。

表 3-28 列出了 GE-Vetco Gray 公司水下采油树产品及特性。

表 3-28　GE-Vetco Gray 公司水下采油树产品及特征

<table>
<tr><th colspan="2">产品</th><th>工作温度/℃</th><th>额定压力/MPa</th><th>油管尺寸/mm</th><th>材料等级</th></tr>
<tr><td rowspan="3">D-系列深水卧式采油树（DHXT）</td><td>DHXT-SP 标准型水下采油树</td><td rowspan="3">-17.78 ～ 121.11</td><td rowspan="3">103.45</td><td rowspan="3">177.8</td><td rowspan="3">HH/EE</td></tr>
<tr><td>DHXT-EP 增强型水下采油树</td></tr>
<tr><td>DHXT-GP 气举水下采油树</td></tr>
<tr><td colspan="2">S-系列浅水立式水下采油树（SVXT）</td><td>-17.78 ～ 121.11</td><td>44.83</td><td></td><td>HH/EE</td></tr>
<tr><td colspan="2">浅水卧式水下采油树</td><td></td><td>103.45</td><td>155.6×50.8</td><td>HH/EE</td></tr>
</table>

（1）浅水卧式水下采油树　此种采油树通常是通过半潜式钻井平台来进行安装的，适用水深不超过 500m，可以承受 103.45MPa 的高压。由于油管悬挂器被安装在井口头，因此修井时不需要移开采油树。

（2）D-系列深水卧式水下采油树　该采油树功能特点是：下放油管时无须移开采油树，油气井自喷状态下，无须修井和控制系统，螺纹接头可承受防喷器组产生的弯曲载荷，回收油管悬挂器和采油树树内帽只需要一种操作工具。

GE-Vetco Gray 公司提出了第二代卧式水下采油树的概念。它是在第一代的基础上进行改进，主要特点是油管悬挂器采用双阻挡层密封，这种结构可以节省水下采油树内帽的安装时间。

4. 挪威 Aker Solution 公司

Aker Solution 公司在水下采油树的研制和生产方面已有超过 20 年的经验，目前该公司在全球已有 700 多台水下采油树在服役，主要包括卧式水下采油树、立式水下采油树、高温高压水下采油树。

表 3-29 列出了 Aker Solution 公司的水下采油树产品及特性。

表 3-29 Aker Solution 公司的水下采油树及特性

产品		工作温度/℃	额定压力/MPa	适用水深/m
高温高压水下采油树		-20 ～ 176.67	103.45	500
立式水下采油树	浅水型	-17.78 ～ 121.11	69.0	1 000
	深水型	-17.78 ～ 121.11	69.0	3 000
卧式水下采油树	浅水型	-17.78 ～ 121.11	69.0	80 ～ 500
	深水型	-17.78 ～ 121.11	69.0	3 000
	大井眼型	-17.78 ～ 121.11	69.0	1 000/3 000

从国外水下采油树发展现状可以看出，采油树结构型式模块化、控制系统智能化、制造一体化和测试集成化正成为水下采油树的发展趋势。水下采油树安装工具所适用的管径尺寸范围在变大，即同一种安装工具通过接头改变可下放更多部件。水下采油树的结构变得更为简单，材料耐蚀性变得更好，经济性变得更优。水下采油树的下放安装工具变得更为简单，下放安装测试的速度变得更快。水下采油树的密封性能变得更可靠，密封件的寿命变得更长，更换密封件变得更便捷。水下采油树向着智能化、自主运行方向发展，可适应水深更深、介质成分更复杂的环境，能适应高温高压的使用工况。

3.5.2 吸力锚

1. 外国主要厂商

国际上从事吸力锚设计、安装的公司并不是太多，知名的吸力锚设计、安装公司主要包括以下几家：

（1）NGI-FRAMO　NGI-FRAMO 是挪威土工所（NGI）和法兰克蒙（FRAMO）公司的联合体。NGI 是世界上最知名的岩土及地质工程研究中心和咨询机构之一，是吸力锚行业元老级机构之一，是吸力锚行业的领先者，其凭借着先进的设计经验和安装经验为客户提供安全、高效的服务。FRAMO 为 NGI 提供吸力锚安装所需的泵和监测设备。NGI-FRAMO 参与设计与安装的吸力锚项目达到 125 个，表 3-30 是其吸力锚相关项目业绩。

表 3-30　NGI-FRAMO 参与设计与安装的吸力锚项目

年份	工程照片	项目简况
1995	 N'kossa	施工海域：N'Kossa field，水深 200m 相关参数：14 个，直径 5m，长度 12.5m
1997		1. 施工海域：Norsk Hydro's Njord field，水深 330m 相关参数：20 个，直径 5m，长度 7 ～ 11m 2. 施工海域：Shell's Curlew field，水深 80m 相关参数：9 个，直径 5 ～ 7m，长度 12m 3. 施工海域：Norsk Hydro's Visund field，水深 350m 相关参数：16 个，直径 5 ～ 7m，长度 11m
1997—1998	 P-19 and P-26 P-18 P-33 and P-35	1. 施工海域：Petrobras Marlim field，P-19 和 P-26，水深 700m 和 1 050m 相关参数：32 个，直径 4.7m，长度 13m 2. 施工海域：Petrobras Marlim field，P-18，水深 800m 相关参数：2 个，直径 2m，长度 17m

（续）

年份	工程照片	项目简况
1997—1998		1. 施工海域：Petrobras Marlim field，P-19和P-26，水深700m和1 050m 相关参数：32个，直径4.7m，长度13m 2. 施工海域：Petrobras Marlim field，P-18，水深800m 相关参数：2个，直径2m，长度17m
1999	 	施工海域：Exxon's Diana field，水深1 500m 相关参数：12个，直径6.4m，长度30.5m
2002		1. 施工海域：中国南海，水深120m 相关参数：利用大力神号安装9个直径系泊锚 2. 施工海域：Alba Extreme South Field 相关参数：安装一个钻井基盘
2003		施工海域：Ardmore field 相关参数：安装2个APL's 4-cylinder suction anchor

（续）

年份	工程照片	项目简况
2006		施工海域：Shah Deniz field，水深 100m 相关参数：安装吸力基础平台 TPG-500

（2）Delmar 公司　Delmar 公司在吸力桩/锚行业有着丰富的设计和安装经验。目前，Delmar 公司已安装和回收的吸力桩/锚数目超过世界上任何其他承包商。

Delmar 公司可以使用多种不同的技术来分析吸力锚，包括锚结构有限元分析、周围的土壤分析、土塞分析，这依赖于应用程序和以前的工程的分析经验，能够使用更简化的建模技术。目前，Delmar 公司已经建立了一个用于墨西哥湾系泊锚的数据库。

Delmar 公司已经为多个海洋设施设计、建造和安装吸力锚。Delmar 公司发明的水下锚缆连接器使吸力锚的部署和系缆连接大大简化，因为吸力锚可以在没有任何系泊组件的情况下进行安装。

Delmar 公司设计的锚缆水下连接器性能优异，已经在永久生产设施中使用。Delmar 公司还开发了吸力桩/锚安装时必要的安装工具，使吸力桩/锚的安装更安全、更高效。

（3）Intermoor 公司　Intermoor 公司是系泊技术的领先供应商，它拥有创新的解决方案及永久和临时的设备系泊系统，提供的服务包括工程设计、制造、测量和定位、水下安装。

自 20 世纪 90 年代以来，Intermoor 公司开创性地将吸力锚用作深海系泊锚，并不断完善吸力锚的设计技术。该公司还提供包括水下导管、泵站和管道敷设端在内的吸力锚解决方案。

2. 国内主要厂商

吸力锚在我国海上油气田开发工程中的应用还停留在浅海，技术相对落后，深水吸力锚的设计与安装刚刚起步。国内从事吸力锚设计与安装的企业主要有以下几家。

（1）天津海王星海上工程技术股份有限公司（NOED） 天津海王星海上工程技术股份有限公司是一家为海上边际油田开发工程提供解决方案及相关产品、服务的专业性公司。该公司以创新技术为基础，致力于成为为客户提供最高投资回报率的海洋工程服务商。其业务范围包括：海洋工程结构物的研发、设计、建造、运输、安装及废弃，海洋复合软管的研发、设计、生产、试验、敷设及维护。自1993年成立以来，该公司完成了一系列海洋工程结构及产品的研发和设计工作，取得我国技术和产品专利100余项，完成结构设计类项目163个，完成筒基结构海上安装类项目81个。表3-31～表3-34是该公司完成的筒基结构工程。

表 3-31 NOED 吸力式筒基

年份	工程照片	项目简况
2003		业主名称：挪威APL公司 项目名称：番禺海上安装工程 施工海域：南海，水深197m NOED工作范围：设计、监造、海上施工
2002		业主名称：挪威APL公司 项目名称：文昌吸力锚建造及海上安装 施工海域：南海，水深117m NOED工作范围：设计、监造、海上施工
1996		业主名称：中国海洋石油渤海公司 项目名称：JZ20-2油田黑油处理油轮单点系泊吸力锚 施工海域：渤海，水深10m NOED工作范围：设计、监造、海上施工

表 3-32　NOED 杆件式筒基平台

年份	工程照片	项目简况
2011		业主名称：渤海钻探井下技术服务公司 项目名称：海古 101 井燃烧臂、负压载锚安装 施工海域：渤海，滩海 NOED 工作范围：设计、海上施工
2010		业主名称：中海石油（中国）有限公司湛江分公司 项目名称：WZ6-8WHP 平台海上安装 施工海域：南海，水深 29m NOED 工作范围：设计、监造、安装
2009		业主名称：油田建设渤海工程分公司 项目名称：CFD18-1 简易井口平台海上安装设备租赁与施工 施工海域：渤海，水深 22.8m NOED 工作范围：设计、监造、安装
2009		业主名称：海洋石油工程股份有限公司安装分公司 项目名称：LD27-2/32-2 油田系缆平台和栈桥安装工程 施工海域：渤海，水深 20.4m NOED 工作范围：设计、监造、安装

（续）

年份	工程照片	项目简况
2008		业主名称：中海石油（中国）有限公司天津分公司 项目名称：BZ3-2 隔水套管支撑井口架海上安装 施工海域：渤海，水深 24.1m NOED 工作范围：设计、监造、安装
2001		业主名称：中海石油基地集团有限责任公司渤海公司 项目名称：JZ9-3 油田西区靠船墩设计制造安装 施工海域：渤海，水深 7.4m NOED 工作范围：设计、监造、安装
1999		业主名称：中海石油基地集团有限责任公司渤海公司 项目名称：JZ9-3 油田 MDP 系泊墩平台 施工海域：渤海，水深 7.4m NOED 工作范围：设计、监造、安装
1997		业主名称：中海石油工程设计公司 项目名称：葫芦岛单筒独柱吸力平台 施工海域：渤海，水深 7 ~ 8m NOED 工作范围：设计、监造、安装

表 3-33　NOED 箱梁式筒基平台

年份	工程照片	项目简况
2008		业主名称：海洋工程股份有限公司设计公司 项目名称：JZ9-3E 项目筒形基础立管平台及电缆护管建造安装 施工海域：渤海，水深 7.4m NOED 工作范围：设计、监造、海上安装
2008		业主名称：海洋石油工程股份有限公司设计公司 项目名称：锦州 9-3 西简易井口平台及立管平台设计 施工海域：渤海，水深 8.1m NOED 工作范围：设计

表 3-34　NOED 吸力式基盘

年份	工程照片	项目简况
2012		业主名称：中海石油（中国）有限公司湛江分公司 项目名称：文昌 19-1N 油田新型吸力锚水下基盘设计、建造、海上施工 施工海域：南海，水深 90m NOED 工作范围：设计、海上施工
2011		业主名称：中海石油（中国）有限公司湛江分公司 项目名称：崖城 13-4 水下管汇撬的海上安装 施工海域：南海，水深 90m NOED 工作范围：筒基设计、海上施工

（续）

年份	工程照片	项目简况
2006		业主名称：海洋工程股份有限公司安装分公司 项目名称：文昌 19-1A/8-3A/19-1B/14-3A/15-1A 油田吸力锚水下基盘安装 施工海域：南海，水深 112.2 ～ 153.1m NOED 工作范围：设计、监造、海上施工

（2）深圳赤湾胜宝旺工程有限公司（CSE）　深圳赤湾胜宝旺工程有限公司是一家中外合资的股份有限公司，其三家股东分别是中国海洋石油投资控股公司（持有 36% 的股份），新加坡 CSE Holding 公司（持有 32% 的股份），深圳赤湾石油基地股份有限公司（持有 32% 的股份）。CSE 公司自成立以来完成了许多海上及陆上大型项目的设计、采办和建造总承包，获得了国内外众多著名企业的肯定和嘉奖。

CSE 公司工程吸力锚项目见表 3-35。

表 3-35　CSE 公司工程吸力锚项目

工程照片	项目简况
	名称：文昌吸力锚及 PLEM 业主名称：APL/NOED 总质量：760 t 所在位置：中国南海
	名称：GOM 吸力锚 业主名称：APL/NOED 总质量：761t 所在位置：墨西哥湾

（续）

工程照片	项目简况
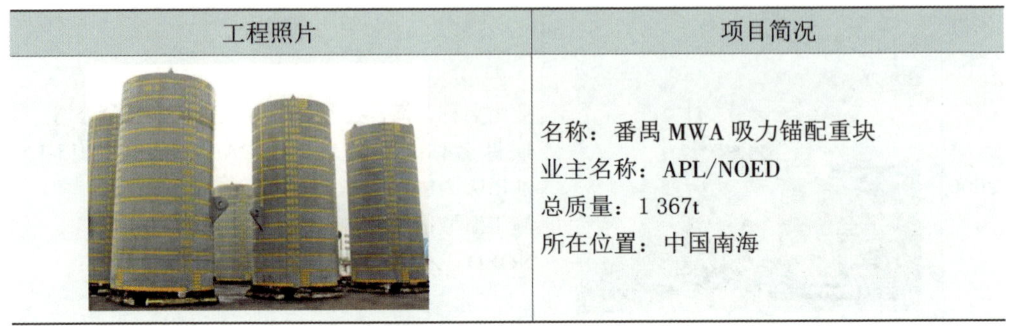	名称：番禺 MWA 吸力锚配重块 业主名称：APL/NOED 总质量：1 367t 所在位置：中国南海

3.5.3 水下跨接管及连接器

1.FMC 公司的 KC 套筒式连接器

大多数流体都是在高压或高温下被传输的。管道连接处也可能会承载很高的外界负载，或承受深水导致的高压。套筒连接器被附在管道连接的端口，能用“爪”抓住另一层管道端口的轮缘或轮毂。KC 套筒连接器是用来将海底输油管、竖管和轮毂连接到海底生产系统的不同部分上的，既可以水平连接，也可以竖直连接。该连接器可以跟几种带孔组件匹配，从名义上的全孔，到小点的单孔和多孔变体，还包括主管道。该连接器可以通过内部液压操作或外部连接器触发工具进行配置，而不会在海底留下任何液压配件。

KC 套筒连接器最早在 20 世纪 80 年代早期被开发出来，当时设计为 KC-1 型。几十年来，全球实地经验和创新性设计已经改进了这种连接器概念。现在，FMC 公司可提供多种用途的 KC-4 型和 KC-5 型“艺术型连接器”。

2. Cameron 公司的垂直跨接管连接器（CVC）

该连接器的基本结构（见图 3-32）包括固定于水下结构的毂座支撑和固定在待连接的出油管线上的套筒式连接器。该连接器液压下放工具可由水下机器人进行独立操作。从 1988 年至今，Cameron 公司已经为世界 50 多个油田开发工程提供了 1 000 多台垂直跨接管连接器。

3. Aker Solution 公司的快速连接器

Aker Solution 公司有 30 多年生产水下连接器的经验，其产品包括从小型的脐带缆到大型的连接管道全系列。该公司的第一台卡箍式连接器诞生于 1988 年，目前形成的卡箍式连接器系列尺寸为 ϕ127.0 ～ 1 066.8mm，最高工作压力达到 103.45MPa。Aker Solution 公司同时也提供垂直连接器。

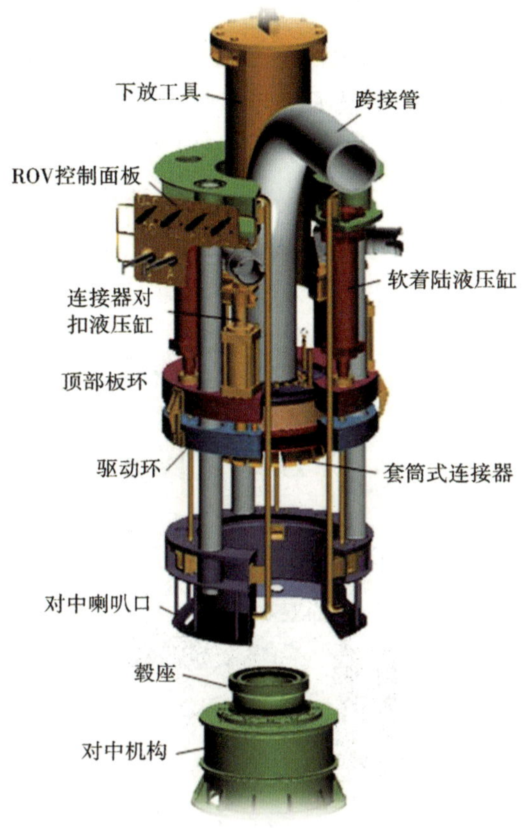

图 3-32 CVC 垂直跨接管连接器

4. Oil States 公司的 HydroTechTM 系列套筒连接器

Oil States 公司始建于 1967 年，专注于从事海底管道的连接及维修。HydroTechTM 套筒式连接器无须潜水员安装，可靠性最高，安装成本最低，在水下机器人辅助下，能够实现管道和出油管线的快速、可靠的连接，连接管道的直径可达 1 066.8mm，工作压力达 103.45MPa。Oil States 公司已经在全世界范围内安装完成 6 000 多套不同种类的海底管道连接系统，包括简单的卡箍式连接器及复杂的无潜连接系统、修复工具等。

HydroTechTM 套筒式连接器用于全世界 140 多处水域，也保持着世界无潜水员连接管道 1 615m 水深的纪录。

5. 国内相关公司研究情况

我国的深水连接技术尚处于起步阶段，特别是深水连接要求使用的无潜水下管汇连接器，国外对此技术一直进行封锁。

中国海洋石油工程股份有限公司承接“十一五”国家“863”重点项目“水下分离器及相关技术研究”的下设子课题“水下连接器技术研究”，进一步对水下连接器进行了研究。该子课题由哈尔滨工程大学负责，完成了垂直卡爪式连接器的设计，并最终制造出样机，如图 3-33 所示。该连接器在 2012 年进行海试安装时基本成功，但同时发现了一些问题，如上下接头导向不好，ROV 操作比较困难，即便用潜水员都要一两个小时才能就位等，具体海试资料不详。

图 3-33　水下垂直卡爪式连接器

“十二五”期间，由中海油研究总院牵头，中国石油大学（北京）海洋油气研究中心承担的国家重大专项子课题“水下管汇连接器样机研制”，对 6in 垂直和 12in 水平套筒式连接器及其安装工具进行设计研究。

总之，目前国内掌握连接器技术的制造商屈指可数，水下连接器国产化进程刚刚起步。因此打破国外技术垄断，抢占国内连接器市场目前最值得国内企业关注。

3.5.4　防喷器及水下防喷器组

钻井防喷器从简单到复杂，从陆地到海洋，从浅海到深海，已经历了上百年的发展过程。当前，具备陆地和浅海用防喷器技术开发能力的国家和企业较多，但具备深水用防喷器开发能力的企业为数甚少。

由于深海抢险、逃生和救援极为困难，因此对防喷器组及其控制系统的技术性能和可靠性要求非常高。目前，世界上只有美国少数几家公司能够生产深水防喷器，在技术和市场上都占据绝对垄断地位，相关产品价格昂贵、交货期长，不能满足我国南海深水油气田勘探开发的需要。

目前，国内海洋钻井平台所配套的深水钻井防喷器全为国外公司提供，严重制约了我国海洋油气资源的开发。因此，深入研究水下防喷器系统关键设备技术，并合理选择其系统配套方式，对于国内深水防喷器系统建造很有意义。

截至目前，完全具备性能可靠、配套齐全的深水防喷器开发制造能力的供应商主要包括 Hydril、Shaffer 等几家公司，且它们长期以来在世界上处于垄断地位，占据了将近 80% 的防喷器市场份额。近 20 年来，美国 Hydril、Shaffer 和 Cameron 三大公司在水下防喷器的设计、材料、制造、检测试验等方面取得很大技术进展，产品的操作性、适用性、可靠性都有很大提高。

（1）Hydril 公司　Hydril 公司 GX 型环形防喷器采用平衡活塞设计，适用于深水作业，其环形胶芯耐温最高可达 132℃。

该公司新设计的 Quik-Loq 防喷器具有减少时间、人力和工具以及提高安全性的优势。同时更换闸板和执行机构可以达到以分钟计而不是以小时计的速度，从而提高了钻井效率。尽管它不是自动系统，但是锁紧和解锁本体上的闸板执行机构不需要工具，可营造一个更加方便和更有利于人身安全的无人操作环境。闸板心子 - 执行机构总成上的一个滑动/旋转装置使得闸板心子的更换要比常规的设计更加安全。这样，与闸板心子安装和取出相关的作业更加简单快捷。

新型设计的防喷器可以用于陆地和海底钻井。最初提供的防喷器通径为 346mm、额定工作压力为 103.45MPa。其他规格和压力级别的防喷器在不久的将来可供选用。所有的设计均采用了经过现场试验的 Hydril 多重锁紧（MPL）离合器。

（2）Shaffer 公司　Shaffer 公司推出了一种自动闸板心子更换器（ARC）系统，并用在该公司的 NXT 防喷器上。NXT 防喷器是首次投入工业应用的无栓式闸板门防喷器。ARC 系统有一个闸板心子更换臂，可以从一个简易可移动的闸板储存库中快速准确地取出和更换防喷器闸板心子。Shaffer 公司称 ARC 系统与其无栓式闸板门防喷器技术相结合，可以将更换闸板心子的时间减少至 36min，而过去的闸板心子更换时间几乎达到 4h。ARC 系统甚至可以装配在远程控制潜水器上应用于海上。这样，1 口井更换闸板心子可以节约几天的时间。除了安全和时间上的优势外，所需人力也大大减少，更换闸板心子只需 2 人就足够了，而不是通常所需的 4 人或 5 人。

（3）Cameron 公司　Cameron 公司的 U 系列防喷器已经应用了 10 多年。在 U 系列防喷器原设计基础上，该公司于 1991 年推出了 TL 型闸板防喷器，主要零件为锻件，承压可靠，结构紧凑。VBR–II 型变径闸板胶芯的变径范围大，耐温可达 121℃，固定闸板的耐温可达 177℃，主要用于海上防喷器目前还在广泛应用。对于日常应用而言，客户对 U 型防喷器的主要意见是投资增加的问题，而且其与 TL 型防喷器不可互换。针对这些问题，该公司于 1995 年推出了 UM 系列防喷器。该型防喷器改进了先前的阀帽设计，通过一个单独的水力阀帽开关提供更快地通向闸板心子和密封的通道。目前，UM 系列防喷器已在世界范围内应用了大约 60 套。Cameron 公司一直致力于材料方面的研发，并且将其应用在一些防喷器上，特别是人造橡胶，其额定工作温度已经达到了 350℃。2007 年该公司推出的最新的 EVO 闸板防喷器，解决了以往产品出现的问题，采用了新的设计理念，在结构上有很大创新。

3.5.5　水下阀门及执行机构

江苏荃航阀门有限公司、江苏九龙阀门公司和建湖县鸿达阀门管件有限公司已经具备生产制造平台上阀门的实力，且具备水下阀门制造条件，已涉足水下阀门的研发与生产。

3.5.6　水下管汇

“十一五”重大专项“国产化管汇样机研制课题”由中海油研究总院与海油工程共同完成，并制造了样机，完成了测试。此外，“十二五”重大专项由中海油研究总院牵头，中国石油大学（北京）与天津海王星海上工程技术有限公司合作设计研发水下管汇。

3.5.7　管线 / 管汇终端

目前，国内使用的管线终端和管汇终端大都由国外公司制造。国际上能够制造管线终端和管汇终端的公司主要有 FMC、Cameron、Aker solution 等。

参考文献

[1] 刘太元，霍成索，李清平，等 . 水下生产系统在我国南海深水油气田开发的应用与挑战 [J]. 中国工程科学，2015，17（1）：51-55.

[2] 周凯，苏锋，鞠朋朋，等 . 水下采油树选型和功能设计 [J]. 中国海洋平台，2015，30（2）：26-31.

[3] 于成龙，李慧敏．水下采油树在深海油气田开发中的应用[J]．天然气与石油，2014，32（2）：53-56，58.
[4] 王宇，张俊斌，蒋世全，等．深水水下采油树系统的选型方案研究[J]．海洋工程装备与技术，2016，3（2）：85-92.
[5] 程兵，李清平，黄冬云，等．水下生产系统管汇布置研究[J]．石油机械，2015，43（3）：60-63.
[6] 周灿丰，焦向东，曹静，等．水下跨接管连接器选型设计研究[J]．石油化工高等学校学报，2011，24（3）：75-78.
[7] 程子云，张玉，张玉龙，等．水下采油树节流阀卡箍式连接器强度分析[J]．中国海上油气，2019，31（1）：169-175.
[8] 闫嘉钰．水下阀门类型及设计方案分析[J]．石油机械，2015，43（11）：68-73，87.
[9] 陈耕．海洋非黏结柔性管线的横截面力学性能分析[D]．哈尔滨：哈尔滨工程大学，2011.
[10] 肖德明，肖易萍，陈再玉，等．水下嵌入式海管终端PLET设计及建造综述[J]．石油矿场机械，2014，43（7）：84-86.
[11] 周延东．我国海底管道的发展状况与前景[J]．焊管，1998（4）：46-48.
[12] 畅元江，陈国明，鞠少栋．国外深水钻井隔水管系统产品技术现状与进展[C]//石油装备学术年会暨庆祝中国石油大学建校55周年学术论文集.2008.
[13] 刘俊滨，李玉峰，刘金铎．吸力锚技术的应用现状及前景[J]．中国水利，2007（22）：37-38.
[14] 李三平．国产防喷器生产技术现状及发展趋势[J]．石油科技论坛，2006（4）：54-54.
[15] 蒋东雷，李中，秦桦，等．陵水17-2气田水下采油树选型与功能设计[J]．石油机械，2018，46（7）：31-38.
[16] 周凯，苏锋，鞠朋朋，等．水下采油树选型和功能设计[J]．中国海洋平台，2015，30（2）：26-31.
[17] 秦蕊．水下采油树油管悬挂器的结构研究[C]．第十五届中国海洋（岸）工程学术讨论会论文集，2011.
[18] 刘科伟．水下管汇及基础结构设计与分析研究[D]．宁波：宁波大学，2017.
[19] 何同，李婷婷，段梦兰，等．深水刚性跨接管设计的主要影响因素分析[J]．中国海洋平台，2012，27（4）：50-56.
[20] 唐洋，张中根，易典学，等．水下生产系统连接器及其关键技术[J]．西南石油大学学报（自然科学版），2019，41（3）：160-168.

[21] 程子云，张玉，张玉龙，等．水下采油树节流阀卡箍式连接器强度分析[J]. 中国海上油气，2019，31（1）：169-175.

[22] 石磊，胡晓明，姜瑛，等．水下阀门国产化关键技术研究[J]. 石油机械，2018，46（2）：58-62.

[23] 张晖．水下终端管汇结构设计[J]. 中国石油和化工标准与质量，2013，33（14）：63-65.

[24] 韩峰，董楠，段梦兰，等．水下跨接管与管道终端测试技术研究[J]. 石油矿场机械，2012，41（7）：1-6.

[25] 董楠．深水海底管道终端选型方法及优化结构设计[C]. 中国海洋工程学会．第十五届中国海洋（岸）工程学术讨论会论文集，2011.

[26] 张宏,李志刚,赵宏林,等.深水海底管道敷管设备技术现状与国产化设想[C]//石油装备学术年会暨庆祝中国石油大学建校55周年学术论文集.2008.

[27] 杨成鹏,姜瑛,曹永,等.海底管道水下法兰保护结构设计[J].石油化工设备，2018，47（3）：27-30.

[28] 王冬石．深水钻井隔水管系统关键技术研究与发展建议[J]. 石油机械，2018，46（7）：39-44.

[29] 周建良，许亮斌．深水钻井隔水管关键技术研究进展[J]. 中国海上油气，2018，30（4）：135-143，213.

[30] 王晗．深海管汇吸力式基础设计研究[D]. 天津：天津大学，2016.

[31] 任钢峰，王定亚，毋永锋，等．深水钻井防喷器系统关键设备技术研究[J]. 石油矿场机械，2014，43（12）：95-98.

[32] 王宇，张俊斌，蒋世全，等．深水水下采油树系统的选型方案研究[J]. 海洋工程装备与技术，2016，3（2）：85-92.

[33] 卢沛伟，袁晓兵，欧宇钧，等．水下采油树发展现状研究[J]. 石油矿场机械，2015，44（6）：6-13.

[34] 李华，余峙伟，朱永梅，等．水下管汇的应用现状及发展趋势[J]. 中国海洋平台，2018，33（4）：1-4.

第 4 章

海底管道和立管系统

4.1 海底管道

海底管道敷设于海底或其下方的海底沟槽内，主要用于输送石油、天然气或水，是连接海洋油气田内部设施和所开采油气资源外输的重要设备。

海底管道是指海底管线系统中在最高水位时处于水面以下的管道，所定义的管道可能全部或部分悬跨在海床上，或放置于海底，或埋置于海底土壤以下，在缓坡度的接岸段或登陆管段也是海底管道的一部分。海底管道是海底管线系统最主要的三个组成部分之一，如图 4-1 所示，包括用于输送油气的海底钢质管道工程设施及相关的所有组成部分，是海底管道、支撑构件、管道附件、防腐系统、加重层、泄漏监测系统、报警系统、应急关闭系统和与其相连的海底装置等的统称。

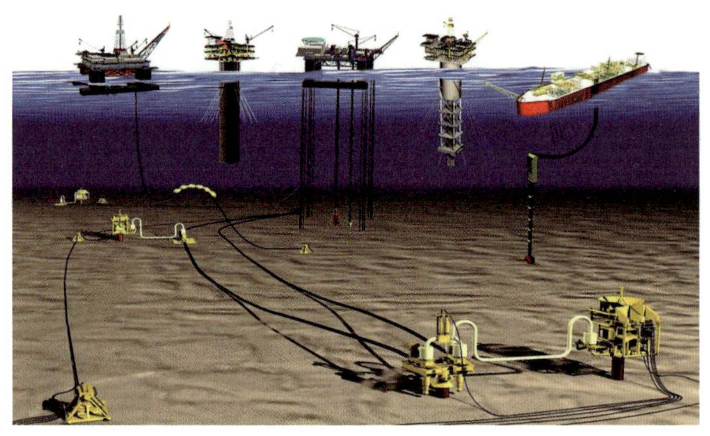

图 4-1 海底管道系统

4.1.1 国内外海底管道发展概述

近几十年来，全球海洋油气开发如火如荼，海底油气管道运输作为连续、大量输送油气资源较为快捷、安全可靠、经济的方式，担负着海上油气集输的重要任务，被称为海洋油气工程的“生命线”。

据国外专家统计，一些发达国家以油气管道运输方式输送的油气约占油气运输总量的 2/3，在原油、天然气的生产、精炼、储存及输送给用户的全过程中起到了重要作用。随着海上油田开采方式和技术的发展，海底管道已广泛应用于海上油田的开发。

海底管道在国际上已有较长的发展历程，从1954年在墨西哥湾由布朗·路特（Brown & Root）海洋工程公司敷设了第一条海底管道以来，全球各大海域已经形成庞大的海底管道网络。

随着深水油气田的不断开发和天然气输送管道的建设，世界各近海海域成功敷设了无数条各种类型、各种管径的海底管道，同时海底管道的安装水深也在不断增加。目前，国外已经建成投产的主要天然气输送海底管道工程见表4-1。2012年建成投产的北溪管道（Nord Stream）是敷设管径最大、路线最长的海底管道。该管道是俄罗斯输往德国的天然气管道，全长1 225km，最大设计压力22MPa，最深水深210m，年输送天然气550亿m^3，海底管道管材采用SAWLX70。目前，正在规划的部分深水海底管道项目的水深已经超过3 000m，给制管和施工技术带来了新的挑战。

表4-1 国外已经建成投产的主要天然气海底输送管道工程情况

项目	位置	年份	水深/m	长度/km	管径/mm	主要施工形式
Europipe2	北海	1999	350	658	1 066.8	S形敷管法
Asgard	北海	2000	300	707	1 066.8	
Greenstream	地中海	2004	1 150	516	812.8	S形敷管法
Bluestream	黑海地区	2005	2 150	396	609.6	J形敷管法
Langeled	北海	2007	385	1 166	1 066.8/1 117.6	J形敷管法
Medgaz	地中海	2008	2 155	210	609.6	J形敷管法
Nord Stream	波罗的海	2012	210	1 225	1 219.2	S形敷管法
TurkStream	黑海地区	2017	2 200	925	812.8	S形敷管法

受装备和技术的限制，我国的海洋管道工程起步晚，海洋管道的设计、总体施工水平与国际先进水平相比存在较大差距。1973年，我国首次在山东黄岛采用浮游法敷设了三条长500m的从系泊装置至岸上的海底输油管道；1985年，渤海石油海上工程公司在埕北油田也采用浮游法成功敷设了1.6km位于钻采平台之间的海底输油管道。

作为我国海洋油气勘探开发的主力军，中国海油在海洋管道建设领域走在行业前列。据统计，中国海油在渤海海域敷设的海底管道长度累计超过200km，在南海海域的海底管道长度约 2 000km，其作业水深可达 300m。其中，南海崖城 13-1 气田至香港的海底输气管道长达 800km，是我国目前最长的一条海底管道。中国石化海洋管道建设的步伐也不断加快。围绕位于渤海之滨的胜利油田，中国石化先后建成了 170 条总计超过 360km 的海底油气管线和注水管线，敷设海底电缆 82 条共 201km。作为我国最大的油气生产巨头，中国石油近年来忙于陆上管道布局，建设海洋管道的长度累计不足 100km。中国石油天然气管道局承建的长度 35.5km 的渤海月东油田海底管道是中国石油截至目前承建的最长的海底管道，被视为中国石油进军海洋管道建设市场的开端。

2014 年，赫斯基能源公司与中国海油在南中国海合作的荔湾天然气项目首次投入生产，开创了我国 1 500m 作业水深的管道工程纪录。

4.1.2 海底管道分类

在海洋油气田中，海底管道从油田向陆地终端进行油、气及水的输送，油（气）输出管道通常连接于海上油气田的处理平台至陆上石油终端之间，也有的连接于浮式生产储卸油装置和装载浮筒之间，穿梭油轮再将油气运回岸上。海底管道按输送介质可划分为海底输油管道、海底输气管道、海底油气混输管道和海底输水管道等。按管道横截面结构可划分为单壁管道、管中管管道（PIP）和集束管道。

单壁管道是最普通的海底管道，在海洋和岸上都有广泛的应用，能用于输出、油田生产/检验、注水等。由于这种单壁管道缺乏绝热保温措施，故不适于热油的输送。如图 4-2 所示，单壁管道由里到外分别是钢管、防腐绝缘层（防腐材料常用煤焦油磁漆、沥青磁漆、环氧树脂以及聚丁橡胶等）、混凝土防护层（常以水泥、水、砂和必要的骨料制成）。钢管的级别根据压力大小、抗侵蚀能力、重力要求、焊接性能还有成本来确定，混凝土防护层除了对内部有机械保护作用外，还能起到配重的作用。

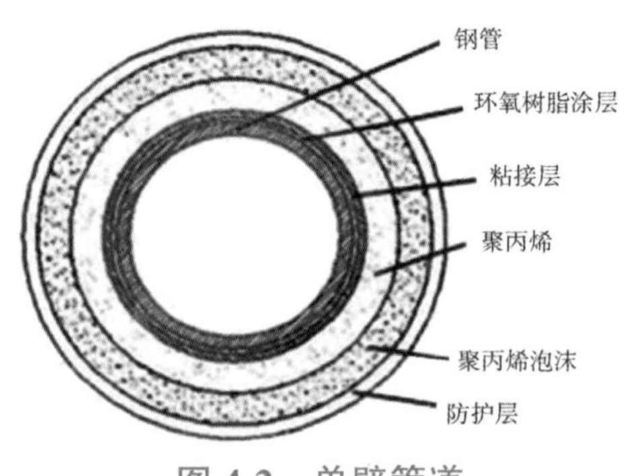

图 4-2 单壁管道

管中管管道的主要特征是管道具有同心的内管和外管，内管或套管内的管道用来运输流体并且绝热，外管（或承载/外套管管道）提供机械保护。如图4-3所示，管中管管道是在两层钢管壁之间充填了绝热保温材料，从而形成管中管结构形式。隔热保温材料多采用聚氨酯泡沫型料。采用这种结构，不仅减少了热损失，改善了管道的流动性能，而且还因为增加了管道的重量，从而减少了混凝土加重层。和单壁管道一样，钢管的级别也是根据压力大小、抗侵蚀能力、重力要求、焊接性能还有成本的情况而定，聚氨酯泡沫填料能对管道起到高效绝缘、保温的作用，涂层套管本身具有防腐作用，防止海水对管道的腐蚀。

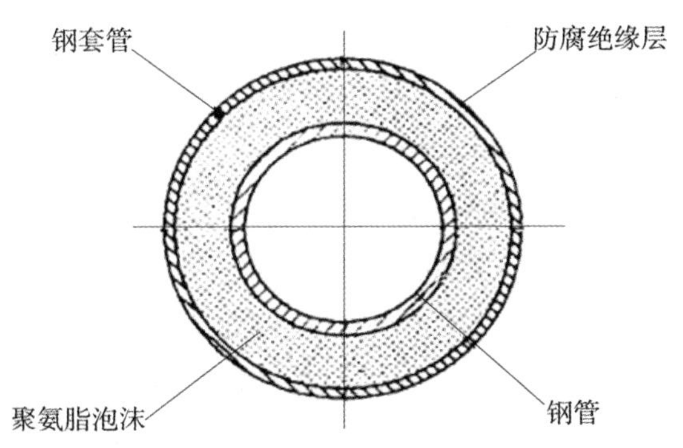

图 4-3　双层保温管

管中管管道内管与外管的连接一般有以下三种方式：

1）内管与外管之间可以自由移动的套式结构。

2）内管与外管分段间隔固定的连接结构。

3）在内、外管之间的环空中灌注水泥或水泥砂浆的全线固结的连接结构。

管中管管道可用作输油管道和输气管道。此外，油气混输管路也采用敷设于深海的双重保温管道。近年来，在北海和墨西哥湾发现的许多高温高压（HP/HT）油藏都使用管中管管道系统，并将其作为现有平台海底回接管道的一部分。另外，随着油藏条件越来越苛刻，也要求在产品沿管道冷却时与蜡状物和水合物隔离，这种类型的生产管道广泛用于我国海域，如渤海湾。

管中管管道解决了保温问题，主要用于输送高黏度、高含蜡、高凝固点的原油。在某些特定环境下，油气混输管路具有单相管线无法比拟的优点，它可以将生产的油气直接输送到陆地石油终端，避免了在海底安装油气分离和加工设备，可以大大减少安装及经营费用。目前，混输管路已从过去的小直径、短距离逐步向大直径、长输送距离的方向发展。虽然混输管路有很多优点，但管中管管道系统的应用带来了不同于传统单壁管道的附加设计特性，隔层的结构设计、内部防水壁和绝热设计带来的工程挑战，要求设计人员在变动的负荷状态下对管道全面和局部的结构特性都要了解。与传统管道相比，这样的系统增加了设计过程的复杂性和客观性，因为组件的相互作用也可能导致设计的改变。

4.1.3 海底管道的功能及特点

从海底管道在海上油气田开发中所起的作用看，可以将海底管道分为以下几种类型：

1）井口至海底管汇或平台的出油（气）管道。

2）平台与水下管汇之间或平台之间的集油（气）管道。

3）上岸或至海上装油设施的外输管道。

4）注水管道，其走向一般与油田内集油（气）管道相同。

海底管道建成投产后，几乎不受水温、地形、海况等条件的限制或影响而能够连续作业，这是它显著的优点。同时，海底管道也存在一些明显的缺点，如检查维修不太方便，某些处于低潮差带和波浪破碎带的管段，如上岸管道的登陆段、立管等部分，承受的载荷复杂，容易遭受船舶或海上漂浮物的碰撞而损坏等。

与穿梭油轮相比，海底管道的优点有：

1）输油效率高。它可以连续输送，因为在海底几乎不受海况及海洋环境的影响，也不受海上储油设施的容量的限制，不受穿梭油轮接运时间延迟的影响，因而输油效率高。

2）输送能力大。与使用穿梭油轮运油或液化天然气船舶运输天然气相比较，海底管道的输送能力均大得多。

3）经济效益高。海底输出管道敷设工期短、投产快，能节省投资，而且运行管理方便，操作费用低，故经济效益较高。

海底油气的运输选择穿梭油轮还是海底管道的原则是，近海一般都采用海底管道，远海主要是根据海况和油气储量等因素综合考虑后来选择，但要保证经济效益最大。

4.1.4 海底管道的发展趋势

近年来，海底管道的发展趋势如下：

1）海底管道的钢材等级向高强度、易焊接方向发展，钢级由目前的 API 5L X52、X56、X60 和 X65，逐步向采用更高强度的低碳易焊接钢 API 5L X80

甚至 X100 发展。

2）海底管道的防腐涂敷和水泥加重层制造向全自动流水线卷涂环氧沥青（加绝缘聚乙烯带层）的 CTE 涂层和全自动涂敷钢筋混凝土（加铁矿石粉等高重率材料）的 CWC 涂层的方向发展，并采用牺牲阳极的防腐保护，使海底管道的使用寿命一般达 30 年以上，甚至超过 50 年。

3）为降低海底管线的总体成本，海底管道的入口压力将由现在的 17.2MPa 逐步提高到乃至超过 25MPa。

4）为降低海底管道的建造成本，长距离油气混输或多相混输（油、气、水等）管道（气油比在 35 ～ 163 000 之间）的单线长度将会超过 400 ～ 600km 乃至更长，并将成为海上重要的油气输送方式。

5）海底管道敷设效率将从目前的单根管线 2 ～ 3.5km/d 提高至 6 ～ 9km/d 乃至更高，双管线从 1.5 ～ 2.5km/d 提高至 5 ～ 7.5km/d 乃至更高。

6）海底管道的检测维修技术将有较大发展，由目前一般检测管道的变形点及其位置，发展到用声波检测其漏点确切位置，进一步发展为可检测其磨损量及进行综合测试。在维修方面，将采用快速的水下机械接头连接的方法替代水下焊接或将管道提出水面焊接的耗资昂贵的做法。

7）海底管道的挖沟埋管特别是后挖沟埋管，将普遍以动力定位的船只配合水下智能强力挖埋设备进行工作。

8）海底管道的干燥目前普遍采用抽真空的干燥法，施工周期长。在长输海底管道中，部分管道将以多段分隔（一般 5 段以上）注入甲醇脱水的快速脱水法来取代传统的抽真空干燥法。

4.2 立管系统

4.2.1 立管系统概述

海洋油气资源的开采依赖于海洋石油钻井平台，海洋立管系统是深海油气田开发系统中的重要组成部分。立管系统是连接水面浮式装置和位于海床的海底设备的导管，其主要作用输送石油、天然气等。深水立管连接着深水浮式平台和海底设备（例如井口、管汇等），具有生产和回注、输入输出或循环流体、支撑辅助线、修井机工具到井口的导向等功能，其结构形式和钻井平台与海底设备的结构形式密不可分。

立管根据其功能可分为钻探立管和生产立管。钻探立管主要为钢制立管，内含钻杆以及钻井产生的泥浆等，而生产立管将海底原油输送到海上平台进行储存。生产立管包括传统的刚性立管和新型柔性立管。

目前深水立管并没有统一的分类，但根据其结构形式及用途，可以大致分为钢质悬链线立管（SCR）、顶部张紧立管（TTR）、柔性立管（FR）以及混合立管（HR）。

4.2.2 钢质悬链线立管

钢质悬链线立管出现于 20 世纪 90 年代中期。1994 年，壳牌公司（Shell）在墨西哥湾872m水深的张力腿平台Auger上安装了世界上第一条钢悬链线立管，引起了工程界和学术界的极大关注，并以独特的优势赢得了深水油气开发商的青睐。经过十几年的发展，钢质悬链线立管（见图 4-4）已经发展为简单悬链线立管（Simple Catenary Riser）、惰性波浪形立管（Lazy Wave Riser）、陡峭波浪形立管（Steep Wave Riser）等多种形式，并已被成功应用于张力腿平台、柱筒式平台、半潜式平台、浮式生产平台，使用水深超过 3 000m，是用于深水湿式采油树生产、注水/气、输油/气的一种重要设施。

图 4-4 钢质悬链线立管

钢质悬链线立管的特点及优缺点：

1）特点。钢质悬链线立管集海底管线与立管于一体，一端连接井口，另一端连接浮式装置，无须海底应力接头或柔性接头的连接，大大降低了水下施工量和施工难度。它与平台的连接是通过柔性接头自由悬挂在平台外侧，无须液压气动张紧装置和跨接软管，节省了大量的平台空间。

2）优点。与挠性立管和顶部张紧立管相比，钢质悬链线立管的成本低，无须顶部张力补偿，对浮体漂移和升沉运动的容度大，适用于高温高压介质环境。

3）缺点。疲劳问题十分突出。

4.2.3 顶部张紧立管

在干树平台中，顶部张紧立管连接水下井口和水上生产设备，从海底井口穿过平台的龙骨位置并延伸到平台的生产甲板附近。顶部张紧立管利用外部套管和内部生产管来传输油气到干树生产平台上面，外部套管为整个立管提供有效的机械防护，内部生产管作为油气等流体的通道。如图 4-5 所示为顶部张紧立管示意图。

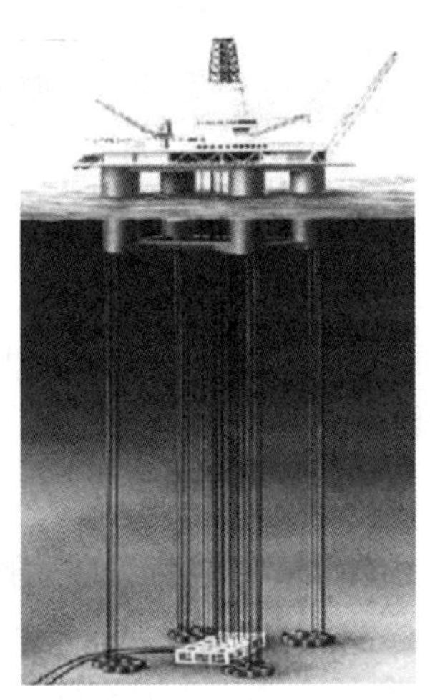

图 4-5　顶部张紧立管

顶部张紧立管的优缺点：

1）优点。顶部张紧立管是用于动力浮式生产设施和海床上的水下系统间的管道，用于干式采油树。该系统可进行完井操作，不需使用单独的钻井平台，可完成生产、回注、钻井和外输等功能。

2）缺点。顶部张紧立管需要的张力随水深增加而增加，其通过张力支撑立管重量、防止底部压缩、避免涡激振动（VIV）损坏和邻近立管间的碰撞。在水深超过 1 500m 时，为减小立管顶部的拉力，需优化立管结构。

4.2.4 柔性立管

柔性立管是从海底油气井口到油气集输站（船）的连接管道，在海洋油气资源开发中起到关键的作用，如图 4-6 所示。由于其具有耐蚀性强、地形适应性好、连续长度长、安装方便等优点，逐渐取代了传统的海洋钢管。

图 4-6　柔性立管

柔性管由金属和聚合物复合而成。与钢管相比，柔性管有易弯曲、易敷设、可回收、更经济、更适合海洋环境等特点。在边际油田开发中采用柔性管道，可以显著降低工程建设及运营成本。柔性管道在我国边际油田开发中已经逐步被采用，例如流花 11-1 和陆丰 13-1 油田。在国际上，柔性管道已经在陆地及浅水、深水和超深水区域得到了广泛应用，其可以实现长距离、超深水、多方向地输送油气资源。目前在深水油气田开发中大量使用柔性立管来连接水上浮式装置与海底生产系统，约占海洋立管总量的 85%。但在国内还没有深水柔性立管的设计和生产技术。

柔性管采用多层复合材料制造，主要由保证液体密闭性的热塑性聚合物材料层以及螺旋结构缠绕的保证管材强度的扁钢组成。螺旋结构使得柔性管不仅能承受高压，还能保持弯曲特性，每一层相对独立，但又和其他层相互作用以提供需要的结构抗力，使得每一条柔性管都可以达到不同的力学特性。

根据制作工艺，柔性管可分为非黏结性柔性管和黏结性柔性管，国外学者大多致力于非黏结柔性管的研究，并逐步形成柔性管的主流结构型式。

黏结性柔性管内部各层结构相互黏合，其制造长度受限于硫化工艺。非黏结性柔性管常采用无黏接的制造工艺，其制造长度不受限制，并且其能根据用户要求增减非黏接结构层的数目。与传统的刚性立管相比，柔性管的弯曲半径小曲率大，在横向大变形的同时还能保证轴向的抗拉强度，并可以承受内外压力。柔性管在浅水中用作膨胀弯，可通过其自身的弯曲变形抵抗管线两端由于温差或振动而产生的应力。在深水环境中，非黏合性柔性管通常被用于连接海底生产系统和海上作业平台，承受上部浮体随波浪流运动引起的循环载荷。刚性立管在此工作环境中极易产生涡激振动及疲劳破坏，而非黏合性柔性管因其自身的柔性从而对动态载荷有更好的适应性。1976 年，非黏合性柔性管首次使用于巴西油田，目前用于墨西哥湾的柔性管深度可达 2 000m。

非黏合性柔性管的内部结构可根据不同的工程项目要求进行设计，即对柔性管的层数、厚度及排列等进行设计，这一特性使其成为柔性管中的主流产品。非黏合性柔性管主要由采用拉伸等工艺制造而成的聚合物层和钢制材料铠装层组成。

随着海洋油气开发领域的不断加大，海洋柔性立管的研发水平也在随之提高。20 世纪 60 年代初，海洋柔性立管的敷设深度为 20m，到了 80 年代，敷设深度达到了 100 ～ 400m，90 年代末敷设深度可以达到 1 000m，而到了 21 世纪初，敷设水深已能达到 1 500 ～ 3 000m。如今海洋柔性立管的设计、生产技术已经成熟，其工艺设计与开发也不断向着超深水方向发展。

目前，我国海上油田使用的输油输气柔性立管主要依赖进口，不仅价格昂贵，而且在使用过程中一旦损坏，就很难得到及时修复，即便应急采办，也需要较长时间才能交货，严重影响油田的开发效率和效益。海洋石油管材必须走自主研发和制造之路，才能满足我国大规模海洋石油勘探开发的需求。

柔性立管的优缺点：

1）优点。柔性立管的主要特征是其弯曲刚度相对轴向刚度较低，它是通过各层使用不同材料来实现这一特征的。在外部和内部荷载条件下，这些层之间可滑动，从而造成低弯曲刚度的特性。柔性立管由高刚度的螺旋加强金属层提供强度，由具有低刚度的聚合物密封层保证流体的完整性。

2）缺点。由于柔性立管的制造工艺复杂、制造材料昂贵，因此，采用柔性立管的工程费用随水深增加而成正比增加。

4.2.5 混合立管

混合立管可以近似看作由一段几乎垂直于海床的刚性立管和一段连接刚性立管与浮式生产装置的柔性跳接管组合而成，其他主要部件分别有与柔性跳接管连接的型管或型管与弯曲加强器组合，连接柔性跳接管和上部总成的鹅颈管、空气罐，连接空气罐和上部总成的张紧链或柔性接头，立管主体上端和下端的应力接头，下部总成，将下部总成连接到立管基础上的连接器，以及连接下部总成的刚性跳接管。混合立管是刚性立管和挠性立管的结合，能提供畅通的、有条理的水下布置。混合立管如图 4-7 所示。

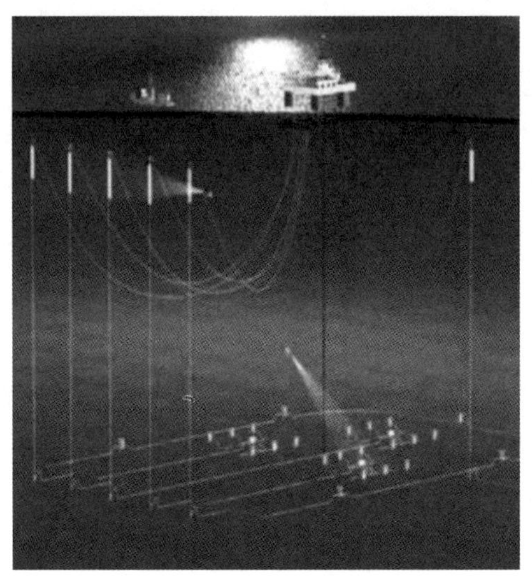

图 4-7　混合立管

混合立管的优缺点是：

优点：混合立管可搭配各种浮式生产装置，与其运动耦合度小，疲劳问题小，可适用于深水和超深水。

缺点：水下部件较多，水下施工多，技术要求高。

4.3　技术水平和规模

4.3.1　海底管道

自 2000 年以来，管道行业发展状况良好，世界管道投资量持续增长，特别是在近几年，投资量涨势迅猛。随着海洋工程行业投资量的持续上升，深海及远海地区的作业范围也逐渐加大。2008—2015 年全球海底管道资本支出占比如图 4-8 所示。

（1）亚洲　2008—2013 年，亚洲在全球海底管道资本支出中独占鳌头，而我国的投资量处于首位。以往数据显示，亚洲地区海洋工业的发展主要由浅海开发带动，特别是固定式平台的发展。2008—2014 年，东南亚地区引领了整个亚洲地区的浅海海域油气开发。

从 2014 年到 2015 年，马来西亚在海底管道方面的投资总额位居亚洲首位。

从长远来看，随着全球能源需求量的不断上升以及科技力量的不断增强，未来海洋能源开发的经济性将逐年提高，随之而来的是管道板块在整个海洋工程市场中所处的地位将更加重要。

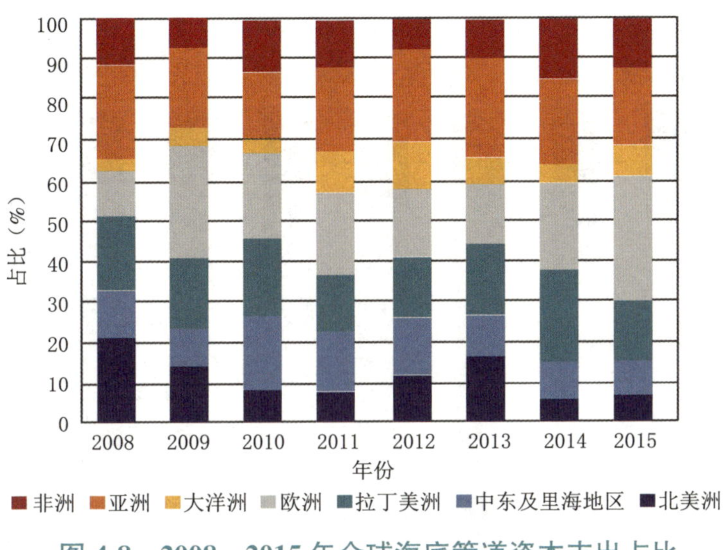

图 4-8　2008—2015 年全球海底管道资本支出占比

（2）非洲　非洲地区在全球管道资本支出中的占比约为 10%，以西非和地中海地区为主，而西非深水能源市场主要由安哥拉带动。

（3）中东及里海地区　中东及里海地区的海洋工业主要以阿塞拜疆、沙特阿拉伯、哈萨克斯坦以及伊朗等国在浅海区域进行的能源开发为主导。据统计，2008—2014 年，该地区的海底管道资本支出在全球管道资本支出中的占比为 13%。

（4）北美地区　2008—2015 年，北美地区管道市场拥有强大的资本实力，投资主要集中在传统的浅海海底管道市场。但近年来随着陆上页岩气开发力度的加大，运营商开始将注意力向这个新兴市场转移。在接下来的 5 年间，该地区海底管道的投资总量将同比下降 39%。与此同时，北美地区还将加大力度开发深海能源，因而海底管道投资量的下降速度可以在一定程度上得到缓冲。

（5）欧洲　2008—2015 年，欧洲海底管道资本支出居于世界前列。在接下来的 5 年时间内，而欧洲对海底管道板块的投资将位居全球首位。

（6）拉丁美洲　拉丁美洲的海底管道市场呈现两极分化的现象，以墨西哥与巴西为代表。在过去的几年时间内，巴西在整个拉丁美洲的海底管道板块中占据最大的市场份额。与巴西不同，墨西哥主要致力于浅海能源开采。

（7）大洋洲　在 2010 年之前，大洋洲在全球海底管道资本支出中的占比仅为 3% 左右。自 2011 年开始，大洋洲加大了对海洋能源开发的力度。

如图 4-9 所示，在全球范围内，浅海海域的海底管道总长度占全球海底管道总长的比例最高，为 50% 左右。近年来，随着海洋工程向深海及超深海进发，水深小于 100m 的海底管道总长度占全球海底管道总长度的比例有所下降。

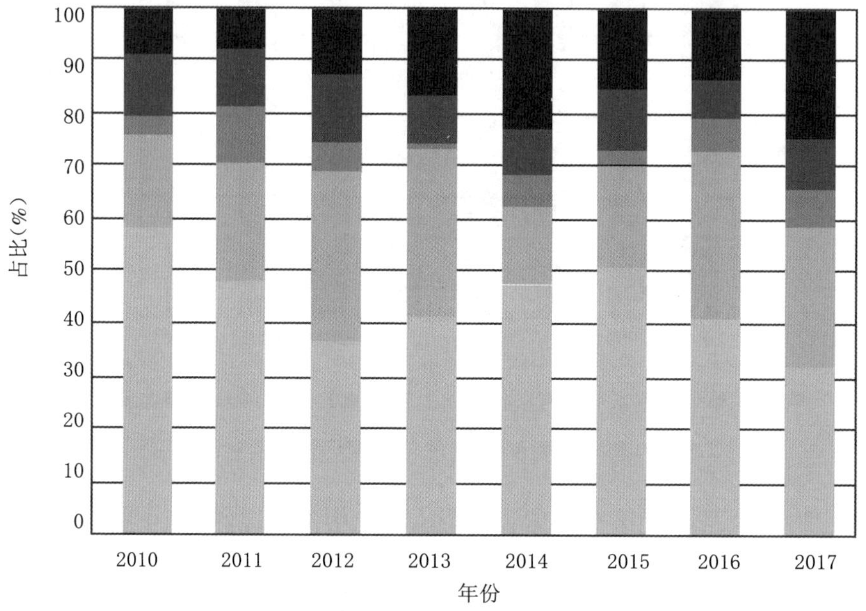

图 4-9　2010—2017 年全球不同水深海底管道长度占比

4.3.2　国内外海底管道公司概况

国外从事海底油气管道敷设的公司主要有：EMC 公司、美国麦当莫特（Mcdermott）公司、瑞士全海公司、澳大利亚 CLOUGH STENA 公司、日本日钢株式会社、韩国现代重工公司及法国布依格公司。国外海底油气管道敷设的主要海域在英国、挪威等所属的北海地区，印度、印度尼西亚、马来西亚、泰国所属的东南亚海域，以及巴西近海、墨西哥湾、澳大利亚近海等海域。

国内海底油气管道敷设公司为渤海石油公司（CNOOC），海底油气管道敷设的海域为渤海海域。

1. EMC 公司

EMC 公司由意大利的赛普公司与英国的布朗 • 路特公司合资组成。该公司在深水段采用 SEMAC1 号半潜式第三代敷管船、浅水段采用 CASTORO5 号敷管船进行作业。1972 年，该公司在伊朗敷设了管径 52in 的海底管线，创造了当时敷设管径最大的世界纪录；1980 年，该公司又创造了当时敷管水深最深的世界纪录，达 608m。我国崖 13-1 从莺歌海至香港总长 778km，管径 28in 的天然气管线、从莺歌海至海南省长 91km、管径 14in 的油气混输管线、东海平湖油气田长 365km、管径 14in 的天然气管线及长 305km、管径 10in 的油管线等均由该公司敷设。

2. 美国麦当莫特（Mcdermott）公司

美国麦当莫特（Mcdermott）公司采用 LB30 号等敷管船为东南亚各国和澳大利亚近海敷设海底管线。

3. 瑞士全海公司

瑞士全海公司采用其拥有的目前世界上最先进的第 4 代动力定位敷管船 LORELAY 号，在北海等海区为英国、挪威、荷兰和南非等国敷设海底管线。

4. 澳大利亚 CLOUGH STENA 公司

澳大利亚 CLOUGH STENA 公司采用其 APACHE 号盘管式敷管船，专门敷设管径 16in 以下的海底管线。

5. 日本日钢株式会社

日本日钢株式会社采用其 KUROSHIO- Ⅱ号等敷管船，为印度尼西亚、泰国和中国台湾敷设海底管线。

6. 韩国现代重工公司

韩国现代重工公司采用其拥有的 HD2500 和 DLB-423 号敷管船，为印度等国敷设海底管线。

7. 法国布依格公司

法国布依格公司采用其拥有的 BOS 355 号、BOS 400 号敷管船，在世界各地区海域进行敷管作业。

8. 我国渤海石油公司（CNOOC）

我国渤海石油公司（CNOOC）已拥有自己的敷管船，可以敷设 50m 水深以内的 48in 单根管道。目前，该公司尚缺乏大于 50m 水深的敷管船以进行深水敷管作业，缺乏可以敷设双管或多管的敷管船。该公司单管敷管效率仅为 1.5km/d，与国外第 4 代敷管船的高敷管效率差距甚远，且缺乏深水后挖沟埋管的水面船只和水下高效能后挖沟埋管设备。

4.4 产业化可行性分析

4.4.1 海底管道设计及技术难点

1. 海底管道的结构设计与选材

海底管道的结构设计包括管道运行状态和施工状态的结构分析、立管和膨胀弯设计及防腐设计，根据结构设计确定管道的材质和壁厚、防腐措施和挖沟深度。海底管道可采用双层管或单层管。

运行期海底管道设计：包括环向应力分析、温度应力分析、地震应力分析、等效应力校核、管道屈曲分析、管道压溃分析和管道在位稳定性分析。

安装期海底管道设计：包括管道的敷设应力分析、下水及下水后受力分析、拖管和起吊分析、连接分析，以及管道在海底稳定、悬跨、挖沟和埋设分析。

立管和膨胀弯设计：立管和膨胀弯的应力分析按施工、运行两种工况分析计算。

管道防腐设计：可根据所处工作环境温度选择设置保温结构，当前多采用聚氨酯泡沫塑料保温。

进行管道设计时根据管道的使用寿命确定应采用的环境条件重现期，一般不少于 50 年。选择管材的壁厚时，除满足各种受力要求外，还要根据海上施工经验以确定最小壁厚，在扣除腐蚀裕量后，管材的径厚比不宜超过 50。

海底管道的管材选择必须满足设计和海上敷管的施工要求，但对海底管道的管材制造方式没有特殊要求，如无缝钢管、各种保护焊的直缝钢管等均可以使用。在能满足设计和安装要求的前提下，要选用最经济的管材。

钢材的等级越高，单位体积重量的价格越高。钢材等级的提高将会减小壁厚，这就可能出现高等级钢材总体制造成本比低等级钢材低的现象。由于采用高等级钢材可降低生产成本，海洋油气装备工业的普遍趋势是使用高等级钢材。

2. 海底管道路由设计

管道路由设计是一个复杂的过程，由几个要素决定。原理上，两个终端之间的最短距离从材料立场看可能是最经济的，但其他可能的重要的因素必须考虑。

（1）影响路由设计的因素

1）海洋施工条件。

2）终点位置。

3）水深。

4）海床不平坦程度。

5）沉降。

6）不利的环境因素，如湍急水力耦合浅水波。

7）其他油田、管道、结构物、禁区（如海军训练区）的存在。

8）不利的海运或捕鱼活动的存在。

9）着陆地点的适宜性。

（2）路由设计形式

1）构成管道的管长（有覆层）。

2）路径预清理。

3）安装前自由跨度修正支持。

4）安装后自由跨度修正支持。

5）开槽、掩埋或暗礁清除。

（3）设计原则

1）管道必须达到最小长度。

2）避免预清理要求。

3）避免安装前自由跨度修正支持。

4）最小化安装后自由跨度修正支持。

5）最少化开槽、掩埋或暗礁清除。

3. 制造技术难点

（1）直缝埋弧焊管主要生产工艺　直缝埋弧焊管指采用埋弧焊或自动埋弧焊工艺生产的、带有一条直焊缝的钢管。国内外大口径直缝埋弧焊钢管的成形方式主要有UOE成形和JCOE成形两种。UOE成形机组设备庞大，投资高，同时钢管成形过程所需工装较多，生产成本高，但UOE成形生产效率较高。JCOE成形是在现代数控折弯技术的基础上发展起来的，采用多步渐进式成形，投资适中，生产效率较UOE成形低，产品质量与UOE成形的钢管相当。近年来国内外新建直缝埋弧焊管生产线广泛采用JCOE成形。各生产企业的制管工艺参数虽各有不同，但钢管制造流程基本一样。

（2）直缝高频电阻焊管生产工艺　直缝高频电阻焊管是采用电阻焊工艺生产的、带有一条直焊缝的钢管，焊缝和整个热影响区应进行类似正火热处理，不应使用填充金属。成形设备是直缝高频焊管生产线的核心设备，集中体现了生产线的工艺装备水平。

直缝高频电阻焊管成形方法一般采用辊式成形法：立辊组在西方演变成排辊成形法，水平辊组在东方发展成 FF 成形法。目前国内引进的成形技术有排辊成形及 FF 成形两大类。

4. 海底管道测试工艺

（1）海底管道的管内测试技术　海底管道管内检测通常采用在线检测技术，已被开发应用的各种管内检测仪器设备（检测清管器和智能检测清管器）能够在不停止生产的情况下对其进行内检测，通过这些内检测设备可以及时发现管道的各种缺陷和隐患，以及其所在的位置信息。

1）变形检测清管器。变形检测清管器是用来对管道几何形状、断面形状的变形情况以及可能的屈曲或弯折进行检测的设备。国外的智能检测清管器兼有变形检测的功能，可用来检测海底管道在几何形状上的变形以及金属腐蚀，一般适用于口径大于 12in 的管道。

2）管壁腐蚀检测清管器。管道中输送的介质会对管壁造成腐蚀，管壁腐蚀检测清管器是对管道内壁的腐蚀进行检测的设备。管道更换或维修的大部分原因是钢质管道管壁受到腐蚀或者出现裂纹等缺陷。

（2）海底管道的管外检测技术　因为海底管道所处环境与陆地不同，对其进行的管外检测手段也与陆地不同，相比也就显得更加重要。由于光波或者电磁波在水中会受到强烈干扰，作用距离短，而声波不会受此影响，所以对海底管道系统的水下部分进行管外检测，常规的方法有各类水下声学遥感设备检测、浅水区的潜水员检测以及水下机器人检测。用于海底管道管外检测的技术有侧扫声呐技术、多波束测深技术、潜水员水下检测技术、水下机器人检测技术、合成孔径声呐技术等。

5. 海底管道维修工艺

（1）海底管道维修的主要方法　海底管道的损坏大都是突发性的，因海底管道自身参数不同及其所处环境条件各异，对海底管道采取的维修方法和手段也不同。海底管道维修可分为水上维修和水下维修两大类，水下维修又可分为干式维修和湿式维修两种。

1）水上维修。海底管道水上焊接维修的方法是：先把水下管道切断或切除破损管段，然后把管道的 2 个管端拖吊出水面，焊接修复短节部分，做好 NDT 检验和涂层后，再把管道放回海底装好，即完成维修工作。

这种维修方法只适用于状态较好的海底管道，需要专门的施工作业敷管船，维修只需要较少的特种机械，维修速度快，维修质量较高。但这种维修方法对海域工况有较严格的限制，只适用于敷设、维修较浅海域的管道。

2）水下维修。

①水下湿式维修。管道的水下湿式维修分为不停产开孔维修、外卡维修和法兰对接维修等。不停产开孔维修主要针对由介质引起管道大面积腐蚀而出现的泄漏，或由外力造成管壁局部凹陷影响清管作业但尚未变形的管道。目前，不需要停产即可实现管道的单封堵或双封堵开孔作业，并且施工作业方法成熟。2001年，中国海洋石油工程公司与美国的T.D.W i-llianmson公司和Hydrotech公司合作，对渤西油田直径305mm天然气海底管道进行不停产双封双堵维修，就是成功的案例，但维修均采用国外设备和技术。外卡维修主要用于破损（如裂纹、腐蚀穿孔）较小的管道，但要求管道上安装的外卡段管道变形应在外卡的精度允许范围之内。采用这种修复方法方便快捷，所用的工程船较小，费用低，但它仅适用于管道操作压力等级和安全等级较低的管道。法兰对接维修分为标准法兰维修、旋转环法兰维修和球形法兰维修等。标准法兰主要用于水面以上的管道更换段，旋转环法兰和球形法兰为水下法兰，是海底管道破损后湿式维修的主要构件，可调节管道在水下安装的角度和方向，主要用于原有管道法兰连接处破损后的更换，也可用于平管段破损后的连接维修。

②水下干式高压焊接维修。水下干式高压焊接维修的方法是：在水下安装焊接工作舱，工作舱内配有动力电源、照明、通信、高压水喷射、起重、气源、焊接施工设备、生命保障系统等。向工作舱内注入与该海域水深相同压力的高压气体，形成干式环境后，即可修整海底管道的管端，安装新的管段，对口，实施焊接等作业。这种方法多用于管道不能在水面焊接，但又要求保证管道原有的整体性能不改变，特别是对焊缝质量要求很高，以及对管道的附属结构进行维修或采用其他方法受到限制的情况。但该维修系统比较复杂，维修费用高且需要配备特殊的设备，如水下切割/开坡口机、高压焊机、大型起重工作船等，并需配备具有干式高压焊接资质的特种潜水员等。目前国际上能采取这种维修技术的公司较少，我国在这方面还比较落后，需要逐项解决，填补国内空白。

上述管道维修方法各有优缺点，实际维修中，通常根据不同的管道情况采用不同的维修方法。快速有效的海底管道维修工艺对减少因海底管道损伤造成的油气田经济损失具有重要意义。

（2）水下干式维修技术　海底管道干式维修工艺有以下 10 个步骤：

1）海底管道泄漏点检测与定位。海底管道泄漏点检测采用多波束剖面声呐、高灵敏度磁探仪与常规潜水检测相结合的方法。通过差分全球定位系统（DGPS）对泄漏点精确定位，引导主作业船抛锚就位。剖面声呐可以广泛用于海洋地质测量、考古学研究、管道定位、浅海海底沉积层分类等。不同的用途及不同的工作环境对剖面声呐的频率、功率和作用距离的要求各有不同。哈尔滨工程大学研制的多波束剖面声呐水下探测机器人（见图 4-10）可对管道进行探测，能够快速找到泄漏点。

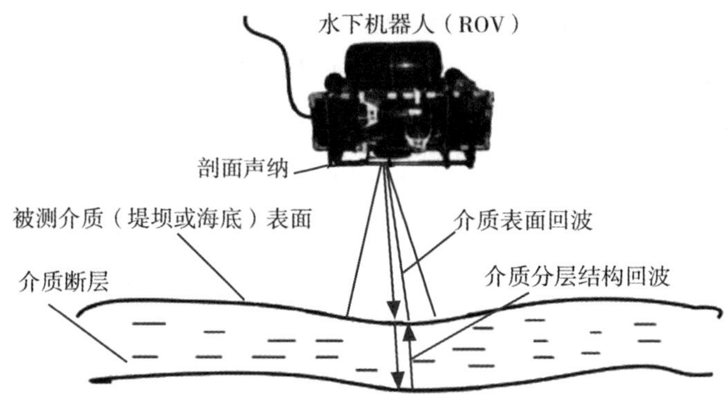

图 4-10　剖面声呐水下探测机器人工作原理图

2）作业面开挖。利用与水下管道干式维修系统配套的作业基础面开挖设备对海管泄漏点进行作业面冲泥开挖，开挖面须满足干式舱就位与海底管道水下维修作业空间的需要。

3）海管泄漏点两端开孔封堵作业。为防止泄漏段海管切割后大量海水进入油气管道，且为了在维修过程中形成并维持舱内的干式环境，在确定海管切割位置后，需在泄漏点两端向外延伸 1.5m 的位置实施开孔作业，进而将球状封堵器送入原海管中实现管道封堵。由于开孔封堵作业需要较大的作业空间，所以该项工作通常是在海水环境下进行的。

4）干式舱引导就位。干式舱起吊入水，通过 Seaking DFP 声呐系统和水下电视监控设备以及 DGPS 定位系统引导，干式舱 H 形外框架初步就位，再利用舱体横向和纵向液压缸微调，实现舱体精确定位，U 形口合拢并与管道密封。

5）干式维修环境的形成。通过脐带供应系统，从甲板空压机打入高压空气，利用舱内外压力差，将舱内的海水挤压出舱外，形成干式环境。

6）破损管段切割/开坡口，端部处理。利用金刚石绳锯机在水下一次性切断不同材料包层的破损管道，接着清理管端，然后用冷切割坡口机对管端部开 30° 坡口以满足新管段焊接要求。

7）管道组对。为满足管道焊接作业需要，替换管道须与原管道同轴，利用管道外对口器实现管道组对，再利用手动定位焊封底，以固定管道对接。

8）管道焊接。在干式舱内安装自动焊机，按照预先制订的焊接工艺，对管道进行焊接作业。

9）焊缝无损检测。焊接完毕的管道需利用 UT/ACFM 等无损检测技术进行检测，记录数据与曲线，评估其焊接质量。合格后进行下一步工作。

10）海管整体试压。为了进一步确认整条海底管道再无其他漏点，需对修复后的海底管道进行整体试压。从生产平台的一端打入高压水，平台另一端关闭管道阀门，稳压 24h，观察压力变化，如压力变化在允许的误差范围内，证明管道再无其他漏点。

4.4.2 海底管道的运输及安装

海底管道的施工方法主要有敷管船法和拖管法。敷管船法是被广泛采用的施工方法，但敷管船法多用于外海作业，且需要有一整套施工机具和船舶与之配合，施工调遣费用相当高。而滩海由于水浅满足不了敷管船的吃水要求，需要采用拖管法。拖管法的原理就是在陆地上将管子连成需要的管段长度，发送下水并拖运至预定位置就位。较长的管道需要分段拖运，在海上连接管段间的水平口。拖管法又可分为浮拖法和底拖法。

1. 拖管法施工程序

1）预制准备工作。

2）分段拖管下水。

3）海上接口。管道按照标志就位后，采用敷管作业装置进行接口，其程序为：敷管作业装置就位→捞管、调管→切割、扶正管头→接口施焊→探伤检测→防腐补口→沉放就位→装置撤离。

4）海底挖沟埋管。为使海底管道安全运行，管道敷设后，必须将其埋于海底。因此海底挖沟就成为海底管道敷设的一个重要课题。国内外现有的水下挖沟设备，其动力源有液压和电动两种，挖泥方式为绞削、喷冲、吸排综合使用。

5）立管安装。立管必须要有精确的安装位置，而且包括支撑构件和立管附件的安装。安装后的立管要能有效地抵御海区风、浪、流、冰的外力作用，并且有足够的防腐能力。

6）试压、预热、投产。在采用分段拖管法敷设管道的施工过程中，有两次试压检验。第一次是分段焊接完后在陆上进行强度试压，第二次是在整体安装完后进行试压。

2. 敷管船法施工程序

敷管船法是使用最普遍的海底管道敷设施工方法，如图 4-11 所示。第三代深水半潜式敷管船的技术性能已经非常先进，敷管船上装备有起重机、坡口加工机、焊机、接头涂敷机和无损检测设备等，可以在恶劣的海况下进行敷管作业，敷管的直径已达 60in，水深可达 2 000m。敷管作业时除了敷管船外，还需要配备辅助支持船（管子运输船、布锚船、供应船、潜水支持船、测量船等），从而组成一个施工船队。

图 4-11　敷管船

敷管船法主要有 S 形敷管法、J 形敷管法和卷管式敷管法三种。

（1）S 形敷管法（S-Lay Method）　S 形敷管法是目前海底管道敷设最为常用的方法，如图 4-12 所示。这种管道敷设方法一般需要安排一艘或者多艘起抛锚拖轮来支持敷管作业。在开始作业前，需要将一个锚定位在海床上，然后将锚缆引过托管架并系到第一根管子的端部。管道在托管架的支撑下，自然地弯曲成 S 形曲线，一般可分成两个区域：一段为拱弯区，即从驳船甲板上的张紧装置开始，沿托管架向下延伸到管道开始脱离托管架支撑的抬升点为止的一段区域（抬升点一般就是管道弯曲状态时的拐点）；另一段为垂弯区，是从拐点到海床着地点的一段区域。

由于管道横穿过敷管船的船尾，在它到达海底以前，是由托管架来支撑的。托管架的作用是减小曲率，也就是减小当管道离开船体时所产生的弯曲应力。

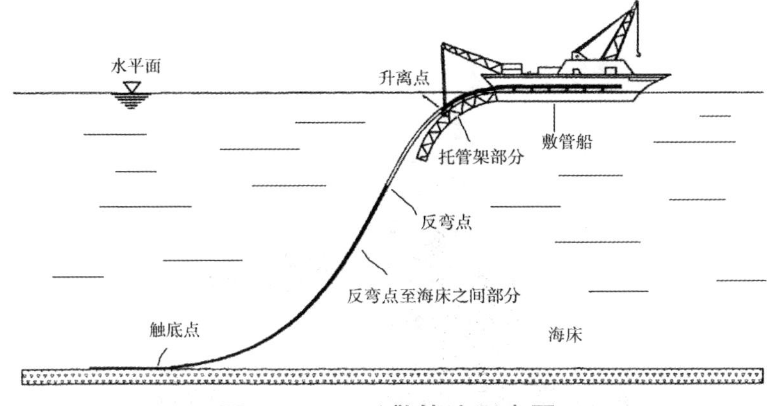

图 4-12　S 形敷管法示意图

对于超深水，管道的角度变得非常尖锐以至于托管架难以达到所需的长度，较深水域悬浮的管道呈悬空的尖锐角度并在托管架的顶部形成一个跨度，因此，需要长度更长或弯度更大的托管架，以适应过度弯曲区域中的较大的管道弧度。

（2）J 形敷管法（J-Lay Method）　J 形敷管法是目前最适于进行深水和超深水的管道敷设方法，它是从 20 世纪 80 年代以来为了适应敷管水深的不断增加而发展起来的一种敷管法。这种敷管法实质上是张力敷管法中的一种，在敷设过程中借助于调节托管架的倾角和管道承受的张力来改善管道的受力状态，以达到安全作业的目的。到目前为止，J 形敷管法主要有两种形式，一种是钻井船 J 形敷设法，还有一种是带斜形滑道的 J 形敷设法。J 形敷设法主要用于深海区域的管道敷设，目前已经得到了广泛应用，J 形敷管法示意图如图 4-13 所示，J 形敷管塔架如图 4-14 所示。

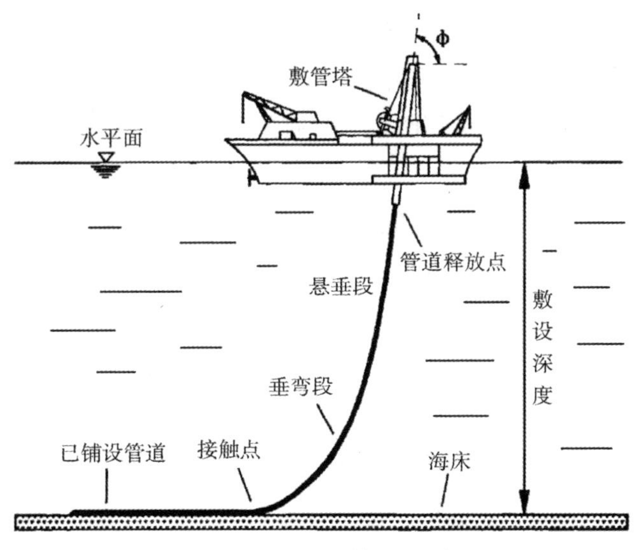

图 4-13　J 形敷管法示意图

图 4-14 J 形敷管塔架

一般来说，J 形敷管船的造价会比其他类型的敷管船要高，而且敷设速度也比其他方法要慢，但在涉及深海时，在某些特定情况下，这是唯一可行的方法。J 形敷管法有以下优点：

1）管道与海床的接触点和敷管船的距离更短，因而更便于敷管船的动力定位。

2）对敷管船发动机提供的水平动力的需求大幅降低。

3）由于没有了 S 形敷管法中的拱弯段，从而消除了管道的残余应力并降低了水平拉力，而且不必采用 S 形敷管法特有的长而脆弱的托管架。

4）敷设管道的应力也比 S 形敷管法敷设的管道的应力更小。另外值得注意的是，现在的敷管船一般都是多功能的，也就是说其同时具有敷管功能和起重吊运功能，所以船的体积和质量都比较大，有的甚至达到二三十万吨，并且一次能吊起 1 万 t 以上的重物。

（3）卷管式敷管法（Reel Method）　卷管式敷管法是 20 世纪末开始发展起来的一种新型敷管方法，如图 4-15 所示。这种敷管方法是将管道在陆地预制场地上接长，然后卷在专用滚筒上，送到海上进行敷设施工的方法。管道的陆地预制场地通常设在码头后沿，一次可以接长若干根 500m 至 1 000m 的长管段。将这些管段再进行对接并通过管道矫直器进行造弯后，直接卷到专用滚筒上。焊接、检验、保温和防腐等工作均在陆地完成，这个过程也可以直接在停泊的敷管船上进行，因为一旦滚筒卷满了管道之后，可能重达 400 ～ 600t，如果缺少相应的起重设备会给滚筒的搬运带来一定的困难。该方法的优点是 99.5% 的焊接工作可以在陆地完成，海上敷设时间短，成本低，每段管道（一个滚筒的管段）可连续敷设，作业风险小。每个专用的卷管滚筒都和特定的敷管船一起搭配使用，普通卷管的管径可以从 2in 到 12in 不等，单层管的最大敷设管径可以达到 18in，最大作业水深可以达到 1 800m。这种敷管法需要的主要设备包括：卷管滚筒、卷绕设备、矫直器等。由于每个滚筒上的管道可以连续敷设，卷管式敷管法一次可以敷设几公里甚至数十公里的管道，有效地提高了敷管效率。另外，由于敷管所需的工作人员大量减少，敷管时发生意外的可能性大大降低，使得敷管的费用也大幅降低。

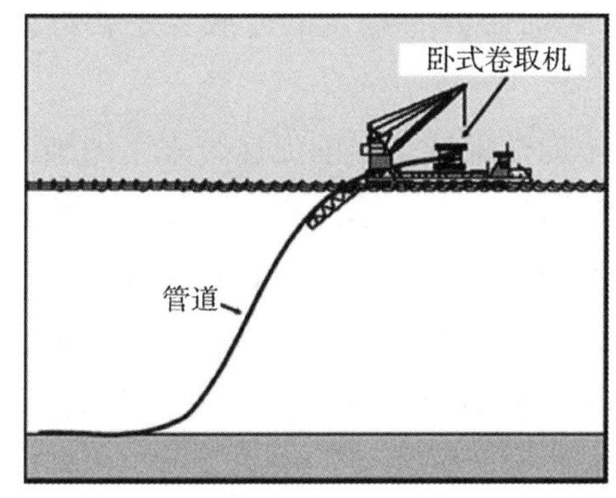

a）卷筒水平放置

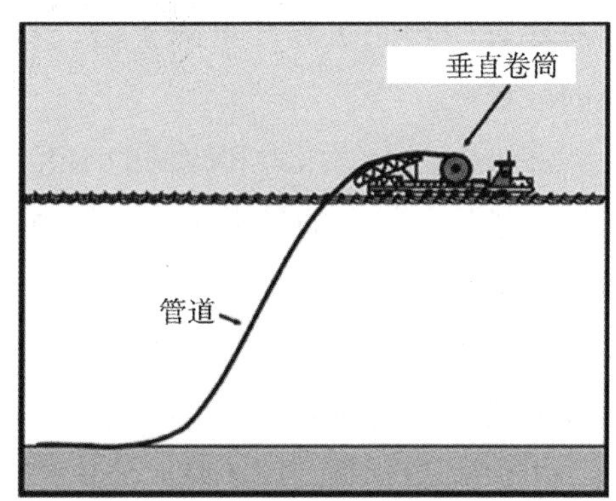

b）卷筒垂直放置

图 4-15　卷管式敷管法示意图

卷管式的突出特点是敷管速度快，可以控制敷管费用。采用卷管式敷设若干公里的管道只需要几个月的时间。由于不需要在船上焊接，卷管式几小时内敷设的管道，敷管船则需要一整天的时间才能完成。此外，由于在陆上完成焊接和 X 光无损检测，敷管的质量也大幅提高。立式放置卷筒的敷管方法由于托管架的取消而变得简化。卷管式最主要的缺点是对于每段管子末端的连接较为困难，并且在敷管过程中重新卷筒及移走弯曲的管道也是极其费时的工作。

3. 影响管道作业和运行的主要因素

深水和浅水的管道作业环境有显著的不同。与浅水中的管道相比，深水中的管道具有以下特点：

1）管道本身能承载较强的物理压力和安装过程中装备的载荷。

2）可以承受流体压力。

3）能适应较低的水温和沉积物的温度。

4）能适应海底表面极不规则地貌以及海洋深层环境条件的影响。

深水中的管道安装在路线选择和建造上都有一定的困难，因为海底表面可能极不规则，还要面对水文、海洋作业条件的挑战（如高流体压力、低温、黑暗的作业环境，不同的水流速度和方向）。粗糙不平的海床会使管道内部产生地貌感应压力，被输送的介质将在管道中上下振动，从而带来运行上的问题。海底的不平整也会导致出现较长的一段无支撑的管道，形成“悬空”，可能导致管道早期的弯曲应力。近来测量技术的进步为提早判断可能发生“悬空”的区域提供了依据。通过分析测量数据，操作者可以选择减小管道的长度，避免因海底障碍物而引起严重的管道“悬空”，同时避开不稳定的海底及生物群聚集的区域。

深水中较大的压力和较低的水温给管道中原油保持一定的流速带来了困难。在这些条件下产生的烃类化合物的物理和化学特性会导致水合物、烷烃和其他物质在管道内堆积。一旦堆积，便会影响原油的流动，若不及时地阻止或削弱这种情况的发生，最终会使管道堵塞。降低这种危害作用的主要策略是通过使用绝缘层降低系统的热损失，也可以利用清管设备将管壁清理干净，或注入如甲醇、乙醇、乙烯等持续保证流动畅通的化学品，抑制沉积物的形成。然而，对于远离陆地设备的深水油田来说，这种措施也很难执行，并且会加大生产和运输的成本。

通常在深水中，输气管道要比输油管道更容易安装，因为天然气管道的直径相对较小，重量较轻，复杂程度也较低。此外，适用于石油管道保证流动畅通的化学品不适用处理后的天然气运输。

（1）气体水合物的影响　深水中海底的高压、低温有助于气体水合物的形成。气体水合物是由低分子量的烃、气体分子（大多数是甲烷）与水混合而形成的类似冰的结晶体。这种气体水合物是具有毒性的，而且它可以限制甚至完全阻止管道中的液体流动，从而可能引起管道的压力过大。

水和气的交互作用是物理作用而不是化学反应。气体水合物一旦形成，便将在一定温度和压力范围内保持稳定。预防水合物的形成可以使用甲醇、乙醇、乙烯或丙烯乙醇等抑制剂，或使用绝缘管道和升降器。在井口和井下安全阀的位置也可以使用化学注入的方法，持续注入或间歇式分批量地注入抑制剂，许多情况下分批注入抑制剂的处理方法足以保持油井中液体的流动。

（2）各类内管壁沉降物的影响　石蜡或沥青含量高的原油在流动的过程中，石蜡或沥青可能会滞留在管道中，而这类物质的熔点相对较低，会在内管壁形成沉积物。在这种情况下，为保证原油继续流动，应该通过分析找出正常生产温度和压力下沉积物的形成点。为减少石蜡或烃类沉积物的形成，可以在井上装备注入设备，以便向管道中注入化学试剂。如无论采取何种措施，管道中依然有石蜡形成，这时可以向管道中注入柴油类溶剂，达到抑制沉积物形成的目的。

4. 生命周期

管道的生命周期一般是 20 ～ 40 年，但是随着防腐技术的进步，其生命周期明显延长。延长输气管道寿命的一种技术手段是定期向管道内壁添加一种抑制腐蚀的物质（CIS），既可以把这种物质作为气溶胶注入管道中，也可以采用液体流通过特殊工具将其推入管道中。后一种方法能提供更好的保护。

5. 管道作业对环境与敏感区域的影响

在一些地形地貌的敏感区域或具有考古价值的区域，要注意管道敷设对环境的影响。管道敷设作业中锚碇和管道安装、放置锚和集合管、安装出油管道和提升器等都会影响海底沉积物。

在众多的影响因素中，只有锚的影响是相对较浅的，其影响范围在海底几英寸到几英尺之间，取决于沉积物的厚度。锚碇安装时的最终设定和负荷测试（锚的零部件的负荷测试）对海底沉积物的深度会产生一定的影响，对于海底软质的沉积物，这个影响可以超过 30m 的范围。尽管一些管道装备（比如集合管、出油管道末端模块及终端拖运器）永久地覆盖着这些地区，但大多数情况下，只是在建造阶段有影响。

（1）锚对海底生物生存的威胁最大　若对锚进行拖拉或将驳船向锚移动而使得锚链在海底拖拉，就会对生物栖息地产生大范围扫射型的破坏。锚对这个地区的影响还取决于水深、风、水流、链子的长度、锚的尺寸。

（2）埋管和扰动沉积物等管道定位操作直接影响海底生物群　海底管道施工过程中，埋管和扰动沉积物等管道定位操作都会直接影响海底生物群。海底的管道定位构筑物对支撑结构的直接位于背斜两翼或沉垫之下的有机物会造成粉碎性的破坏。再悬浮沉积物可以影响以悬浮生物为食物的生物，也会影响到鱼类和无脊椎动物。

（3）管道安装对有机生物群体的影响　有机生物群体也容易受到传统的锚碇和管道安装所带来的物理影响。但由于在水中作业的敷管船在作业过程中主要是依靠动力定位来保持位置，而不是通过传统的锚碇，因此，其对有机生物群体不会产生影响。

（4）管道安装对历史考古有潜在的不利影响　对于史前地区的物理接触会对地层和人工陆源区的完整性产生不利的影响，同时会给研究工作带来一定的影响。若敷设管道时与遇难船只所在的场地有了直接的物理接触，就会破坏当年船上留下的诸如船体、木制品或陶制品等古器物，同样会破坏当时的沉船环境。由此而产生的结果是造成船只结构、货物、船员的社会组织等考古数据的丢失，随之产生的影响是该时代海洋文化信息的损失。

（5）管道安装过程中的排放物对空气质量的影响　管道安装过程中的排放物主要是氧化氮和一氧化碳，这些排放物是临时的。敷管过程排放至空气中的污染物对于陆上的空气质量的影响没有想象中严重，因为排放高度、排放率和自海岸线的排放距离是影响大气质量的主要因素。

（6）管道安装对于周围水质的影响　管道安装对于周围水质的影响有两个方面：一是对海底沉积物的干扰，二是来自安装驳船的排弃物。

（7）噪声和驳船的运输对海洋哺乳动物的影响　管道敷设时产生的噪声和驳船的运输可能会影响海洋哺乳动物，但这种干扰是临时的，运输过程中敷管船临时经过的干扰更是临时的。安装工程对于海洋栖息地不产生任何影响。管道穿过海滩和湿地的将被直接埋在地下，因此不会产生任何影响。陆上的管道安装对于湿地的潜在影响取决于土壤的自然条件。

（8）管道敷设施工对被敷管船占用的区域的渔业生产的影响　在管道敷设工程进行的一段时间里，渔民无法在被敷管船占用的区域捕鱼。在浅水或大陆架（水深不超过200m），若渔民使用拖网捕鱼，管道就会对渔民的捕鱼活动造成影响。尽管管道的位置有明确标识，但是仍然有被较大的锚破坏的潜在可能。

（9）海底管道漏油对海洋资源的影响　小的海底管道漏油事件不会对敏感的海洋资源造成太大的影响，因为泄漏的油最初会附着在埋管周围沉积物上，直到沉积物的含油能力达到饱和。这时油将以不连续的小滴状快速地上升至海水表面（若泄油事件不是发生在深水，通常速度为100m/h）。一旦油到达海水和空气的接触面，在进一步降解和分散前，油滴将在海水表面形成薄的闪亮面。这种自然界的溶油和分散作用就会避免海底泄油事件对周边区域造成更严重的影响。

6. 深水立管敷设关键设备

随着立管敷设深度的增加，如何提高敷设速度、降低敷设成本成为目前国际上海洋工程研究的焦点和难点。深水立管敷设过程中的部分关键设备如下：

1）张紧器。张紧器主要分为线型张紧器（linear pipe tensioner）和软管型张紧器（flex pipe tensioner）两种类型。线型张紧器的张紧力为水平方向，主要用于进行S形的管道敷设，在进行深水管道敷设作业时，它还具有自动张紧的功能。软管型张紧器主要用于柔性管道的敷设。

2）托管架。托管架的主要作用是控制管道脱离船体的曲率，使其保证在安全的范围内，进而确保管道不会由于过度弯曲而产生屈服或者断裂，这在深水及超深水的情况下尤为重要。在管道敷设过程中，托管架的调节占据敷设总时间的30%左右。敷管作业可承受的环境条件也是由托管架和船体及管道整体系统的稳定性和抗风浪性决定的。

3）收放绞车。收放绞车是敷管作业中对管线进行控制的关键设备，它具有控制、动力一体化的功能，能够非常稳定地进行负重转换，保证管线较平缓地下水。负重转换是全自动进行的，所需时间短，且具有自动张紧的功能。

4）自动焊接设备。自动焊接设备主要包括管线对中机、管线内部夹紧器、管线外部焊接器等设备。管线对中机主要用来对管线进行准确的定位，保证焊接的质量。管线内部夹紧器将管线两端进行卡紧并固定在适当的位置，以便下一步对管线进行自动焊接。管线外部焊接器可同时对管线的两个半边进行焊接。

参考文献

[1] 王海涛，池强，李鹤林，等. 海底油气输送管道材料开发和应用现状[J]. 焊管，2014（8）:25-29.

[2] 孟伟. 如何保障“能源血管”的安全——管道防腐与检测技术大解密[J]. 石油知识，2016（5）:22-25.

[3] 周延东. 我国海底管道的发展状况与前景[J]. 焊管，1998（4）:46-48.

[4] 李骏嵘. 海底管道的可靠度设计方法及施工程序编制[D]. 杭州：浙江大学，2004.

[5] 胡知辉，佟光军，郭学龙，等. 国内外深水海底管道技术发展现状概述[J]. 石油工程建设，2018，44（5）:13-17.

[6] 张明. 海洋油气管道现状及新技术的研发[J]. 科技传播，2013（7）:69-70.

[7] 胡晓峰，刘书，田甲，等. 海底输油管道保温结构[J]. 石油工程建设，2014，40（6）:76-78.

[8] 宋儒鑫．深水开发中的海底管道和海洋立管[J]. 中国造船，2002，43（s1）:238-251.

[9] 桑运水，张克明，钱孟祥，等．滩海油田海底管道施工技术[C]. 全国海洋工程学术会议，2000.

[10] 赵冬岩，余建星，李秀锋，等．海底管道拖管法分析和研究[J]. 海洋技术学报，2008，27（3）:84-89.

[11] 梅孝恒，刘日柱．用敷管船法敷设海底管道施工技术[J]. 中国海洋平台，1994（Z1）:420-433.

[12] 马良．海洋管道技术综述[J]. 油气储运，1989，8（5）:7-13.

[13] 李金成．海底管道拖拉法施工分析及其软件[D]. 杭州：浙江大学，2007.

[14] 何宁，徐崇崴，段梦兰，等．J 型敷管法研究进展[J]. 石油矿场机械，2011，40（3）:63-67.

[15] 周俊．深水海底管道 S 型敷管形态及施工工艺研究[D]. 杭州：浙江大学，2008.

第 5 章

我国海洋油气装备发展环境与前景

5.1 国内外海洋油气装备发展现状及发展状况比较

5.1.1 国内外海洋油气装备产业现状

1. 国际海洋油气装备产业现状

从世界海洋油气装备技术领域发展情况分析，海洋油气装备与技术已经形成三级格局。一是以美国、挪威等为代表的西方发达国家在海洋油气装备发展方面处于主导领先地位；二是以韩国、新加坡等国家为代表的新兴势力正在日益追赶国际先进水平；三是以我国等为代表的发展中国家正在加快海洋油气装备的国产化进程。

长期以来，以美国、挪威等为代表的西方发达国家凭借其研发、建造的深水、超深水等高技术海洋油气装备，长期垄断着世界油气勘探开发装备的设计、开发、工程承包及关键配套件的生产制造。国际著名海洋油气装备制造公司包括美国 NOV 和 FMC、挪威 MH、荷兰 MSC 等多家公司，其技术发展状况主要体现在以下几个方面：

（1）具有长期从事海洋工程开发经验　西方发达国家从事海洋油气勘探开发的历史可追溯到 1887 年，100 多年以来，欧美发达国家已经在海洋油气地质勘探、设备安装、油气开发、油气集输、水下测试、油井维护及安全环保等方面积累了丰富成熟的工程实践经验，全面掌握着海洋波、浪、流等环境特征和海底各种地质条件下油气田开发的理论知识和应对策略，掌握着建造适应浅水、深水、特深水等不同海洋工程所需要的系统专业技能，完全具备开发大型海底新油田和老油田技术改造的能力和水平。

（2）拥有完备的系统开发配套能力　通过多年的海洋油气勘探开发建设和实践应用，西方发达国家在海洋钻井技术和完井技术、平台建设技术、通信服务技术、平台现场作业、远程监控作业、安全操作保障及安全事故处理等方面均已形成了比较完整的系统配套开发能力。

（3）掌握着高精尖的核心装备技术　西方发达国家具有工业基础条件好的先天优势，当前，就海洋石油勘探开发装备而言，无论是构成海洋钻采装备的大型、超大型平台（包括船舶）本体的设计建造技术，还是平台台面上的钻井采油装备及多种大型平台甲板设备的设计建造技术，如单柱式平台、张力腿平台、双钻塔井架及钻井补偿装置等，仍掌握在西方发达国家手中，尤其是海洋深水水下钻采装备，如水下井口设备、水下采油及管汇生产装备，其技术长期以来一直被西方发达国家所垄断。

（4）拥有良好、齐全的试验检测方法和手段　西方发达国家拥有满足不同功能要求的海洋水上、水下装备开发软件（包括多种设计软件、系统分析软件等），各种设备规范标准（API、ISO、DNV 等规范），加工制造设备，测试工具（含多种高性能数控加工设备、高精度测试设备），以及试验设施（如水下装备疲劳试验装置、弯扭组合试验装置）等，软硬件条件均非常完善。

（5）具备全自动化、高智能化海洋装备的开发建造能力　如平台台面配有多种自动化程度高的设备（如自动化排管机、自动化猫道、自动化吊装装置等），水下装备配备具有多种测试和分析判断功能的安装拆卸工具、水下机器人等辅助操作装置，钻井装备上配有智能化的防碰安全操作系统及设备保护系统等。

2. 我国海洋油气装备产业现状

我国海洋油气勘探开发起步于渤海湾地区，以 1966 年设计建造的渤海 1 号固定式钻井平台为标志，如图 5-1 所示，经过 50 多年的发展，形成了自升式钻井平台、坐底式钻井平台、导管架式钻井平台、半潜式钻井平台、浮式生产储卸油装置等多个产品系列，并已具备采油、油气集输、储油、污水处理、注水、修井等多种能力，可适应较恶劣自然环境下的油气勘探开发。

图 5-1　渤海 1 号固定式钻井平台

20 世纪 80 年代以来，我国半潜式钻井平台取得了快速发展。我国自行设计建造的第一艘半潜式钻井平台勘探 3 号于 1984 年投入使用，工作水深

35～200m，最大钻井深度6 000m。20世纪90年代以后，我国海工装备企业逐步具备了建造超深水半潜式钻井平台的能力。2007年，我国首次研制的30万t超大型浮式生产储卸油装置建造完成，标志着我国已具备超大型浮式生产储卸油装置的自主设计开发及建造能力。2012年，适应3 000m水深的海洋石油708号勘察船和海洋石油981号新型多功能半潜式钻井平台在南海投入使用，它们代表了我国海工装备制造的最高水平，标志着我国海洋石油工业向“深水战略”迈出了实质性步伐。2017年4月28日，大船集团为中国海油旗下中海油田服务股份有限公司建造的第六代深水半潜式钻井平台海洋石油982号出坞下水。海洋石油982号采用A5000船型，主体为双浮箱、四立柱、箱形结构，甲板可变载荷5 000t，采用DP3动力定位系统定位，按国际最高标准建造，拥有多项先进技术，是国内最先进的第六代钻井平台之一。2017年，蓝鲸1号在南海创下世界可燃冰持续开采纪录。蓝鲸1号总质量4.3万t，靠自身动力系统每小时行驶18.5km，配备全球最先进的定位系统，通过调节推进器的方向和转速，遇到大风浪仍可保持稳定。2017年，继蓝鲸1号在南海实现我国可燃冰开采领域零的突破之后，全球最大的第七代双钻塔超深水海上钻井平台蓝鲸2号由中集来福士建造完成。半潜式钻井平台如图5-2所示。

a）海洋石油981号

b）蓝鲸1号

图5-2 半潜式钻井平台

深海石油钻井平台的设计建造及相关技术是深海油气开发的关键技术。就整体情况看，虽然我国海工装备企业已具备建造深海半潜式钻井平台、浮式生产储卸油装置的能力，但在规模、装备、技术水平和管理水平等方面与国外相比尚存差距。目前，我国在深海钻井平台设计与建造技术，海底钻采集输系统设计与计算技术，深海超深钻井及定向钻井、水平钻井装备制造技术，以及深海动力定位装备与技术等专业领域与国际先进水平相比还存在较大差距。国外深海半潜式钻井平台的设计公司主要有美国 F&G 公司、挪威 GM 公司和 SEVAN 公司及意大利 SAIPEM 公司等。我国海工装备企业主要承担一些中低端海工产品的详细设计，尚不具备高端产品的概念设计和详细设计能力。在平台建造方面，国内多数海工装备企业处于中低端领域，仅负责平台的钢结构和总装集成，高技术和高附加值的核心配套产品及零部件基本上都由欧美国家提供。另外，新型的张力腿钻井平台、单柱式钻井平台及其他多功能综合钻井平台的设计和建造技术在国内尚处于空白阶段。

经过近 30 年的发展，我国海工装备企业在浅水重型钻井平台安装方面具有较强的市场竞争力，导管架下水安装、组块浮托法安装的技术水平与欧美企业比肩，浅水大型装备的吊装能力也与欧美企业差距不大，浅水安装工程作业船队的实力仅次于美国、意大利、荷兰等少数老牌海工装备生产大国。然而在深水安装和水下安装方面，我国在深水和水下安装的作业船舶不到 5 艘，其性能远落后于欧美国家，在深水浮式平台、深水立管、柔性立管及水下生产系统等的安装方面尚无技术积累。与欧美国家、韩国和新加坡相比，我国在海工装备维护领域实力较弱，通常只能进行常规维修作业，尚不具备对产品的升级改造能力，水下维护作业水深一般在 300m 以内。

在钻井装备配套方面，具有自主知识产权的成果较少。在动力设备、控制系统及设备综合配套方面与发达国家相比均存在较大差距，钻机使用的柴油机、变频器、井口机械化工具、顶部驱动装置等都需要从国外进口。在钻井控制系统方面，钻井平台使用的钻杆、隔水管，水下设备自动输送、安装、起吊装置，平台双井架、DP3 动力定位系统、双井口自动钻井等设备的起下系统，以及海洋钻井升沉补偿装置等，国内尚处于研究阶段，而国外已使用 10 年以上。在深水关键设备方面，如对海洋立管、水下井口、井控装置及海洋集输系统等装备的研制，国内至今还是空白。

5.1.2 国内外海洋油气装备发展状况比较

1. 国内外海洋油气装备发展情况

我国海洋油气装备制造行业起步于 20 世纪六七十年代，先后建成了自升式钻井平台、半潜式钻井平台、浮式生产储卸油装置等装备。

但在 20 世纪 90 年代后，受国际石油危机和国内外市场需求减少的影响，我国海洋油气装备制造业的发展步伐明显放缓，整体技术水平和国外差距逐渐拉大。直到进入 21 世纪，海洋油气装备制造业才再次迎来快速发展阶段。正因为发展较晚，在全球海洋油气装备市场中，我国海工装备企业总体处在第三梯队，正从浅水装备和海洋工程辅助船制造向深海装备制造进军。经过近20年的发展，我国已涌现出优秀的海工装备企业，如在海洋工程辅助船制造方面，太平洋造船集团、中船工业和中船重工位列前三名；在设备改装方面，中远船务、中船工业和中船重工齐头并进。

从海洋油气装备制造现状来看，我国海洋油气装备的国产化率一直较低，进口比例在70%以上。在海洋油气装备产业的技术水平上，第一梯队为欧美国家，第二梯队为日本、韩国、新加坡等国家；我国处在第三梯队，以制造低端海洋油气装备为主。

世界上最早生产海洋油气装备的是欧美的一些国家，其中美国的休斯敦被誉为世界海洋油气工业的中心。目前，欧美国家仍处于行业领先地位，集聚了全球领先的研发和设计企业，垄断着世界海洋油气装备的研发、设计技术，以及绝大部分的关键配套设备与技术。

韩国、日本和新加坡具备世界领先的造船能力，从而较早进入海洋油气装备制造领域，目前已拥有世界领先的海洋油气装备制造和改装能力，较强的总承包能力和设计研发能力，主要从事高附加值海洋油气装备的制造与总装，处于第二梯队。

巴西、越南、阿拉伯联合酋长国等国家，相较于我国，其船舶工业基础相对薄弱，但这些国家能源丰富，在海洋油气开采过程中，对海洋油气装备的需求较大，激发了本国发展海洋油气装备的热情。目前，这几个国家已具备了一定的浅水海洋油气装备制造能力，处于第四梯队。

总体而言，我国海洋油气装备产业仍处于追赶阶段，但由于我国具备了世界一流的船舶制造工业基础，全球海洋油气装备的制造中心必将逐渐向我国转移。数据显示，2012—2014年，我国海洋油气装备制造业的订单规模占全球的比重快速上升至38%，2015—2018年我国海洋油气装备制造业的订单规模占全球的比重保持在40%以上。

2. 技术水平差距

虽然我国海洋油气装备发展前景非常广阔，但隐患重重，因为在海洋油气装备核心技术方面仍然受制于人，并且与一些海洋油气装备制造强国相比，差距甚远。据了解，当前在利润最高的海洋油气装备核心配套设施、水下设备等制造项目上，欧美海洋油气装备企业在设计方面占据着垄断地位，国内海洋油气装备企业尚无话语权。

据有关专家表示，与国外先进技术相比，我国海洋油气装备技术的主要差距有以下几点：一是我国目前还仅停留在海洋油气装备的水面结构设计方面，其中水下设备还完全依赖进口；二是我国海洋平台设计理念还处在国外20世纪八九十年代水平，很多新的理念没有体现出来；三是我国海洋工程设计流程还缺乏规范化、精细化、科学化的质量管理；四是我国海洋工程设计技术还缺乏创新性，目前仅停留在简单复制国外设计技术阶段；五是我国在海洋工程设计计算机软件方面还是空白；六是在海底设备方面还没有自己的可靠产品；七是在水下安装施工设备方面还严重缺乏自己的技术和产品。

近年来，我国海洋油气装备制造企业在高端深水装备上已经实现了一定的突破。我国首座自主设计、总造价达60亿元的第六代深水半潜式钻井平台——中国海油的海洋石油981号的钻头，在南海荔湾约1 500m深的水下成功探入地层，使我国成为第一个在南海自营勘探开发深水油气资源的国家。由中集来福士制造的全球最先进的超深水双钻塔半潜式钻井平台蓝鲸1号，于2017年2月13日在山东烟台交付。这平台长117m，宽92.7m，高118m，最深作业水深3 658m，最深钻井深度15 240m，是全球作业水深和钻井深度最深的半潜式钻井平台，适用于全球深海作业。但是就蓝鲸1号而言，其关键技术水平不高，其核心设备全部依靠进口，钻井系统是NOV公司的，电力系统是西门子公司的，动力定位系统是康斯伯格公司的，几乎没有我国产品。

3. 管理方式的差距

随着国内海洋油气装备行业开始与国际市场接轨，国外企业纷纷进入国内市场，给国内海洋油气装备行业带来巨大冲击。提高管理水平成为越来越多国内海洋油气装备企业提升自身实力的关键环节。好的管理方式不仅能够提升企业形象，正确反映企业经营状况，还有助于企业快速占领市场。现阶段，我国海洋油气装备制造企业在管理方面与国际先进水平有较大差距，因此，如何认清形势，应对国际化的挑战，成为企业必须关注的重要问题。由于从前我国长期实行计划经济体制，很多企业没有建立与市场经济相适应的管理体制，企业的国际竞争能力普遍低于国外同行水平。我国的项目管理与国际项目管理在很多方面存在差异或差距，总结起来主要表现在以下几个方面。

（1）计划方面　目前，国内海洋油气装备企业做所的很多管理计划还存在于纸上，没有用到实处。管理者把制订管理计划仅作为一项应付检查的工作而没有认真对待。甚至出现为了表面数字进行虚假规划的现象，严重违背项目建设规律。因此，许多做好的项目计划，缺乏实际意义，并不能够很好地指导项目建设工作。工作人员本身对项目管理计划缺乏认识，而且“子计划”编制也不够详细；使用的计划编制方法单一；材料和人员管理穿插混乱。更有甚者，成本预算严重短缺，把材料费用作为第一控制要素，不重视对人员的培训。

（2）项目控制方面　经验虽然对项目控制起着重要作用，但其有很大的主观臆断性，不能单方面凭借经验来判断项目控制的关键环节。国内海洋油气装备企业普遍缺少一套完整的内部控制体系，从事项目控制的人员，专业素质不高，不能运用数据分析和量化统计的方法对项目进行定量分析。而经验往往带来更大的实际偏差，给下一步的建设工作带来不确定因素。因而，很多企业虽感到项目管理混乱棘手，但找不到根源。

（3）采购方面　国内海洋油气装备企业采购计划不规范，通常采取大批量采购，或一次性采购方式，往往形成场地内物料集中，占用大量空间，金属等易腐蚀性材料的存放成为一大难题。同时，一次性采购容易造成浪费和资金紧张。很多企业需要在采购方面加强科学合理采购的意识，将对空间和资金的掌控写入采购计划。

（4）法律、法规、制度方面　法规建设滞后严重制约着海洋油气装备行业的发展。迄今为止，我国在海洋油气装备行业尚未形成与管理和施工相配套的规范和法律。很多企业的管理制度游走于法律法规边缘，一旦发生管理事故，极易出现范围不清晰、责任不明确的现象。即使有法规制约，相关管理部门也不对企业管理计划做详细地审核，常常出现“有法不依，执法不严”的情况，一些虚假的招（投）标流程和“人情工程”依然存在。

我国的大型船企基本都是国有企业。国有船舶企业长期以来受计划经济体制的影响，又有国家政策的保护，具有国有企业体制上的弊端。在当前激烈的市场竞争环境下，国有船舶企业要想走出困境，必须加快体制改革的步伐，改善管理方式，成为国际化、信息化、集团化的综合性服务机构，以适应市场竞争。

4. 研发投入的差距

在海洋油气装备研发投入方面，我国海洋油气装备企业与国外的主要区别是：起步晚、认识晚、技术难度高、经验欠缺、经费来源渠道单一和经费来源比例不协调。海洋油气装备的发展是一个系统工程，涉及的利益多且杂，不但需要政府部门发挥职能作用，还需要大型的海洋油气装备企业发挥带头作用，更需要民间的私人企业积极地参与进来，形成良好的市场竞争环境。同时各企业在国家和政府大力扶持的基础上，充分利用政府资金的引导和拉动作用，进一步完善创新政策体系建设，主动实现技术升级，激发市场主体开展研发活动的积极性，加强前瞻性科学研究和原始创新能力的建设，提升企业核心竞争力和品牌认知度。

总体而言，我国海洋能源技术与国外先进水平相比还有很大的差距，特别是在深水油气开发的技术领域，深水钻完井、深水工程技术、应急救援技术等已经成为制约我国深水油气资源开发的瓶颈。因此，要站在国家能源安全的高度制订中长期海洋能源科技发展战略，充分利用和调动社会资源，加大国际合作力度，开展覆盖地下、水中、水面的海洋能源勘探开发工程核心技术攻关，进行深水钻井平台、深水起重敷管船、深水浮式生产平台、深水应急救援装备 4 类装备研发，加快建立具有综合竞争力的海洋能源工程创新技术体系，占领海洋能源开发技术的制高点，维护我国海洋的权益，保障国家能源安全。

要缩小国内外差距，须从以下几方面做起：在技术实施方面，面向深水，立足自主研发，通过引进吸收国外先进技术，努力掌握核心技术和关键技术，实现再创新和自主研制；在生产制造方面，逐步由船体/船壳制造向总承包转变，产品由浅海装备向深海装备扩展；在产品配套方面，提升海洋油气装备配套产品的国产化率，逐步攻克动力定位系统、中央集成控制系统等高端技术与装备。

5.2 我国海洋油气装备的发展机遇

随着陆地油气资源的日渐稀缺，全球海洋油气资源的开发日益高涨，海洋油气装备产业的重要性不言而喻。我国在海洋油气资源开发上还比较薄弱，海洋油气开发主要集中在浅海，对海洋资源的全面利用及深海油气的开发能力还不足，也缺少相应经验。

不过，与国外明显的差距也带来了发展机遇，特别是随着我国众多企业包括造船企业纷纷涉足海洋油气装备产业，加上国家在政策方面的大力扶持，我国海洋油气装备产业迎来了快速发展期。21 世纪的前 10 年，我国海洋油气装备生产总值年均增长率为 16.7%，总体进入又好又快发展阶段。未来 20 年，我国海洋油气装备产业仍将处于成长期阶段。2015—2030 年，将由不成熟逐步走向成熟，增长方式将由粗放型向集约型过渡，海洋资源利用率将大幅提高。到 2020 年，海洋油气装备生产总值占 GDP 的比重将超过 12%，到 2030 年将超过 15%。2030 年后，我国海洋油气装备产业将进入成熟期。未来 10 年将是我国海洋油气装备产业缩小与发达国家距离的关键机遇期。只要国家加大投入力度，瞄准核心技术，带动产业发展，并进一步细化优惠政策，就能做大做强我国海洋油气装备产业。

5.2.1 巨大的市场需求

1. 国内海洋油气装备行业技术积累情况

海洋工程装备主要指海洋资源特别是海洋油气资源勘探、开采、加工、储运、管理、后勤服务等方面的大型工程装备和辅助装备，具有高技术、高投入、高产出、高附加值、高风险的特点，是先进制造、信息、新材料等高新技术的综合体，产业辐射能力强，对国民经济带动作用大。国际上通常将海洋工程装备分为三大类：海洋油气资源开发装备、其他海洋资源开发装备及海洋浮体结构物。海洋油气装备是海洋工程装备的主体，包括各类钻井平台、生产平台、浮式生产储油船、卸油船、起重船、敷管船、海底挖沟埋管船和潜水作业船等。

我国海洋油气装备制造业起步于20世纪七八十年代，实现快速发展是在进入21世纪以后。随着国内外对海洋油气装备需求的增长，我国海洋油气装备制造企业抓住市场机遇，承接了一批具有较大影响力的订单，实现了快速发展。特别是近几年，我国先后自主设计建造了国内水深最深的近海固定式导管架钻井平台，国内最大、设计最先进的30万t浮式生产储卸油装置，当代先进的自升式钻井平台，以及具有国际先进水平的工作水深3 000m的深水半潜式平台等一批先进的海洋油气装备。

海洋油气开发（特别是深水和超深水油气资源勘探开发）已经成为世界油气开采的重点领域，海洋油气开发将会大大推动海洋油气装备行业发展。随着海洋油气装备行业竞争的不断加剧，大型海洋油气装备企业之间的并购整合与资本运作日趋频繁，国内优秀的海洋油气装备生产企业愈来愈重视对行业市场的研究，特别是对企业发展环境和客户需求趋势变化的深入研究。正因为如此，国内一大批优秀的海洋油气装备企业迅速崛起，逐渐成为我国海洋油气装备行业中的领军企业。目前，我国经济的快速发展极大地促进了对能源的需求，我国已成为亚洲最大的石油消费国，同时也是亚洲最大的石油生产国。在从石油生产国向消费国转化的过程中，随着国内石油能源需求量的增大以及国际原油价格的变化，海上石油与天然气的开发在我国油气开采活动中所占的比例将越来越大。

2. 国内海洋油气装备行业将进入高峰期

2017年11月，工业和信息化部、国家发展改革委、科技部、财政部、人民银行、国资委、银监会、海洋局联合印发《海洋工程装备制造业持续健康发展行动计划

（2017—2020 年）》，提出到 2020 年，我国海洋工程装备制造业国际竞争力和持续发展能力明显提升，产业体系进一步完善，专用化、系列化、信息化、智能化程度不断加强，产品结构迈向中高端，力争步入海洋工程装备总装制造先进国家行列。在政策推动下，我国海洋油气装备制造业发展前景广阔，将进入高峰期，并成为全球发展的重心。2018 年上半年，我国海洋工程装备订单总金额达到 24 亿美元，同比增长 44%，全球占比为 45%，居于首位。

5.2.2 合理的总体规划

船舶工业是为水上交通、海洋资源开发及国防建设提供技术装备的现代综合性和战略性产业，是国家发展高端装备制造业的重要组成部分，是国家实施海洋强国战略的基础和重要支撑。为此，“中国制造 2025”把海洋工程装备和高技术船舶作为十大重点发展领域之一加快推进，明确了今后 10 年的发展重点和目标，为我国海洋工程装备和高技术船舶发展指明了方向。高技术船舶具有技术复杂度高、价值量高的特点，是推动我国造船产业转型升级的重要方向。海洋工程装备和高技术船舶处于海洋装备产业链的核心环节，推动海洋工程装备和高技术船舶发展，是促进我国船舶工业结构调整和转型升级、加快我国世界造船强国建设步伐的必然要求，对维护国家海洋权益、加快海洋开发、保障战略运输安全、促进国民经济持续增长具有重要意义。

以海洋油气资源为代表的海洋矿产资源是当前世界海洋资源开发的重点和热点，技术相对成熟，装备种类多，数量规模较大，是未来 5 ～ 10 年产业发展的主要方向。同时，随着海洋波浪能、海流能、天然气水合物、海底金属矿产等海洋资源的开发技术不断成熟，相关装备的发展也将逐步提上日程。表 5-1 为近年来与石油装备行业相关的国家发展规划与政策，这些规划明确了石油装备行业的发展方向和发展措施，并为未来十年我国海洋工程装备的飞速发展打下了坚实的基础。

表 5-1　与石油装备行业相关的发展规划与政策

年份	名称	具体内容
2006	国家中长期科学和技术发展规划纲要（2006—2020）	将大型海洋工程技术与装备列为重点突破的 8 大制造业优先主题
2013	国家重大科技基础设施建设中长期规划（2012—2030 年）	现场探测与观测方面：建成海洋科学综合考察船，满足综合海洋环境观测、探测以及保真取样和现场分析需求；建设海底科学观测网，为国家海洋安全、资源与能源开发、环境监测和灾害预警预报等研究提供支撑

（续）

年份	名称	具体内容
2015	中国制造 2025	大力发展深海探测、资源开发利用、海上作业保障装备及其关键系统和专用设备，推动深海空间站、大型浮式结构物的开发和工程化。形成海洋工程装备综合试验、检测与鉴定能力，提高海洋开发利用水平
2016	全国海洋经济发展“十三五”规划	完善基于生态系统的海洋综合管理体系，统筹海洋开发与保护，巩固海洋权益和利益维护体系，深度参与国际海洋治理，强化海洋业务化体系，提升海洋公共服务能力
2017	海洋工程装备制造业持续健康发展行动计划（2017—2020 年）	到 2020 年，我国海洋工程装备制造业国际竞争力和持续发展能力明显提升，产业体系进一步完善，专用化、系列化、信息化、智能化程度不断加强，产品结构迈向中高端，力争步入海洋工程装备总装制造先进国家行列
2018	增强制造业核心竞争力三年行动计（2018—2020 年）	提出发展海洋资源开发先进装备，与此同时，海洋工程装备制造业创新中心以及海洋工程总装研发设计国家工程实验室等平台也在政府的引导下组建

2010 年，国务院发布《国务院关于加快培育和发展战略性新兴产业的决定》（以下简称《决定》）。《决定》要求各省、自治区、直辖市人民政府，国务院各部委、各直属机构加强战略性新兴产业（主要包括节能环保、信息、生物、高端装备制造、新能源、新材料和新能源汽车等）发展，战略性新兴产业是引导未来经济社会发展的重要力量。《决定》指出：发展战略性新兴产业已成为世界主要国家抢占新一轮经济和科技发展制高点的重大战略，我国正处在全面建设小康社会的关键时期，必须按照科学发展观的要求，抓住机遇，明确方向，突出重点，加快培育和发展战略性新兴产业。

国家发展改革委为贯彻《决定》精神，增强我国在海洋工程装备产业的创新能力和国际竞争力，制定了《海洋工程装备产业创新发展战略（2011—2020）》（以下简称《战略》）。《战略》明确了关于实施海洋工程装备产业创新发展工程的总体部署，组织实施《海洋工程装备研发及产业化专项》（以下简称《专项》）的重要发展战略。《专项》确定了我国在海洋工程装备领域的总体发展规划，按照“以市场为牵引，创新为驱动，总装为龙头，配套为骨干”的总体发展思路，面向国际和国内两个市场，结合主力装备、新型装备、关键配套设备和系统的发展特点，依托海洋工程装备总装制造骨干企业，带动配套设备制造企业，掌握形体设计技术和建造技术，重点突破海洋深水勘探设备、钻井设备、生产设备、工程船舶的设计制造等核心技术，全面提升自主研发设计、专业化制造及设备配套能力。

《专项》确定了发展海洋工程装备的具体实施方式，即结合我国海洋工程装备研发和产业化基础，以及市场需求和工程订单情况，进行顶层设计、定向申报。由总装制造企业牵头，联合配套设备企业共同申报。对于主力装备，重点支持提高自主开发设计能力，优先选择已落实依托工程订单，可完成实船建造的企业。对于新型装备，重点支持总装建造技术开发和提高集成设计能力，设计图样通过船级社审核，力争取得工程订单。对于关键配套设备和系统，重点支持系统集成设计技术、成套试验和检测技术以及制造技术研发和产业化，具备实船试验条件，实现实船安装。

为进一步建设完善国家海洋科技创新体系，提升我国海洋科技创新能力，2016 年，科技部、国土资源部、国家海洋局印发《“十三五”海洋领域科技创新专项规划》（以下简称《专项规划》）。

《专项规划》提出，按照建设海洋强国和“21 世纪海上丝绸之路”的总体部署和要求，开展全球海洋变化、深渊海洋科学、极地科学等基础科学研究，显著提升海洋科学认知能力；突破深海运载作业、海洋环境监测、海洋生态修复、海洋油气资源开发、海洋生物资源开发、海水淡化及海洋化学资源综合利用等关键核心技术，显著提升海洋运载作业、信息获取及资源开发能力；集成开发海洋生态保护、防灾减灾、航运保障等应用系统，通过与现有业务化系统的结合，显著提升海洋管理与服务的科技支撑能力；通过全创新链设计和一体化组织实施，为深入认知海洋、合理开发海洋、科学管理海洋提供有力的科技支撑；建成一批国家海洋科技创新平台，培育一批自主海洋仪器设备生产企业和知名品牌，显著提升海洋产业和沿海经济可持续发展能力。《专项规划》还提出以下具体目标：

1）开展全海深潜水器研制及深海前沿关键技术、深海通用配套技术、深远海核动力平台关键技术等研究，开展 1 000 ～ 7 000m 级潜水器作业及应用能力示范，形成 3 ～ 5 个国际前沿优势技术方向、10 个以上核心装备系列产品。

2）开展海洋环境监测技术研究，发展近海环境质量监测传感器和仪器系统，以及深远海动力环境长期连续观测重点仪器装备，自主研发海洋环境数值预报模式，构建国家海洋环境安全保障平台原型系统。

3）开展海洋资源开发与利用研究，形成 1 500 ～ 3 000m 深水油气资源自主开发能力；研制精确勘探和钻采试验技术与装备，形成海底天然气水合物开采试验能力；完成 1 000m 水深集矿、输送等技术的海上试验；一体化布局海洋生物资源开发利用重点任务创新链，保障我国食品安全，培育与壮大我国海洋生物战略性新兴产业；研发海水淡化资源开发利用关键技术和装备，构建海水淡化利用的技术标准体系；研发海洋能技术与装备，实现海洋能海岛应用示范。

4）发展海洋工程装备工程，建设以企业为主体的海洋技术创新体系，大力推进国家海洋高技术产业基地、科技兴海产业示范基地等建设，建立与之相配套的技术创新中心和研发基地。

5）建设国家重大基础设施和海洋技术创新平台，优化海洋科技创新基地布局，构建各具特色的区域海洋科技创新体系。着力推进军民融合、寓军于民的创新平台建设，为海洋科技创新研究、工程装备研发、产品检验试验和国防建设提供服务。

《专项规划》还提出重点任务，包括深海探测技术研究、海洋环境安全保障、深水能源和矿产资源勘探与开发、海洋生物资源可持续开发利用、极地科学技术研究、开展海洋国际科技合作、基地平台建设和人才培养。

合理的总体发展政策对行业的发展起着不可估量的作用，在国家一系列发展规划与政策的指导下，我国海洋工程装备近 20 年取得了长足的发展，与国外技术水平的差距不断缩小，在国际海洋工程装备领域的影响力不断提升，形成了政策领导发展、发展回馈政策的良性循环。相信在未来 10 年，我国海洋工程装备一定会取得长足的进步，不断突破国外技术封锁，不断攻克一系列“卡脖子”难题，能够与发达国家一争高下。

5.2.3 良好的投资环境

目前，我国对海洋工程装备的投资已开始兴起。据资料显示，截至 2016 年，在全国范围内，规划和在建的海洋工程装备基地已有 20 多个。其中规模较大的投资项目主要由中国石油和中国海油两大石油巨头发起，并联合当地政府兴建。而外商投资的海工项目主要采取合资形式筹建。外商在我国投资的主要海工项目见表 5-2。

表 5-2　外商在我国投资的主要海工项目

名称	所在地	简要说明
韩国 STX 造船项目	辽宁省	该项目由韩国 STX 造船公司在大连长兴岛投资建造，于 2006 年 9 月签约，总投资 9.02 亿美元，于 2007 年 3 月举行开工仪式。工程分为 2 期，包括船用发动机曲轴制造、船用柴油发动机制造、海洋结构物制造等 6 个项目
大连新加坡万邦集团海工项目	辽宁省	2007 年 4 月，长兴岛临港工业区管委会、大连港集团有限公司与万邦集团分别签署了《大连长兴岛公共港区项目投资协议书》《海洋结构物制造项目投资协议书》《船舶修造项目投资协议书》《大连长兴岛临港工业区新加坡万邦集团公务员培训协议》。其中，海洋结构物制造项目的投资共 3 亿美元，主要生产钻井专用的全套生产设备、设施模块，此技术目前仅美国及新加坡等少数国家拥有。该项目的引进填补了国内该项制造技术的空白
中船重工高曼海洋工程技术（大连）有限公司	辽宁省	该项目于 2006 年 9 月由中船重工船舶设计研究中心与美国 F&G 公司共同出资组建。中船重工利用合资方的技术和市场优势，进入海洋工程设计市场。通过合作，中船重工逐步积累了海洋工程设计经验，拓展了技术业务领域，培养了海洋工程方面的专业技术人才，提高了中船重工海洋工程技术的研发能力和设计水平
蓬莱巨涛海洋工程项目	山东省	该项目由中国海油、新加坡胜科集团、中国南山科技开发技术有限公司（深圳）和巨涛海洋石油服务有限公司共同出资组建，项目总投资 2.2 亿美元，主要从事海上石油及天然气钻井平台设计、开发与建造，包括导管架和钢桩、组块、生活模块、浮式生产储卸油装置的上部模块及港口机械和石油化工设备等
青岛武船重工有限公司	山东省	该项目于 2008 年 2 月由中船重工武昌船厂与美国麦克德谟特公司合资组建，主要建造浮式油气生产储存系统、海上及陆上油气生产处理模块、大型综合平台、深吃水立柱式平台浮体等海洋油气工程装备
烟台莱佛士海洋工程有限公司	山东省	该公司是由新加坡公司控股的中外合资企业，主要从事自升式钻井平台、半潜式钻井平台、浮式生产储卸油装置、浮式储油船、平台供应船、敷管船及其他工程作业船的建造
唐山德龙海洋工程项目	河北省	该项目于 2007 年 8 月由德龙公司、韩国 CN 造船公司和唐山中厚板有限公司共同投资建设，总投资 137 亿元，年产值达到 200 亿元。主要从事船舶修理与改装、船舶建造、海洋工程装备及海上构筑物制造等业务
唐山石油钻采设备和海水淡化设备制造项目	河北省	该项目于 2007 年 12 月由挪威阿克科瓦纳公司在河北唐山曹妃甸工业区投资兴建，主要生产钻采设备和海水淡化设备等产品

（续）

名称	所在地	简要说明
江苏启东新加坡遨拓海工项目	江苏省	该项目于2007年10月由新加坡遨拓船务公司投资建设，主要从事海上石油开采服务用船只生产和船舶租赁等业务
日本森松海工项目	江苏省	2007年12月26日，日本森松工业株式会社与江苏如皋港区举行重工及海洋工程项目签约仪式。该项目总投资1.727亿美元，注册资本5 760万美元，预计全部达产后年销售额可达到44亿元
韩通船舶重工有限公司	江苏省	该公司成立于2005年，是一家中韩合资的大型船舶及海洋平台制造企业。2007年，该公司批量承接的挪威船东的浮式生产储卸油装置项目正式开工建造，成为江苏省涉足浮式生产储卸油装置建造的首家造船企业
吉宝（南通）船厂有限公司	江苏省	该公司是由新加坡吉宝集团属下吉宝岸外与海事公司在江苏省南通市于2005年成立的外商独资企业，注册资金为1498万美元，收购原南通渔轮厂资产并对其进行改造，建立海事生产基地，从事海洋钻井平台、各类船舶及其相关机械设备和配件等延伸产品的设计、生产建造、维修和改建
舟山太平洋海洋工程及修造船综合项目	浙江省	2007年1月，该项目在浙江舟山定海区长白岛开工。项目由中国香港嘉里集团下属的新加坡太平洋中国集团私人有限公司投资建设。主要从事石油勘探平台生产、海上浮式储卸装置修造业务。项目分期建设，全部建成后年营业额可达100亿元以上
深圳赤湾胜宝旺工程有限公司	广东省	该公司为中外合资的股份有限公司，总投资3 500万美元。主要有3家股东，分别为：中国海洋石油总公司（占36%），中国深圳赤湾石油基地股份有限公司（占32%），新加坡胜科集团（占32%）。该公司为国内外海洋与陆上工程项目提供产品和服务，是国家海洋工程施工一级资质企业

在产业布局方面，外商在我国投资的海洋工程装备项目主要集中在6个省。从项目数量来看，江苏省最多，辽宁省和山东省次之。

从投资方式来看，大多数项目都是合资方式。部分项目由于投资时间早，当时我国船舶工业投资政策尚未出台，也存在外方控股和外商独资方式。

从投资产品结构来看，大部分项目以生产制造海洋工程装备为主，只有少部分企业涉及海洋工程装备模块设计。这说明外商并没有把最核心的技术转移到我国，我国建造的仅仅是一些海洋平台和海洋钢结构及部分海洋平台装备，它们在整个海洋工程装备产业链中处于价值低端。

因此，建议我国多上一些诸如中船重工高曼海洋工程技术（大连）有限公司、蓬莱巨涛海洋工程项目、青岛武船重工有限公司这样的合资项目，以便吸收国外先进设计技术和建造经验，使我国尽快从海洋工程装备制造低端向高技术、高附加值的海洋工程装备模块设计和制造推进和转移。

5.3 我国海洋油气装备发展面临的挑战

5.3.1 我国海洋油气装备发展取得的成绩

在国家近20年的政策支持下，我国海洋工程装备产业发展取得了显著成绩，市场规模不断扩大，产品结构逐步升级，产业布局基本形成，研发水平得到提高，国际地位明显提升，我国已经成为世界海洋工程装备生产制造的重要国家。我国海洋油气装备产业所取得的成绩主要体现在以下几个方面。

1. 产业环境明显改善

在《国务院关于加快培育和发展战略性新兴产业的决定》等一系列政策的指引下，国家相关部门出台了一系列支持海洋工程装备发展的政策和重大专项，产业支持力度前所未有。这些政策明确了我国海洋工程装备的地位、发展战略和目标。良好的产业发展环境极大地鼓舞了有关地方和相关集团、企业，为我国海洋工程装备产业技术创新能力和国际竞争力的提升提供了重要支撑和保障，有力地促进了我国海洋工程装备产业的持续、健康和协调发展。

2. 市场份额逐渐提升

自2014年油价暴跌开始，海洋工程装备行业就陷入了长达5年之久的低迷期。从2014年开始，全球海洋工程装备成交额急速萎缩，2016年跌入谷底，全年仅成交额52亿美元。2017年，在多个大型海上浮式生产平台订单的带动下，全球海洋工程装备成交额回涨至94.5亿美元，同比增长81.7%，但仍较2011—2013年相去甚远。

在中国、韩国、新加坡三足鼎立的全球海洋工程装备制造业竞争格局中，韩国一直以来都处于领先地位，在高技术和高附加值的浮式生产平台以及深水钻井装备领域优势明显；我国和新加坡的海洋工程装备则主要集中在自升式钻井平台和海工船领域。2017年，韩国凭借其在浮式生产平台建造领域的优势，揽获1座半潜式生产平台、1座浮式液化天然气装置和4座浮式储存及再气化装置的订单，订单总金额高达52.6亿美元，占据了全球海洋工程装备市场55.7%的市场份额，时隔多年重回全球首位；2018年，我国承接各类海洋工程装备订单44艘/座，订单金额合计38亿美元，同比增长84%，占全球市场份额达到40.2%。我国骨干海工装备企业紧盯市场变化，承接了5座高价值量的浮式生产储卸油装置的订单，同时在液化天然气动力守护供应船、液化天然气浮式再气化驳船，以及海上风电安装平台、自升式海洋牧场平台、海上风电多功能抢修船、海上风电安装船和智能化渔场等新型海洋工程装备领域取得突破。

3. 龙头企业脱颖而出

我国目前已基本形成了以环渤海湾地区、长江三角洲地区和珠江三角洲地区为中心的海洋工程装备研发、总装和配套设备产业集聚区。

环渤海湾地区主要有中国船舶重工集团下属的大连船舶重工集团有限公司、青岛北海船厂、青岛武船重工有限公司、山海关船厂、中集来福士、大连中远船务工程有限公司、蓬莱巨涛海洋工程重工有限公司、天津博迈科海洋工程有限公司、中海油青岛海西湾船舶与海洋工程产业基地、中石油青岛海工建造基地等海洋油气装备制造企业和制造基地，以及中海油研究总院、大连理工大学、天津大学等研究机构和高校；长江三角洲地区主要有中国船舶工业集团下属的上海外高桥船厂和上海船厂，南通中远船务、舟山中远船务、招商局重工（江苏）、上海振华重工、惠生（南通）海工等建造企业，以及中国船舶及海洋工程设计研究院、上海船舶研究设计院、上海交通大学、江苏科技大学、上海利策等研究机构和高校；珠江三角洲地区主要有中国船舶工业集团下属的黄埔文冲船厂和澄西广州船厂，中国海油下属的中海福陆、惠州建造基地、湛江建造基地、深圳建造基地，招商局重工（深圳）等建造企业，以及广州船舶及海洋工程设计研究院、华南理工大学、深圳惠尔等研究机构和高校。三大产业集群之外，我国其他地区也分布有一定数量的建造企业和研究院所，如福建船舶工业集团下属的福建东南船厂、马尾船厂和厦门船厂，以及哈尔滨工程大学、武汉理工大学、中船重工第七〇二研究所等。

在我国海洋油气装备产业快速发展的过程中，一批具备国际竞争力的海洋油气装备企业脱颖而出。中国船舶工业集团、中国船舶重工集团、中集来福士、大连中远船务工程有限公司、上海振华重工集团有限公司、招商局重工（江苏）有限公司等海洋油气装备企业在关键技术和设备方面取得突破，管理模式不断优化，设计建造能力持续提升，形成一定的品牌效应，跻身全球领先的海洋油气装备企业行列，获得国际船东的普遍认可。此外，国内从事海洋油气装备产品研发的高校和院所超过20家，产业发展体系正在逐步形成和完善。

4. 产业化能力明显增强

近 20 年来，我国海洋油气装备产品实现了全方位发展，产品结构不断丰富、优化和升级，产品由传统的自升式钻井平台、半潜式钻井平台、浮式生产储卸油装置和海工辅助船进一步扩展至经济型钻井船、浮式液化天然气储存装置、浮式液化天然气储存再气化装置、小型浮式液化天然气生产储卸装置、特种海工作业船等相对高端领域，全面形成水深 500m 以内浅海油气资源开发装备设计建造能力，初步具备了深水和超深水海洋油气开发装备的初步建造能力。

随着基础设施的不断完善、技术管理水平的不断提升及诸多领域的优化创新，我国海洋油气装备企业的建造能力和建造效率快速提升，产业化能力明显增强，在自升式钻井平台、半潜式钻井平台、自升式作业/支持平台、三用工作船、平台供应船等领域均实现了批量化建造。自升式钻井平台和海工支持船占据全球 50% 的市场份额，稳居全球首位。深水半潜式钻井平台所占市场份额也持续扩大，2015 年包揽了全球 5 座半潜式钻井平台的订单。与此同时，Tiger 系列钻井船及萨卡里玛号、玛丽卡号和伊利亚贝拉号浮式生产储卸油装置等装备的成功建造也标志着我国海洋油气装备企业在大型深水浮式储卸油装置、钻井船等高端海洋油气装备领域已具备了产业化能力。

5. 关键技术取得突破

在国家相关科研项目支撑以及海洋油气装备企业加大研发投入的共同推动下，我国海洋油气装备产业在多个关键技术领域取得突破。如深海高稳性圆筒形钻探储油平台的关键设计与制造技术、浮式钻井储油平台总段下水及旋转合拢对接方法、超大型海上风电安装船研制与工程应用，大型自升式钻井平台总体性能和主尺度论证、桩腿结构型式及强度设计技术、钻井设备配置及系统设计技术、自升式平台桩腿设计及组装精度控制技术、升降系统与锁紧装置控制技术、超高强度材料焊接技术、半潜驳船和浮船坞预配仿真与实时配载关键技术及软件实现接载下水技术等关键技术领域均取得实质性突破。

同时，国内海洋油气装备企业还建成交付一批全球领先的海洋油气装备。如半潜式钻井平台蓝鲸 1 号、半潜式钻井平台海洋石油 981、圆筒形超深水钻探储油平台希望钻探号、半潜式圆筒形海洋生活平台希望 7 号、深水半潜式钻井平台中海油服兴旺号及萨卡里玛号、玛丽卡号和伊利亚贝拉号浮式生产储卸油装置等。

6. 国际地位明显提升

随着我国海洋油气装备建造水平的不断提升，我国海洋油气装备企业的建造能力和其产品质量在国际上获得普遍认可。我国承接的海洋油气装备订单80%来自于国外船东，包括全球大型钻井承包商挪威Seadril公司、全球第一大海工船船东Tidewater公司、法国大型海工船船东波邦集团、全球领先的浮式生产储卸油装置运营商SBM Offshore公司和MODEC公司、意大利工程施工企业Saipem公司、巴西国家石油公司等一大批国际领先的船东和客户。

在实际应用方面，上海外高桥造船有限公司建造的海洋石油981部署在南海进行深水钻探作业，打破了国外在超深水钻井领域的垄断局面；南通中远船务工程有限公司、中集来福士等企业交付的深水、超深水钻井平台在墨西哥湾、北海油田钻井作业平台综合评分中，获得高分并受到广泛好评，为世界海洋工程装备领域所瞩目。此外，舟山中远船务工程有限公司还获得法国道达尔（Total）国际供应商资质，正式入围道达尔合格供应商名录，其海工模块、海工生活平台、浮式生产储卸油装置等海工产品的建造和改装能力获得国际主流客户的认可。

7. 核心设备研发取得突破

我国海洋油气装备本土化进程加快，核心设备与系统的研发取得突破，部分装备实现产业化。如南阳二机石油装备集团股份有限公司对钻深为5 000m的自升式钻井平台钻机的关键技术进行了创新，实现了重大突破；宏华集团自主研发出海洋钻井包，并在Tiger系列钻井船上得到应用；哈尔滨工程大学、中船重工第七〇二所等各大高校及研究机构突破DP3动力定位系统技术，打破了国外垄断，实现了我国自主设计开发并集成的动力定位系统的首次实船海试；南通中远船务工程有限公司研发成功SD-01海龙系列深潜泵，在邦嘉号自升式驳船上获得应用；南京中船绿洲机器有限公司开展180t定位绞车及系统、250t锚系处理绞车、鲨鱼钳、挡缆桩及尾滚筒等新产品研发，完成深水定位系泊导向装置（即链擎装置）的样机试制和实验验收；中船华南船舶机械有限公司完成600t重型海洋起重机、80t钻井船海洋起重机研制；宝石石油机械有限责任公司完成E级和H级深水钻井隔水管样机；上海振华重工（集团）股份有限公司成功研制出全球最大的12 000t全回转浮吊、8 000t固定双臂架浮吊，其研制的3 800kW大功率可升降全回转吊舱推进器系统部件的国产化率达到了80%，还成功研制了敷管系统、自升式平台升降系统及电控系统并进入国际市场。

国内海洋油气装备配套产业在水下系统方面也取得突破。如中国海洋石油研究总院完成水下生产脐带缆研制；华北荣盛机械制造有限公司完成3 000m深水防喷器组及其控制系统关键设备工程样机，并获得美国石油学会和中国船级社认证；江钻股份公司成功研制出国内首台深水水下采油树样机等。

8. 设计建造能力明显提升

我国海洋油气装备企业贯彻“走出去”和“引进来”战略，加强与国外企业的合作与交流，共同开展工程设计或产品研制。如中集来福士在波斯湾、里海、墨西哥湾和俄罗斯等国家和地区完成了多个高端海洋油气装备总包项目，打造了“中国制造 + 中国资本 + 中国运营”的范例；海洋石油工程股份有限公司与法国 Technip 公司合作，开展南海 TLP 项目的前端工程设计；中船黄埔文冲船舶有限公司与美国 Zentech 公司联合开发 R-550D 自升式钻井平台等。

同时，我国海洋油气装备企业收购了一批国外设计企业，设计能力快速提升。如中交集团收购美国钻井平台设计企业 F&G 公司，中航国际收购芬兰著名船舶及海工设计企业 DeltaMarin 公司，中集集团收购瑞典海工平台设计企业 Bassoe Technology 公司，中国南车时代电气有限公司收购全球第二大深海机器人供应商英国 SMD 公司、山东海洋工程装备有限公司收购挪威钻井承包商 Northern Offshore 公司。通过对外合作，我国海洋油气装备企业研发水平和创新能力大大增强，建造能力快速提升，加快了我国海洋油气装备的高端化、产业化和国际化进程。

9. 一批自主品牌涌现

通过加大研发投入和吸收国外设计经验，我国海洋油气装备自主设计能力大幅提升。目前，我国已完全具备了浅水油气开发装备的自主设计能力，同时也开展了深水钻井船、浮式生产储卸油装置等高端装备自主设计和制造的研究，并自主完成一批深水、超深水油气开发装备的设计和建造。以海洋石油 981 和海洋石油 201 为代表的深水油气装备的成功建造和陆续投入作业，标志着我国深海油气装备制造取得重大突破。我国首个自主品牌 Tiger 钻井船下水，标志着我国拥有完全自主知识产权的钻井船成功实现工程化。

在我国海洋油气装备企业的研发和制造实力不断加强的背景下，我国在海洋工程船舶、自升式及半潜式钻井平台等产品领域逐渐形成一批具备自主知识产权的自主品牌。如大连船舶重工集团有限公司在国内率先开发出具有自主知识产权的 DSJ 系列自升式钻井平台和 DSAJ400 型自升式生活服务平台，获授权专利 50 项，打破国外技术垄断；中集来福士也推出自主设计的 TAISUN350 型自升式钻井平台和 BT5000 型半潜式钻井平台；太平洋造船集团有限公司开发出具有自主知识产权的 SPP 系列中大型海工船和 SPA 系列小型海工船；武昌船舶重工有限责任公司通过对国外设计理念的消化吸收，从联合设计走向了独立设计，自主研发了4 000 ～ 32 000hp（1hp=745.7W）多用途平台工作船等系列船型，形成新一代高效节能的专利船型。

虽然我国海洋油气装备产业发展迅猛，取得了骄人的成绩，但是随着低油价成为新常态，全球海洋油气装备市场进入深度调整期，我国海洋油气装备产业也面临着前所未有的挑战，但这同时也为我国海洋油气装备产业实现“弯道超车”带来机遇。未来，我国海洋油气装备产业将进一步优化产业结构，加大自主配套体系建设，培养专业化人才，提升建造水平和建造效率，在应对低迷市场的同时，实现我国海洋油气装备产业做强做优的目标，迎来更加辉煌的明天。

5.3.2 我国海洋油气装备发展面临的挑战

总体来说，与世界海洋油气装备产业强国相比，我国海洋油气装备产业还存在建造效率相对较低、管理水平不高、高端装备所占的市场份额较小、研发设计创新能力薄弱、核心技术依赖国外、配套设备系统发展缓慢、相关服务业发展滞后、商业模式不适应国际市场等问题。面对世界海洋油气装备技术创新不断加快、装备要求越来越高及国际竞争日益激烈的挑战，我国海洋油气装备要做强做优，依然任重道远。

首先，海洋科技成果的供给质量和效率不高，海洋科技对沿海地区经济增长和社会发展的贡献有待进一步增强。我国在深水、绿色、安全等关键领域的核心技术自给率很低，在部分关键核心技术领域与发达国家有差距，而深水、绿色、安全的海洋高科技与技术是海洋强国竞争的制高点。当前，我国在深海开发、海洋经济的绿色发展以及海上安全保障等方面的科技创新能力还严重不足。

其次，促进海洋科技成果转化的体制机制还有待完善，以企业作为主体的海洋技术创新体系尚未形成。结合我国实际来看，随着科技兴海战略的深入实施，海洋信息共享工作在数据内容、标准规范和技术路线上不断扩展、改进，取得了显著成效。但已建立的海洋信息共享平台分散在各地区或不同业务部门，数据表达存在较大差异，彼此间关联程度低，难以发挥信息资源的整体效益。

此外，我国海洋工程装备领域还面临着高级技工人才短缺的问题。2017 年 2 月，由教育部、人力资源和社会保障部、工业和信息化部等部门共同印发的《制造业人才发展规划指南》明确提出，我国海洋工程装备及高技术船舶制造业作为“中国制造 2025”战略部署的十大重点领域之一，至 2020 年，人才缺口预计为 16.4 万人，而至 2025 年，人才缺口预计将高达 26.6 万人。

5.4 我国海洋油气装备的发展前景

在海洋油气产业持续快速发展的带动下，世界海洋油气装备产业正处于高速发展的新时期，市场需求强劲。海洋油气装备产业是直接关系到海洋油气资源开发、影响国家能源稳定和经济安全的战略性新兴产业。

海洋油气装备国产化是实施海洋油气开发战略的现实选择。随着大陆架油气资源的日益枯竭和人们对海洋油气资源认识的不断深化，海洋油气资源的开发利用已成为世界 100 多个沿海国家的科技竞争焦点、战略发展重点和经济增长点。在世界海洋产业构成中，油气资源的勘探、开发与综合利用一直位居首位，占到全球海洋产业总产值的 25% 左右。目前，全球有 100 多个国家和地区正在进行海上油气的勘探开发。在中东、里海、中国南海等海域，周边国家围绕海洋油气开发引发了诸多领海主权争端，预计今后围绕油气资源的争夺及冲突会进一步加剧。我国是海洋大国，根据《联合国海洋法》的规定，我国可管辖的海洋国土面积达 300 万 km^2。目前，我国的海上油气开采主要集中在近海，渤海湾素有“海上大庆”之称。经初步估计，整个中国南海的石油地质储量大致在 230 亿～300 亿 t 之间，天然气总地质资源量约为 16 亿 m^3，约占我国总资源量的 1/3，其中，70% 蕴藏于面积为 153.7 万 km^2 的深海区域，属于世界四大海洋油气聚集中心之一。中国南海有“第二个波斯湾”之称。21 世纪，世界油气资源将会更多地依赖海洋。

为保障国家长远的油气安全，中国石油响应国家提出的“立足国内，实现多元化”的油气战略，要在大力推进内陆油气资源开发的同时，努力向资源蕴藏丰富的海洋发展，形成新的油气接替区，以减缓油气进口的压力。这对我国海洋油气装备产业的发展必将产生深远的影响。

实施装备国产化是实现科技兴国，振兴民族工业的需要。海洋油气开发装备产业是以资本密集和技术密集为主要特征、为海洋油气资源开发提供生产工具的企业的集合，是海洋油气产业与装备制造业的有机结合体，包括海洋石油和天然气的钻井平台、采油平台、钻井成套设备、钻井采油设备、油气分离处理设备、油气集输设备等核心工程装备企业，以及钻井采油辅助系统、海洋船舶工程通用系统等配套工程装备企业。

海洋油气装备产业是涉及国家能源稳定和国家经济安全的战略性新兴产业，直接关系到海洋油气资源的开发能力，是沿海经济发达国家重点扶持和发展的基础性和战略性新兴产业，同时也是海洋高新技术发展的重要领域，其发展水平直接反映出一个国家在海洋油气资源开发领域的科学技术、工艺设计、材料、加工制造等方面的综合配套能力，具有资本与技术含量高、附加价值高、成套性强、需要跨行业配套制造等特点。因此，振兴海洋油气装备制造业有利于提高国民经济各行各业的技术水平和劳动生产率，从而提升民族工业的整体实力与竞争力，对民族工业的现代化进程具有深远意义。

近几年，一场围绕我国沿海大陆架的海上石油争夺战正在升级。为保障国家长远的油气安全，国家提出了“立足国内，实现多元化”的油气战略。然而，目前我国海洋油气装备及工程技术的落后严重制约着海洋油气大规模开发的进程。因此，从国家“能源战略、经济安全”角度看，自主发展我国海洋油气装备产业势在必行。

参考文献

[1] 王莹莹，段梦兰，冯玮，等．西非深水油气田典型开发模式分析 [J]. 石油矿场机械，2010，39（11）：1-8.

[2] 郭放，段梦兰，张龙．基于全生命周期的海洋油气项目集风险管理 [J]. 中国安全生产科学技术，2019，15（3）：148-153.

[3] 周守为，李清平，朱海山，等．海洋能源勘探开发技术现状与展望 [J]. 中国工程科学，2016，18（2）：19-31.

第 6 章

我国海洋油气装备重点发展项目

6.1 我国海洋油气装备发展路线

“中国制造 2025”明确提出，我国船舶工业应紧紧围绕海洋强国战略和建设世界造船强国的宏伟目标，充分发挥市场机制作用，顺应世界造船竞争和船舶科技发展的新趋势，强化创新驱动，以结构调整、转型升级为主线，以海洋工程装备和高技术船舶产品及其配套设备自主化、品牌化为主攻方向，以推进数字化网络化、智能化制造为突破口，不断提高产业发展的层次、质量和效益。力争到 2025 年成为世界海洋工程装备和高技术船舶领先国家，实现船舶工业由大到强的质的飞跃。

按照突出重点、有所为有所不为、分期分批实施的原则，开展海洋工程装备的技术研发。主要抓住两个发展原则，一是瞄准需求、抓住主流，着眼于我国南海油气开发的现实紧迫需求和提高国际市场占有率，以具有一定基础的主流海洋工程装备为重点，着重提高自主研发能力，突破设计瓶颈。二是统筹兼顾，远近结合，兼顾配套设备发展，尤其是关键配套设备研制，推动配套设备与海洋工程装备协同发展；兼顾基础共性技术研究，发挥海洋工程装备的共性基础技术支撑作用，提升可持续发展能力。将当前需求与长远发展相结合，加大市场前景广阔的新型装备的研究力度，增强技术储备。主要发展思路如下：

（1）优化结构调整　产业集中度大幅提升，前 10 家造船企业造船完工量占全国总量的 70% 以上，形成一批核心竞争力强的世界级先进船舶和海洋工程装备制造企业；配套能力明显增强，散货船、油船、集装箱船三大主流船型，高技术船舶和海洋工程装备本土化设备平均装船率分别达到 80%、60% 和 40% 以上，成为世界主要船用设备制造大国；骨干船舶、海工装备和配套设备企业基本建立全球研发、营销和服务体系。

骨干船厂全面建立精益制造体系，自动化、数字化、智能化水平显著提升，建成一批智能车间和智能生产线。大中型企业资源计划系统（ERP）普及率和数字化设计工具普及率均达到 97%，关键工艺流程数控化率达到 90%。船舶和海工产品质量品牌信誉度明显提高，船舶“白名单”企业造船效率达到 15 ～ 20 工时/修正总吨，标杆企业造船效率达到国际先进水平，经济效益实现稳步提升。

（2）增强关键系统和设备研制能力　在甲板机械、钻井包、平台升降系统、油气生产模块、液化天然气装卸系统等领域形成若干品牌；在深海锚泊系统、动力定位系统、深海敷管系统、水下作业系统、脐带缆和挠性立管、液化天然气转运及再气化系统、海洋观测/监测设备、水下运载器、海上通信组网装备等领域实现设计建造和应用，实现小于 500m 水深水下生产系统示范应用。

加强关键技术与产品试验验证能力建设，推广采用先进成形和加工方法等，大幅提高船用中高速机、电力推进系统、甲板机械、智能航行系统，以及海工平台钻井包、电站、系泊定位系统等配套设备的性能稳定性、质量可靠性和环境适应性，达到国际先进水平。培育和弘扬精益求精的工匠精神，引导企业树立质量为先、信誉至上的经营理念，攻克一批制约产品质量提升的关键共性技术，推进我国船舶制造品质升级。

（3）攻克海洋工程装备领域关键技术　基本掌握深海油气资源开发装备的建造技术，装备经济性、安全可靠性、环保性、智能化水平全面提高，在部分优势领域形成若干世界知名品牌；突破海洋矿产资源、天然气水合物等开采装备，万米载人/无人潜水器等谱系化系列探测装备，岛礁/锚泊浮台信息系统、海上综合实验船等感传一体化海上综合信息基础装备，波浪能/潮汐能、温差能等海洋可再生资源开发装备，以及海水淡化和海水提锂等海洋化学资源开发装备的部分关键核心技术，极地海洋工程装备研发能力和技术储备明显增强。

（4）提升企业实力　初步形成 2 ～ 3 家海洋工程整体解决方案供应商和总承包商，形成 4 ～ 5 家世界级海洋工程装备总装建造企业和若干专业分包商。

紧跟市场需求，在散货船、油船、集装箱船、自升式钻井平台、半潜式钻井/支持平台、海洋工程作业船和辅助船等领域打造一批技术先进、成本经济、建造高效、质量优良、有较高信誉度的国际知名品牌，并推动品牌产品向高技术船舶、深海海洋工程装备全面拓展。扩大船舶动力、甲板机械等核心配套领域国产品牌影响力。建设品牌文化，加大我国品牌宣传推广力度，树立我国船舶制造品牌良好形象，提升品牌附加值和软实力。

6.2　海洋油气钻井平台项目

6.2.1　海洋油气钻井平台概况

海洋油气装备主要是用于海洋油气开采的装备，其中携带海洋钻机的装备可称为海洋钻井装备。海洋油气钻井装备可以概分为固定钻井装备和可移动钻井装备两大类。海洋油气钻井装备分类如图 6-1 所示。

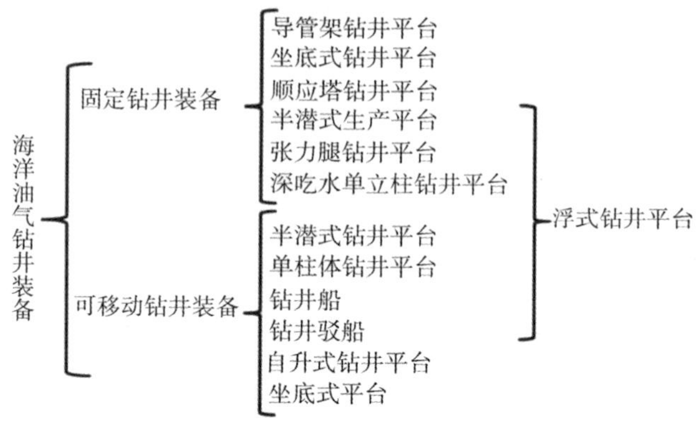

图 6-1 海洋油气钻井装备分类

固定钻井装备一般作业于固定海域，多为综合处理平台。配备钻机模块，在项目前期提供钻井作业，在油气田生产过程中提供调整井及修井服务。

可移动钻井装备的主要功能是钻、修井，可以往返于不同油气田实施钻、修井作业。其中，半潜式钻井平台、单柱体钻井平台、钻井船多配备动力定位系统，具备自航能力（少数比较老的半潜式钻井平台不具备自航能力）；自升式钻井平台不具备自航能力。

半潜式生产平台、张力腿平台、深吃水单立柱平台、半潜式钻井平台、单柱体钻井平台、钻井船、钻井驳船均为浮式平台，后四者为可移动浮式平台。以下就一些主要的钻井平台作详细介绍。

1. 海洋油气钻井平台

（1）半潜式钻井平台　半潜式钻井平台又称立柱稳定式钻井平台，是大部分浮体没于水面下的一种小水线面的移动式钻井平台，是从坐底式钻井平台演变而来的，如图 6-2 所示。

半潜式钻井平台由平台本体、立柱和下体或浮箱组成。此外，在下体与下体、立柱与立柱、立柱与平台本体之间还有一些支撑与斜撑连接。下体间的连接支撑一般都设在下体的上方，这样，当平台移位时，可使它位于水线之上，以减小阻力。平台上有钻井机械设备、器材和生活舱室等，供钻井工作用。平台本体高出水面一定距离，以避免波浪的冲击。下体或浮箱提供主要浮力，沉没于水下以减小波浪的扰动力。连接平台本体与下体的立柱具有小水线面的剖面，主柱与主柱之间相隔适当距离，以保证平台的稳性，所以该类平台又被称为立柱稳定式钻井平台。

图 6-2 半潜式钻井平台

由于半潜式钻井平台对波浪的运动响应较小，在几种钻井平台中得到很大发展。在海洋油气开发工程中，它不仅可用于钻井，还可用于生产平台、敷管船、供应船、海上起重船等。随着海洋开发逐渐由浅水向深水发展，半潜式钻井平台的应用领域有油与气的储存、离岸较远的海上工厂、海上电站等。

欧美企业仍是世界大多数海洋油气开发工程的总承包商，掌握着海洋油气田开发方案设计、装备设计和油气田工程建设的主导权，为降低开发风险，它们会选择具有技术优势的欧美企业负责装备设计工作。半潜式钻井平台主要供应商见表 6-1，其中 Aker Solution 公司设计的半潜式钻井平台数量占目前运营数量的 1/4 以上；GVA 公司是除 Aker Solution 公司以外设计半潜式钻井平台最多的企业，占总数的 1/5。此外，F&G 公司和 Gusto MSC Keppel 公司也设计了部分半潜式生产平台。

表 6-1 半潜式钻井平台主要供应商

设备类型	主要供应商（所属国家）
船体设计	Aker Solution（挪威）、Bennett Offshore（美国）、Doris Engineering（美国和法国）、Exmar Offshore（美国）、F & G（美国）、FloaTEC（美国）、Gusto MSC keppel（荷兰）、GVA（瑞典）、Kvaerner（挪威）、MODEC（美国）、SBM Offshore（美国）、TechnipFMC（美国）、WorleyParsons INTECSEA（美国）
上部工程	Aker Solution（挪威）、Audubon Engineering Solutions（美国）、CB&I（美国）、Doris Engineering（美国和法国）、KBR（美国）、Kvaerner（挪威）、McDermott（美国）、TechnipFMC（美国）、Wood Group（美国）、WorleyParsons（美国）

（续）

设备类型	主要供应商（所属国家）
船体组块	BraFELS（巴西）、中集来福士（中国）、中远船务集团大连造船厂和青岛造船厂（中国）、大宇造船海洋株式会社（韩国）、现代重工（韩国）、Kvaerner Stord AS（挪威）、三星重工（韩国）、胜科集团（新加坡）
上部组块	BraFELS（巴西）、精砺控股（新加坡）、大宇造船海洋株式会社（韩国）、Gulf Island Fabricators（美国）、Gulf Marine Fabricators（美国）、现代重工（韩国）、Kiewit（美国）、Kvaerner Stord AS（挪威）、Kvaerner Verdal AS（挪威）、McDermott（墨西哥、印度尼西亚、阿拉伯联合酋长国）、三星重工（韩国）

亚洲国家在世界海洋工程装备制造领域起主导作用。在亚洲，韩国、新加坡、中国和阿拉伯联合酋长国是主要的海洋工程装备制造国。韩国垄断了钻井船市场，振华重工、中集集团、三星重工、大宇造船、现代重工和STX造船占据了大部钻井船市场份额，市场占有率达94%。韩国和新加坡则占据了浮式生产储卸油装置的改装和新建市场，市场占有率分别高达67%和82%。在自升式钻井平台和半潜式钻井平台建造领域，新加坡、中国和阿拉伯联合酋长国占据主导地位。

（2）张力腿钻井平台　张力腿钻井平台是在半潜式钻井平台基础上发展起来的一种深水顺应式平台，它解决了传统移动式平台运动性能和定位难以满足深水作业需求的问题，适应水深为500～1 500m。张力腿钻井平台的浮体结构与半潜式钻井平台类似，一般由上部模块、甲板、船体（下沉箱）、张力钢索及锚系和底基等构成。船体（下沉箱）由3组、4组或更多组沉箱组成，下设3～6组或多组张力钢索，垂直海底锚定。自1984年第一座张力腿钻井平台在北海建造安装以来，张力腿钻井平台已发展成三种类型，即传统型张力腿钻井平台、迷你式张力腿钻井平台和延伸式张力腿钻井平台。

20世纪90年代，传统型张力腿钻井平台技术趋于成熟，平台结构一般呈矩形或三角形，上体通过3根或4根立柱与下体连接，立柱为圆柱形结构。迷你式张力腿钻井平台采用了非常独特的单柱式设计，打破了传统型延伸式张力腿钻井平台的3柱或4柱式结构。延伸式张力腿钻井平台采用延伸悬臂梁设计，同时采用了类似浮箱的临时性补稳装置，使平台的动力性和稳定性得到了大幅提升。

张力腿式钻井平台如图6-3所示。

图 6-3　张力腿式钻井平台

张力腿钻井平台的主要优点有：①垂向运动很小，水平方向运动为顺应式，结构惯性力主要是水平方向的回弹力；②在钻井和完井时，微小的升沉和平移运动（平移运动仅为水深的 1.5% ～ 2%）主要由水中和井内相对细长的钻具及专用短行程补偿器补偿；③平台的结构造价一般不会随水深增加而大幅度增加，传统型张力腿钻井平台为 5.0 亿～ 6.0 亿美元，而迷你式和延伸式张力腿钻井平台为 1.5 亿～ 2.5 亿美元，建造成本显著降低；④采用悬链式立管，浮体与上部模块的集成可在建造码头边进行，使海上安装和维护成本有效降低。

张力腿钻井平台的发展趋势：①寻求更为经济有效的结构型式，以适应超深水（2 500m 以上）海域或极深海边际油田的开发需要；②平台整体性能优化，包括平台本体与张力腿系统的受力和运动响应研究、锚固基础研究等；③张力腿系统研究，包括张力腿的极限承载能力、疲劳断裂的可靠性及其材料、直径、重量分布等，改善张力腿系统与极限水深的关系。

截至 2018 年，全球共有 28 座张力腿钻井平台在服役。Conoco Phillips 公司在 1 425m 的深海中成功使用了张力腿钻井平台，这也是目前工作水深最深的张力腿钻井平台。张力腿钻井平台主要分布在美国墨西哥湾（18 座）、西非（5 座）、巴西（1 座）、北海（2 座）及东南亚（2 座）等海域。虽然张力腿钻井平台的应用数量不多，但是其应用海域很广，仅次于浮式生产储卸油装置。张力腿钻井平台主要有两个应用方向，即大型化的综合生产处理平台和小型化的井口平台。张力腿钻井平台的最大优势在于其可以支撑干式井口。在油价处于高位或是比较平稳的时候，石油公司一般愿意采用初始投资较大后期维护费用较低的张力腿钻井平台。而在油价处于低位或是波动比较大的时候，石油公司则更愿意采用初始投资较小的水下生产系统。由此可见，未来一段时间，张力腿综合生产处理平台由于需要高油价的支撑，其发展会受到影响。而张力腿井口平台仍然具有一定的经济优势，可以广泛用于中等水深的中小型油气田的开发。

张力腿钻井平台的船体设计和上部工程管理仍然由挪威和美国企业主导，马来西亚的 Technip MHB Hull Engineering 公司也参与其中。船体组块和上部组块建造则多为亚洲企业承接，主要有韩国大宇造船、三星重工、现代重工，新加坡的吉宝船厂，我国的中远船务等。张力腿钻井平台主要供应商详见表 6-2。

表 6-2　张力腿钻井平台主要供应商

设备类型	主要供应商（所属国家）
船体设计	Aker Solution（挪威）、Doris Engineering（美国和法国）、FloaTEC（美国）、HOE（美国）、MODEC（美国）、SBM Offshore（美国）、TechnipFMC（美国）、Technip MHB Hull Engineering（马来西亚）、WorleyParsons INTECSEA（美国）
上部工程	Aker Solution（挪威）、Audubon Engineering Solutions（美国）、CB&I（美国）、Doris Engineering（美国和法国）、KBR（美国）、McDermott（美国）、TechnipFMC（美国）、Wood Group（美国）、WorleyParsons（美国）
船体组块	BraFELS（巴西）、中远船务集团启东造船厂（中国）、大宇造船海洋株式会社（韩国）、吉宝 FELS 船厂（新加坡）、大马海事重工（马来西亚）、胜科集团（新加坡）、三星重工（韩国）、Signal Shipyard（美国）
上部组块	Dragados Offshore（墨西哥）、大宇造船海洋株式会社（韩国）、Gulf Island Fabricators（美国）、Gulf Marine Fabricators（美国）、现代重工（韩国）、吉宝 FELS 船厂（新加坡）、Kiewit（美国）、Kvaerner Stord AS（挪威）、Kvaerner Verdal AS（挪威）、McDermott（墨西哥、印度尼西亚、阿拉伯联合酋长国）、大马海事重工（马来西亚）、三星重工（韩国）

（3）单柱式钻井平台　单柱式钻井平台是一种通常呈圆柱形的深水采油平台。它首先是由 Edward E Horton 公司于 1987 年在张力腿钻井平台的基础上制造的。单柱式钻井平台的重心通常低于浮心，能保证较好的稳性，具有很好的运动性能，适用水深范围广。单柱式钻井平台的吃水较深、水线面积较小，可以采用干式采油树结构，同时还具备较大的储油能力。单柱式钻井平台包括上体结构、主体结构和系泊结构三部分。单柱式钻井平台适应的水深为 550 ～ 3 000m，属于顺应式平台，被广泛应用于人类开发深海的事业中，担负着钻探、生产、海上原油处理、石油储存和装卸等各种工作，成为当今世界深海石油开采的有力工具。

1996 年，世界上建成的第一座经典式单柱式钻井平台，是封闭式单柱圆筒结构，体形巨大，主体长度为 215m，直径在 23m 以上，作业于墨西哥湾水深 588m 的海域。2002 年，建成了第一座桁架式单柱式钻井平台，其结构的主要特征是上部为封闭式圆柱体，中部为开放式构架结构，下部是底部压载舱，主体长度以及直径分别在 165m 和 27m 以上，作业于墨西哥湾水深 1 128m 的海域。2004 年，建成了第一座蜂巢式单柱式钻井平台，其主体由 7 个小型中空圆柱体组成，每个圆柱体的直径都是 6m，封闭式主体由 6 个位于外部的圆柱体围绕着一个处于中央位置的圆柱体而构成，各圆柱体之间的距离为 0.6m，采用钢架结构固定；主体总长为 171m，有效直径 20m，作业于墨西哥湾水深 1 615m 的海域。目前，世界上最大的单柱式钻井平台、也是第一座具有储油功能的单柱式钻井平台（Aasta Hansteen Spar），位于北海海域 PL218 区块 Aasta Hansteen 气田群。该气田群包括 Luva、Snefrid Nord 和 Haklang 等气田，离岸距离为 300km，平均水深约 1 270m。

单柱式钻井平台如图 6-4 所示。

图 6-4　单柱式钻井平台

单柱式钻井平台的主要优点：在海洋环境中运动性稳定，安全性好，动态定位方便，缆索系泊系统固定使得单柱式钻井平台便于拖航和安装。与固定式平台相比，其造价不会随水深增加而急剧提高；与张力腿平台相比，其造价更低。

单柱式钻井平台的发展趋势：近年来各国相继提出了一些改进单柱式钻井平台的概念，并对其结构、疲劳、水动力等各方面的性能进行研究，目标是进一步改进其结构，改善其运动性能，降低建造成本。如美国 Nov-ellentLLC 公司于 2000 年提出了几何单柱式钻井平台概念，上海交通大学海洋工程国家重点实验室于 2006 年提出了多柱桁架式单柱式钻井平台概念，以及 AGRDDS 公司提出的多柱式浮式单柱式钻井平台概念等。单柱式钻井平台的动力响应特性、疲劳分析、垂荡板及侧板的设计、平台主体与系泊系统及平台构件间的耦合作用及涡激运动研究等是当前的热点。

深水单柱式钻井平台发展较早，应用于海洋开发已有 30 多年历史。深水单柱式钻井平台主要供应商见表 6-3。

表 6-3　深水单柱式钻井平台主要供应商

设备类型	主要供应商（所属国家）
船体设计	Aker Solution（挪威）、Bennett Offshore（美国）、FloaTEC（美国）、Houston Offshore Engineering（美国）、TechnipFMC（美国）、WorleyParsons INTECSEA（美国）
上部工程	Aker Solution（挪威）、AMEC Foster Wheeler（美国）、Audubon Engineering Solutions（美国）、CB&I（美国）、KBR（美国）、McDermott（美国）、TechnipFMC（美国）、Wood Group（美国）、WorleyParsons（美国）
船体组块	Gulf Marine Fabricators（美国）、现代重工（韩国）、大马海事重工（马来西亚）、McDermott（阿拉伯联合酋长国和印度尼西亚）、TechnipFMC（芬兰）
上部组块	大宇造船海洋株式会社（韩国）、Dragados（西班牙）、Dragados Offshore（墨西哥）、Gulf Island Fabricators（美国）、Gulf Marine Fabricators（美国）、Heerema Fabrication Group（荷兰）、现代重工（韩国）、Kiewit（美国）、Kvaerner Stord AS（挪威）、McDermott（墨西哥、印度尼西亚、阿联酋）、大马海事重工（马来西亚）、三星重工（韩国）、胜科集团（新加坡）

（4）浮式生产储卸油装置　浮式生产储卸油装置可在水深十几米到几千米的范围内工作，广泛应用于环境恶劣的海域。随着 1977 年世界第一座浮式生产储卸油装置在地中海海域投入运行，海上油田开发节省了远距离长输管道和终端设施建设所需的工程投资。浮式生产储卸油装置甲板上密布着各种生产设备和管路，并与井口平台的管线连接，设有特殊的系泊系统、火炬塔等复杂设备，一般与水下采油装置和穿梭油轮组成一套完整的生产系统。浮式生产储卸油装置如图 6-5 所示。

浮式生产储卸油装置的主要优点：①应用灵活并具备自航能力，承重能力和抗风浪能力强；②甲板上生产设备布局合理，可供利用空间较大；③系统整合能力强，可与导管架钻井平台、自升式钻井平台、海底采油装置和穿梭油轮组成完整的海上采油、油气水分离、含油污水处理和原油储卸油系统，可定期、安全、快速地通过卸油装置将原油卸入穿梭油轮并运输到岸上；④生产系统投产快、投资少，可以转移重复使用，从而实现了油田的全海式开发。

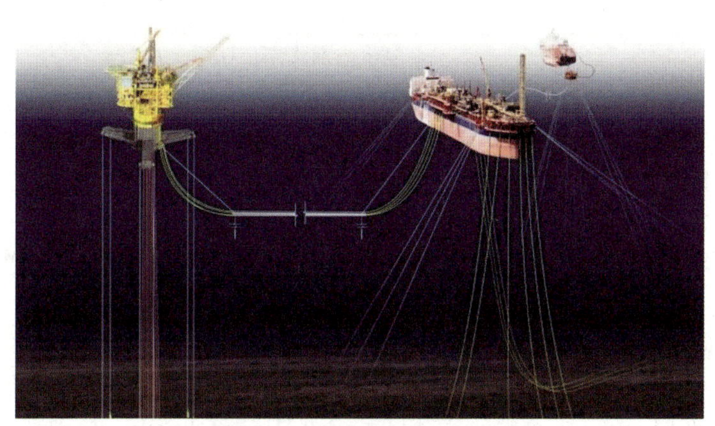

图 6-5　浮式生产储卸油装置

浮式生产储卸油装置的发展趋势：①建造技术向模块化方向发展。早期建造一座浮式生产储卸油装置需要 20 个月或更长时间，近年由于采用模块化生产工艺，实现了船体结构和上部设施同时建造施工，建造周期缩短至 10 ～ 14 个月；②新型系泊与定位技术得到广泛应用。新一代浮式生产储卸油装置的系泊多为转塔式多点辐射状系泊，并采用了动力定位技术（DP3）；③最大作业水深纪录不断被刷新。1995 年以前，该类装置的作业水深相对稳定，基本不超过 200m；1995 年以后，该类装置的作业水深急剧加深；④随着浮式生产储卸油装置建造技术的发展以及配套设备性能的提高，其原油生产能力正不断加强。同时，约有 30% 以上的在用浮式生产储卸油装置具有处理天然气和将其进行压缩并外输的能力；⑤浮式生产储卸液化天然气装置、浮式生产储卸液化石油气装置等新装备的出现，节省了敷设海底输气管道的巨额投资，使离岸遥远的气田开发和伴生气处理具有了商业价值。浮式生产储卸油装置的船型性能与结构强度、特殊结构设计与安装技术是当前研究的热点问题。近年又提出了浮式生产钻井系统（Floating Drilling Production Storage and Offloading system，FDPSO），即浮式生产系统 + 张力腿钻井平台。

浮式生产储油卸油装置的供应商较多，竞争非常激烈。其中，对于浮式生产储卸油装置系泊至关重要的转塔部件的生产商主要为美国和英国企业，工程管理以欧美企业为主，改装和新造船体及上部组装和整合的企业则多集中于亚洲国家。浮式生产储卸油装置的主要供应商见表 6-4。

表 6-4 浮式生产储卸油装置的主要供应商

设备类型	主要供应商（所属国家）
船体设计	Aker Solution（挪威）、Bennett Offshore（美国）、FloaTEC（美国）、Houston Offshore Engineering（美国）、TechnipFMC（美国）、WorleyParsons INTECSEA（美国）
上部工程	Aker Solution（挪威）、AMEC Foster Wheeler（美国）、Audubon Engineering Solutions（美国）、CB&I（美国）、KBR（美国）、McDermott（美国）、TechnipFMC（美国）、Wood Group（美国）、WorleyParsons（美国）
船体组块	Gulf Marine Fabricators（美国）、现代重工（韩国）、大马海事重工（马来西亚）、McDermott（阿拉伯联合酋长国和印度尼西亚）、TechnipFMC（芬兰）
上部组块	大宇造船海洋株式会社（韩国）、Dragados（西班牙）、Dragados Offshore（墨西哥）、Gulf Island Fabricators（美国）、Gulf Marine Fabricators（美国）、Heerema Fabrication Group（荷兰）、现代重工（韩国）、Kiewit（美国）、Kvaerner Stord AS（挪威）、McDermott（墨西哥、印度尼西亚和阿拉伯联合酋长国）、大马海事重工（马来西亚）、三星重工（韩国）、胜科集团（新加坡）

2. 市场格局

截至 2017 年，钻井驳船有 48 艘，钻井船有 73 艘，陆上驳船有 74 艘，自升式钻井平台有 491 座，固定式钻井平台有 250 座，半潜式钻井平台有 210 座，潜式钻井平台有 5 座，简易钻井船有 40 艘。在建的钻井船有 54 艘，每艘钻井船的平均价格为 5.5 亿～ 6.5 亿美元。在建的自升式钻井平台大约有 67 座，每座平台的造价为 1.4 亿～ 2.3 亿美元。在建的半潜式钻井平台大约有 16 座，其造价波动范围很大。工作在恶劣海域如中国南海、墨西哥湾、北海的半潜式钻井平台造价比较高，如我国的海洋石油 981 号总造价大约 9.5 亿美元，而工作在西非等风浪较小的海域，其造价会大大降低，平均造价大约为 1.5 亿美元。

截至 2019 年 10 月 1 日，全球可正常作业的钻井装备（仅统计了钻井船、半潜式钻井平台和自升式钻井平台）共有 640座/艘，其中有合同的平台为 464 座/艘，无合同的平台为 176座/艘。

目前，海洋油气装备处于蓬勃发展阶段，不同种类的钻井装备层出不穷。比较常见的海洋钻井装备有自升式钻井平台、半潜式钻井平台、辅助钻井平台、钻井船等，其具体分布情况如图 6-6、图 6-7 所示。

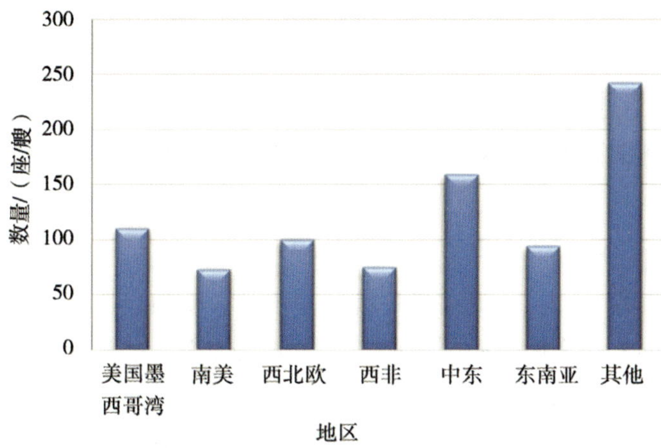

图 6-6　世界各地海洋油气钻井装备分布情况

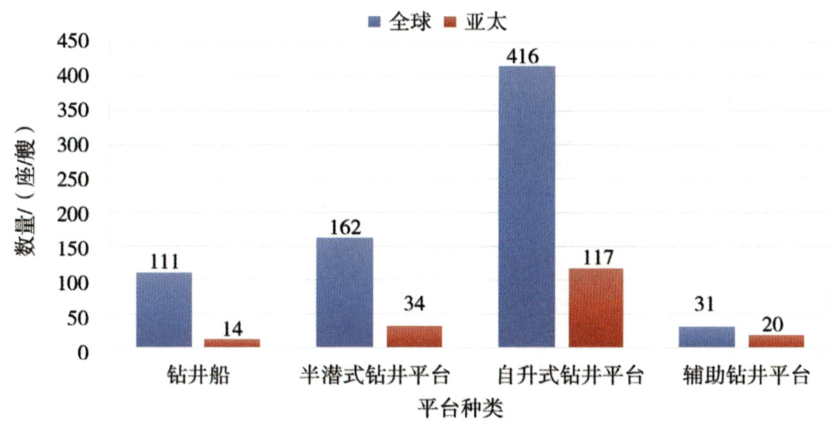

图 6-7　常用海洋油气钻井装备分布

由于对钻井平台的技术要求日益提高，传统的自升式钻井平台正逐步退出市场。以自升式钻井平台为例，其使用寿命为 25 ～ 30 年。全球现有自升式钻井平台 430 座，约有 250 座集中于 1977—1981 年这 5 年间投产，其使用期限已超过 30 年。

而在这 250 座平台中，约有 1/3 的平台由于投产时间早、承压能力不够而无法升级，将于未来 2 ～ 3 年陆续被淘汰。其余 2/3 的平台，也需要投入大量的维修资金才能满足新的技术要求。根据测算，维修所需的资金约为 4 000 万～ 5 000 万美元，约为新建费用的一半，代价高昂。

另外，新建的钻井平台多为高规格自升式钻井平台，其日费率仅超出老平台

50%，具有明显优势。

同时，受到2010年BP石油公司墨西哥湾漏油事件的影响，各大石油公司对于现有钻井平台的承压能力、受热能力的要求日益提高，老的钻井平台已经难以满足越来越高的技术要求。因此，石油服务公司倾向于用更多的新平台替代老平台。

6.2.2 海洋工程浮体结构物研究项目

该项目研发目标：在主流海洋移动钻井平台（船舶）、海洋工程作业船和辅助船的研发方面取得全面突破，形成若干知名品牌产品；掌握主流浮式生产系统和新型海洋工程装备的关键设计技术，为后续工程研制奠定基础；具备主流海洋工程装备关键设备的配套能力，填补国内空白；提升海洋工程装备的基础共性技术水平，形成一系列技术标准和规范。

（1）主流海洋移动钻井平台（船舶）

1）120m及以上水深自升式钻井平台研发。研发目标：瞄准当代自升式钻井平台的主流结构型式和功能配置，掌握自升式钻井平台的设计建造关键技术，推出具有知识产权的设计方案，打造品牌产品，具备工程总承包的技术能力。

2）3 000m水深钻井船研发。研发目标：瞄准当代钻井船的主流结构型式和功能配置，掌握深水钻井船的设计建造关键技术，推出具有自主知识产权的设计方案，打造品牌产品。

（2）主流浮式生产系统

1）深水浮式生产储卸油装置关键设计技术研发。研发目标：以满足深水油气田开发需要为主要目标，结合我国南海海域的自然环境条件，掌握深水浮式生产储卸油装置的关键设计技术，为工程研制奠定技术基础。

2）深水半潜式生产平台关键设计技术研发。研发目标：以深水半潜式钻井平台技术为基础，掌握半潜式生产平台的设计理念，结合我国南海海域的自然环境条件，掌握深水半潜式生产平台的关键设计技术，为工程研制奠定技术基础。

（3）主流海洋工程作业船和辅助船

1）万马力级深水三用工作船研发。研发目标：以能够适应深水工作需求的三用（起抛锚、拖航、供应）工作船为目标，掌握此类船舶的设计建造关键技术，具备开发设计能力，打造品牌产品。

2）3 000m水深大型起重敷管船研发。研发目标：以3 000m工作水深和起重能力在4 000t以上的大型起重敷管船为目标，掌握此类船舶的设计建造关键技术，具备开发设计能力，打造品牌产品。

3）高性能物探船研发。研发目标：瞄准目前市场主流的三维高性能物探船，通过相关关键技术研究，掌握此类船舶的设计建造关键技术，具备开发设计能力，打造品牌产品。

4）5 万载重吨及以上半潜运输船研发。研发目标：针对大型海洋工程装备的海上运输和安装需求，以 5 万载重吨及以上的大型半潜运输船为目标，掌握此类船舶的设计建造关键技术，具备开发设计能力，打造品牌产品。

5）3 000m 水深工程勘察船研发。研发目标：针对海洋油气及其他海洋资源开发的工程需要，以具备 3 000m 水深工程地质勘查和工程地质特性测试能力的作业船为目标，掌握此类船舶的设计建造关键技术，具备开发设计能力，打造品牌产品。

（4）新型海洋工程装备

1）浮式生产储卸液化天然气装置关键设计技术研究。研发目标：以满足海洋气田或油田伴生气开采需要为目标，针对我国南海海域的自然环境条件，掌握浮式生产储卸液化天然气装置的设计理念及关键设计技术，为工程研制奠定技术基础。

2）多功能自升式钻井平台关键设计技术研究。研发目标：结合国内外海洋工程市场的最新需求，对具有钻井/修井、生产和储油功能的多功能自升式钻井平台进行研究，掌握关键设计技术，为工程研制奠定技术基础。

3）边际油田型浮式生产储卸油装置关键设计技术研究。研发目标：以边际油田开发为主要目标，结合我国海域环境条件，开发出一套投资小、生产流程简化、可迁移和重复利用的边际油田型浮式生产储卸油装置，掌握相关设计原理，突破设计关键技术，为工程研制奠定技术基础。

4）立柱式生产平台关键设计技术研究。研发目标：跟踪研究立柱式生产平台发展情况，掌握其设计理念，结合我国南海海域的自然环境条件，开展相关技术经济论证研究和关键设计技术研究，具备立柱式生产平台研发能力，为工程研制奠定技术基础。

（5）基础共性技术

1）深水浮式结构物运动耦合及外载荷分析研究。研发目标：围绕深水海洋工程装备开发，通过开展深水浮式结构物运动耦合分析、外载荷分析等研究，掌握深水浮式结构物的先进设计理念、设计方法和工具，提升研发能力和创新能力。

2）海洋工程装备总装建造技术研究。研发目标：针对海洋工程装备深水化、大型化等趋势，结合现代造船模式的特点，开展总装建造技术研究，为提高建造质量和效率提供支撑。

3）海洋工程装备项目管理技术研究。研发目标：掌握海洋工程装备项目管理思路、操作方法，结合国内造船企业实际情况，建立与海洋工程装备项目相适应的现代管理模式、方法和体系，逐步具备项目总承包管理能力。

（6）关键配套设备和系统

1）大型海洋工程装备深水定位系泊系统研制。研发目标：针对海洋工程装备大型化和深水化趋势，通过开展大功率绞车及其控制技术、钢制锚链或合成材料缆索、预抛锚设施、锚固基础及系泊系统安装等关键设备和技术研究，掌握深水定位系泊系统的设计和计算分析等关键技术，具备研发能力。

2）单点系泊系统研究及关键装置研制。研发目标：通过技术引进与合作，对单点系泊系统技术进行系统研究与开发，攻克单点系泊系统的多通道流体旋转接头技术，设计出具有自主知识产权的多通道流体旋转接头。

3）动力定位系统研制。研发目标：通过技术合作，在动力定位系统的控制系统、推进系统、测量系统、动力系统等方面开展研究，掌握动力定位系统的集成技术，建立动力定位系统可靠性和冗余度设计分析方法；通过对全回转舵桨装置、吊舱式电力推进装置等关键设备进行研究，开发出具有自主知识产权的产品。

4）海洋工程船舶综合信息集成管理系统研制。研发目标：以装备海洋工程船舶为目标，突破综合信息集成管理系统的关键技术，形成设计和开发能力，初步具备海洋工程船舶集成管理系统的配套能力。

5）大型海洋平台电站集成技术研究及关键设备研制。研发目标：针对海洋平台电站规模大、功率高、非线性负载多的特点，突破电站系统的设计制造关键技术，开发出具有自主知识产权的关键设备，具备系统集成能力。

6）自升式钻井平台升降系统研制。研发目标：通过对自升式钻井平台升降系统进行研究开发，突破升降机构的设计制造关键技术，以及升降系统的传动和控制关键技术，开发出具有自主知识产权的产品和技术。

国家新一代海洋油气钻井平台的设计，依据国家相关部委组织的海洋工程装备科研项目的要求，通过产、学、研、用联合，发挥各自的技术和基础条件优势，吸收国外著名设计公司的经验教训，利用国内外现有的海洋平台设计资源，结合已有的设计经验，采用国外先进的设计理念、设计方法、设计软件，开发和掌握平台设计的关键技术。

新一代海洋油气钻井平台的主要技术性能指标达到或超过同类国际品牌产品，最大钻井深度达到国内外先进水平，钻井系统大钩载荷提高 25% 左右，悬臂梁纵向最大外伸距离大大增加，经济性达到国际先进水平，关键系统和设备的自主化配套率达到 80% 以上，完成基本设计并通过船级社认证，具备承接工程订单的能力。

6.2.3 海洋油气钻井平台主要研究内容（以自升式钻井平台为例）

1. 自升式钻井平台作业环境和适应性研究

自升式钻井平台如图 6-8 所示，其在建造和使用期间承受的环境载荷是由风、波浪、海流、海冰、水温及气温、潮汐、地震等自然环境引起的载荷。波浪载荷是平台强度分析、结构设计与安全评估中非常重要的载荷之一，正确计算波浪载荷对平台结构的安全性具有重要意义。

图 6-8 自升式钻井平台

2. 平台总体性能优化研究

平台在站立状态下，其桩腿强度、预压荷载性能、桩靴承载性能和抗倾稳定性等性能需要校核。

（1）桩腿强度 先利用 SACS 有限元软件计算桩腿所承受的风、海浪、海流载荷，并校核桩腿在多种工况下的整体强度和稳性。当桩腿的结构尺寸与波长的比值比较大的时候，则采用 AQUA 做水动力计算，通过切片法来精确模拟桩腿承受的水压，得到桩腿的水动力以后再采用 MSC.PATRAN 软件和人工计算来校核桩腿的强度。

（2）预压荷载性能　预压荷载包括固定荷载、可变荷载和环境载荷三个部分，将这些荷载转化为水平方向和垂直方向两个方向的荷载，然后校核在多种载荷下桩靴的承载能力。

（3）桩靴承载性能　在荷载的作用下，平台、桩靴和地基土发生相互作用，荷载传递到桩靴和地基土中。可变荷载和动荷载的传递不仅改变了桩靴与地基土的相互作用，而且由于动荷载的作用，单个桩靴与地基土的相互作用力的大小和方向也处在动态变化中。垂直方向荷载是由固定荷载、可变荷载、环境荷载（风荷载和波浪流荷载）三部分共同作用产生的荷载。固定荷载和可变荷载是重力荷载，方向垂直向下；环境荷载的作用方向是水平的，其作用到船体后产生倾覆力矩，倾覆力矩传递到桩靴和地基土中时，一部分为垂直方向的力，一部分为水平方向的力。倾覆力矩的大小不仅与环境荷载有关，而且与平台的作业水深和升船高度有关，因此，倾覆力矩转换为垂直方向的力的大小也与环境荷载、平台作业水深和主体升离高度有关。水平方向的力主要由环境荷载产生，通过平台结构和桩腿传递到桩靴和地基土中。环境荷载主要是风、海浪、海流引起的荷载，其中环境风荷载、波浪流荷载通常比较大。由于桩靴固定在海底地基土中，当平台受到水平方向力时，桩腿内产生弯矩，这个弯矩的一部分通过桩腿传递到桩靴和地基土中，桩靴和地基土间产生相互作用力矩，该力矩的大小也与环境荷载、平台的作业水深和主体升离高度有关。平台在支撑状态中，桩靴和地基土存在垂直方向、水平方向以及力矩三个方面的相互作用。可变荷载的变化和风、海浪、海流荷载的变化，都会直接和间接地改变桩靴与地基土的相互作用。

（4）抗倾稳定性　预压荷载确定后，需要进行地基稳定性分析。要保证在预压过程中地基土有足够的承载力，一要防止因桩靴入泥过深，造成拔桩困难；二要防止桩靴坐落在薄的硬壳层覆盖厚的软土层时突然穿透硬壳层下降，损坏桩腿和结构。

3. 平台主体结构轻量化设计和桩腿结构优化设计研究

海洋钻井平台作为海上石油开采的主体结构，集中了各种先进的设计与制造技术，结构复杂，造价昂贵，在降低造价的同时提高结构的可靠性，使其满足不同工况环境与工作状态的需要，具有十分重要的意义。传统的设计是以规范设计为基础，通过方案比较，依靠设计师的灵感和创造性，提出可行的设计方案。合理的试验方法是评价和检验设计合理性的有效手段。为提高平台的性能和可靠性，降低造价，追求投资效益，需要研究新的设计理论和技术，以获得优化的设计方案。因此，研究有效的数值分析与优化技术，探讨和评价优化技术对改善结构设计的作用，具有重要的理论和应用价值。

4. 平台悬臂梁及钻台优化设计研究

自升式钻井平台的悬臂梁设计已取得不断的改进和发展，主要表现在悬臂梁的移动形式上。根据移动形式的不同，目前国际上自升式钻井平台的悬臂梁有常规悬臂梁和 XY 悬臂梁。常规悬臂梁的纵向移动是相对于平台船体的纵向伸缩，横向移动只是井口在悬臂梁上作相对于平台中心的左右移动；而 XY 悬臂梁能实现纵横双向自由移动。常规悬臂梁与 XY 悬臂梁在钻井覆盖区域、平台结构承载分布等多方面也都存在差异。主要涉及内容有：

（1）悬臂梁的移位　包括：悬臂梁的两根梁的间距设置；整个悬臂梁可以在主船体上进行纵向伸缩，伸缩距离设置；钻井平台在悬臂梁上进行横向移动，可移动距离设置。

（2）悬臂梁结构的载荷分布　悬臂梁井口中心处于横向极限位置，钻台的重量和悬臂梁承受的载荷几乎全部施加在悬臂梁的一根梁上。为了减少悬臂梁自身的结构重量，在横向极限位置作业时，应尽量减少可变载荷的数量，使得两个梁的载荷相对均匀。

（3）主甲板覆盖区　在实际设计过程中，可以不在悬臂梁工作时所覆盖的主甲板区域内设置底层甲板，这样就能使更多的甲板面积改作他用。例如，当悬臂梁移位到一个井口时，其腾出的主甲板区域就可以临时安装容器、钻屑运送设备等。

（4）气隙要求　在许多海上钻井平台中，自升式悬臂梁钻井平台的悬臂梁可跨入导管架井口生产平台。这时，在自升式钻井平台船体下方的气隙不是由海浪波峰高度决定，而是由跨入井口平台及其上部组块的高度来决定。由于平台船体的气隙较小，船体下面的桩腿长度减小，因此，自升式平台的总体重量也可减轻。

（5）悬臂梁移位系统　悬臂梁均采用液压移位，常规悬臂梁仅需纵向移位机构，悬臂梁移动简单、易操作。

5. 平台关键系统集成优化及国产化应用技术研究

由于钻井包具有高技术、高投资、高风险、高收益等特点，因此，其主要由国外少数几家公司垄断。但随着国际造船业和海洋平台的建造逐渐向我国转移，近几年，我国已有多家船厂承建海洋平台，国产海洋钻井包逐步替代进口已成为必然趋势。因此，大力开发海洋钻井包，打破国外垄断，不仅具有极大的技术价值，也具有极大的经济效益。钻井包所涉及关键技术包括：

（1）钻井包系统集成技术　钻井包作为钻井船的核心系统，是由多个子系统组成的，其中包括提升系统、旋转系统、自动化管具处理系统、高压泥浆系统、低压泥浆系统、液压系统、电控系统、辅助系统等。要使钻井平台正常工作，需要利用集成控制技术实现所有子系统和设备的网络化、数字化、智能化控制，既要保证各子系统和设备之间相互协调的工作，又要为操作人员提供一个友好的人机接口。钻井包系统集成技术是项目研究实施的关键。

一般来说，与自升式钻井平台配套的钻井模块，除了具有与陆地钻井机类似的技术难点和制造难度外，还要具有更高的可靠性、耐蚀性、安全性，以及适应性强、功率大、承载大及自动化控制等。宏华集团利用其多年的陆地钻机研发经验和深水钻井船的钻井包设计经验，同时吸收国内外相关技术，研发出一套适用于中深水自升式钻井平台的钻井包系统。

（2）管具自动化处理技术　钻井管具包括隔水管、套管、钻杆、钻铤和井下工具等，这类材料经动力猫道被输送至钻台，并通过顶驱、防喷器下放至海底。管具处理系统是影响钻井效率的重要因素之一，第五代、第六代钻井平台基本都实现了管具的自动化处理。管具自动化处理技术包括两方面：一是管具处理工作流程；二是与管具处理流程相对应的管具处理设备。其中，管具处理流程包括离线接立根（钻杆、油管、套管和钻铤）流程、下套管流程、起下钻流程、起下隔水管流程、下井口工具流程等。管具处理设备包括隔水管起重机、隔水管猫道、关节吊、动力猫道、接立根装置（HTV）、动力鼠洞、排管机、铁钻工等。

通过研究分析，制订合理、高效的管具处理流程，并且在管具处理流程基础上研制出相应的稳定、可靠、安全、自动化程度高的管具处理设备，是提高深水钻机作业效率的关键。

（3）机电液一体化系统集成设计技术　深水钻井包上很多设备的运动是靠液压执行部件来实现的，这些液压执行部件的动作是通过电气控制的。深水钻井包上的机电液一体化技术就是将检测传感技术、信息处理技术、自动控制技术、比例与伺服驱动技术、液压技术、接口技术以及系统总体技术相结合，从而实现钻井包设备各功能部件的自动控制、单个设备的自动控制，以便更进一步地实现整个钻井包上所有设备以智能控制为基础的总体综合控制。

6. 平台环保性和舒适性设计技术研究

平台一直在海上工作，要符合对海洋环境的保护宗旨，所以在设计过程中，污水处理一定要满足规范要求。

使用者对平台舒适性的要求很高，尤其是对噪声控制的要求。平台噪声源主要是机械噪声，由动力装置引起的机械噪声是影响船舶舒适度、电子设备可靠性的主要因素。平台人员众多，需要低噪声环境，对舒适性要求较高。为了保护船员及工作人员健康和营造舒适的工作、休息的舱室环境，近年来，各国船东对平台的舒适性要求愈来愈高，世界各船级社也制定了振动噪声舒适性评价指标。

多年来，在人们思想意识里低噪声设计通常是依托于设备的辅助专业，平台低噪声设计缺乏顶层规划，设计技术局限性主要表现在：

1）缺乏振动噪声指标与平台性能指标之间的匹配性设计技术，难以把振动噪声作为主要指标贯穿于平台设计的整个流程。

2）通常采用局部声学治理，哪里超标治理哪里。平台低噪声设计是一个系统控制工程，缺少对整个系统进行全面而又细致入微的规划，无法改善总体声学指标。

3）平台低噪声设计规范缺失，平台低噪声指标落后。

4）平台低噪声设计方法陈旧，往往凭经验进行近似设计，很少在平台开发阶段进行声学预测设计。

7. 平台高效建造技术研究

自升式钻井平台的建造存在不少难点，如桩腿的焊接、安装，升降机构精度的控制，以及悬臂梁的建造和安装等。

（1）悬臂梁的建造和安装技术　悬臂梁通过支撑结构立于主船体之上，与主船体通过支撑结构连接，其支撑结构是由横向约束楔子结构、纵向固定销子结构、垂向支撑结构和艉部滚轮支撑结构组成。所以，悬臂梁的建造和安装都很关键。

1）悬臂梁建造工艺。整条悬臂梁分为8个分段，全部分段在结构厂房内建造，具体建造步骤如下：

①制作悬臂梁专用胎架，在胎架上装配侧板中的腹板、面板、加强肘板。

②在侧板上面一侧装配端部加强斜板和垂向扶强材。

③翻身，在侧板另一侧装配焊接端部加强斜板和垂向扶强材。

④悬臂梁内部的几层甲板和内部舱壁可通过反造法做成平面分段。

⑤制作悬臂梁合拢胎架，将已经预制好的舷侧板立起，找正定位。

⑥将悬臂梁的主梁与内部舱壁以及各层甲板进行合拢。

⑦同时安装悬臂梁内部的管系和内部舱室设备以及相关的舾装件等。

⑧尽可能将设备预埋进舱。

2）悬臂梁安装。一般结构的吊装是把结构吊运到指定位置上方，再垂直放下安装即可。但是支撑结构限制了悬臂梁的垂向移动，故不能采取普通的直接吊装的安装方法，宏华海洋油气装备（江苏）有限公司研制的“宏海吊”就是采用先吊装后滑移的安装方式。

（2）桩腿的建造和安装技术

1）桩腿建造。结合桩腿结构及场地要求情况，对桩腿做如下分段：每个桩腿被分成 7 个分段，每个分段尽量在结构厂房进行建造，各个分段的长度和重量、安装方式见表 6-5（L1 段不包括桩靴）。

表 6-5　桩腿分段质量及安装方式

分段	长度/m	质量/t	安装场地
L1	17.196 1	132.55	岸上安装
L2	25.603 2	197.36	在岸上组装为总段，平台下水后整体吊装
L3	25.603 2	197.36	
L4	25.603 2	197.36	
L5	25.603 2	197.36	在岸上组装为总段，平台下水后整体吊装
L6	25.603 2	197.36	
L7	18.897 7	145.67	
总计	164.109 8	1 265.02	

2）桩腿安装。桩腿安装方案总则为：

①桩腿安装分为两部分进行，岸上安装和港池安装。

②桩腿分段在安装前需要在场地内进行预装，检查主舷管端部的对位情况，如超差，则需要进行修正，合格后才能进行吊装。

③窗户板在对接后安装，对接须制作导向板及横向端部板来辅助对位。

8. 平台重量控制技术研究

海洋平台的重量和重心分布是海洋平台海上安装的重要控制参数，准确的重量和重心位置对桩腿的强度和安全起决定性作用。受制造过程中焊接材料、局部修改等因素影响，海洋平台实际重量与设计重量常相差较大，而且大型海洋平台往往存在柔度大、重量分布不均匀以及支承点跨距较大等特点，因此，对海洋平台重量和重心分布的研究有着重要的工程背景和实践意义。

在实际的设计过程中要实时控制平台的重心，以保证实际的重心和理论重心基本一致。

6.3 海洋油气钻采装备项目

6.3.1 海洋油气钻采装备概况

1. 海洋油气钻采装备

石油钻采专用设备是指用于对陆地和海洋石油及天然气等开采所需的专用设备。钻采装备明细见表 6-6。

表 6-6 钻采装备明细

包括/不包括	明细
包括	石油、天然气钻采专用设备：钻探机、采油设备、井口装置、防喷器、修井设备、固井压裂设备等 石油钻采工具及配件，如吊卡、卡瓦、吊钳、钻头 石油、天然气钻采设备零件
不包括	凿井机等矿山采掘设备，列入 3611（采矿、采石设备制造） 用汽车底盘改装的石油专用汽车，列入 3722（改装汽车制造）

油气地质勘探和开采所需的主要设备与产品为钻机、井架、钻井控制电动机等，具体见表 6-7。

表 6-7 石油钻采各阶段所需设备

阶段	所需设备及相关产品
油气地质普查	物理勘探设备、计算机分析系统等
油气地质勘探（打勘探井）	钻机、井架、钻井控制电动机等
录井	录井设备等
测井	测井仪、数据解释和分析系统等
射孔	石油射孔器材等
油气开采（打生产井）	钻机、井架、钻井控制电动机等
井下作业	采油泵、管道、举升系统等
固井、完井	相关仪器、仪表等
油气集输	井口装置、集气管道、增压设备等

海洋油气钻井平台在海面之上，而井口位于海底。为正常实现钻井，需在海底井口与海面之间配备隔绝海水、适应摇摆、控制井口的装备。这套装备就是钻井井下设备，它由如下设备组成。

（1）钻井导向装置　钻井导向装置的作用是引导水下井口设备坐于海底井口盘上，它由三部分组成。

1）导向架。导向架的作用是导向，它有 4 个支柱，支柱上栓有导向绳，以引导防喷器组就位。

2）井口盘。井口盘坐于海底，用来确定井位并固定水下井口。它由钢板和钢筋焊接而成，中间灌注混凝土。

3）导管。导管也起导向作用。

（2）套管头组　海上钻井防喷器可以装在水下，也可以装在钻井平台上。装在钻井平台上的防喷器装置与陆地用的基本相同；装在水下的防喷器装置与陆地用的则有很大的不同，由于其装在海底，与之配套的设备也需随之变化。虽然陆地用的防喷器装置与海上用的防喷器装置作用相同（防止井喷），结构也基本相同（由几个闸板防喷器、万能防喷器和旋转防喷器以及压井管汇和放喷管汇等组成），但由于海上特有的环境，对防喷器的使用可靠性及防腐性能的要求更高。

（3）隔水管　隔水管的作用是隔开海水，并通过其内部引入钻具，导出钻井液。实际上，它是从平台向海底输送钻井液并作为钻柱导向装置的直径较大的管柱。在固定式、坐底式和自升式等钻井平台上进行钻井作业时，隔水管从平台甲板下放到井口。在半潜式钻井平台、浮式钻井船上进行钻井作业时，除了正常的隔水管之外，还要有其他的一些设备来适应平台的升沉运动。这时隔水管不再是单纯的管柱，而是具有很多复杂部件的系统，像套管柱一样，它也是由一段一段的隔水管通过接箍连接而成的。

隔水管的组成如下：

1）隔水管接箍。隔水管接箍的作用是连接各根隔水管，它有多种结构型式，如卡箍式接箍、领眼壬式接箍、径向驱动榫槽式接箍和领眼螺栓式接箍等。

2）隔水管。隔水管实际上是一段管件，每根隔水管的长度根据钻井平台的几何尺寸确定，一般为 15.24m，也有的为 22.84m。

3）挠性接头。挠性接头装在隔水管的下部，使隔水管可在任意方向转动约 7°～12°，以使隔水管适应浮式钻井平台的摇摆、平移等运动。它主要有压力平衡式、多球式及万能式三种结构型式。

4）伸缩隔水管。伸缩隔水管的作用是补偿平台的升沉运动，使隔水管不会因平台的上下运动而断裂。它一般装在隔水管的上部，由内管和外管组成，两管可以相对上下运动。

5）张紧器。当钻井平台的工作水深超过 31m 时，为了防止隔水管在轴向压力作用下被压弯而破坏，应使用带张紧器的隔水管，使其承受拉力。目前使用的张紧器主要有导向索张紧器和隔水管张紧器两种。张紧器的工作原理是利用气液储能器的液压油推动活塞，随着平台的升沉而放长或收短绳索，以保持导向绳及隔水管的张力恒定。使用张紧器后，隔水管所受的张力变化可控制在 5% 以内。

（4）钻杆装置　钻杆是一种尾部带有螺纹的钢管，用于连接钻机地表设备和位于钻井底端的钻磨设备或底孔装置。钻杆的用途是将钻探泥浆运送到钻头，并与钻头一起提高、降低或旋转底孔装置。钻杆必须能够承受巨大的内外压、扭曲、弯曲和振动。在油气的开采和提炼过程中，钻杆可以多次使用。钻杆分为方钻杆、钻杆和加重钻杆 3 类。多根钻杆连接成为钻柱，连接次序为方钻杆（1 根）+ 钻杆（n 根，由井深决定）+ 加重钻杆（n 根，由钻具组合设计决定）。方钻杆位于钻柱的最上端，有四方和六方两种。钻杆如图 6-9 所示。

图 6-9　钻杆

钻杆接头的扣型主要有内平式、贯眼式、正规式等。内平式主要用于外加厚钻杆，特点是钻杆筒体内径相同，钻井液流动阻力小，但外径较大，容易磨损。贯眼式主要用于内外加厚钻杆，特点是钻杆有两个内径，钻井液流动阻力大于内平式，但其外径小于正规式。正规式主要用于内加厚钻杆及钻头、打捞工具，特点是接头内径加厚处的内径小于管体内径，钻井液流动阻力大，在三种扣型中相对流动阻力最大，但外径最小，强度较大。上述三种类型接头均采用 V 形螺纹，但扣型、扣距、锥度及尺寸等都有很大的差别。

NC（数字型）型接头是美国国家标准粗牙螺纹系列。现已被 API 采纳为国际标准。NC 型接头的螺纹为 V 形螺纹，有些 NC 型接头与旧 API 标准接头有相同的节圆直径、锥度、螺距和螺纹长度，可以互换使用。

石油钻杆接头大多采用外加厚或内外加厚形式，钻杆接头外径大于管体外径，在钻井过程中其与井壁或套管不断的接触摩擦，产生磨损。为避免接头磨损造成钻杆断裂、脱扣等钻井事故，必须在钻杆母接头上设有钻杆接头防磨带。

（5）钻头　目前石油行业使用的钻头有很多种类，按钻进方式可分为金刚石钻头、牙轮钻头与刮刀钻头，这三种钻头是最基本的钻头形式。这三种钻头中，牙轮钻头在石油钻探工作中应用最为普遍。常见钻头如图 6-10 所示。

a）金刚石钻头

b）牙轮钻头

c）刮刀钻头

图 6-10　常见钻头

切削刃使用金刚石材料的钻进刀具就是金刚石钻头。金刚石钻头的主要优势在于其能够适应研磨性较高、地质较硬的地层，切割性能也比较优良。以钻头所适应地层的差异为依据，可以将金刚石钻头分为普通金刚石钻头、聚晶金刚石复合片钻头两大类。在这两大类之中，普通金刚石钻头适用于研磨性较高、地质较硬、地质复杂的地层，聚晶金刚石复合片钻头应用于硬质地层、软质地层、软硬适中的地层。刀片不同是这两种金刚石钻头的主要差别所在。聚晶金刚石复合片钻头主要由四个部分组成，即金刚石复合片、喷嘴、胎体以及钻头体；普通金刚石钻头主要由四个部分组成，即金刚石颗粒、喷嘴、胎体以及钻头体。因为金刚石钻头的切割性能优良，因此，当选择金刚石钻头作为石油钻井工具时，能够实现高速钻探，也能够在一定程度上扩大钻深。

牙轮钻头的结构包括水眼、轴承、巴掌、牙轮以及钻头体五个部分。如果是密封喷射式牙轮钻头，一般情况下还包括储油补偿系统。螺纹一般会在牙轮钻头的上部，与钻柱相互连接，钻头下部会有牙轮，其上带有3个巴掌，牙轮轴上装上牙轮，牙轮轴与各个牙轮之间装有轴承，牙轮会通过其自身所带的切削齿进行破碎岩石工作。钻井液的通道就是钻头的水眼。在进行石油钻井工作的过程中，通过钻进过程中的横向剪切作用、纵向振动作用，牙轮钻头能够破碎岩石，从而能够提升钻井速度。当选择牙轮钻头作为石油钻井工具时，需要按照钻井设备的实际情况、地层的实际条件以及相邻油井的地质资料、地层资料来进行牙轮钻头的选型。

（6）连接装置　连接装置的作用是在紧急状态时断开连接器，将防喷器组留在海底，而将其他上部器具提上来，将平台撤走。井口可采用防喷器关闭。常用的连接装置为液压卡块式，它由上下接头、卡块、液压缸等组成。上下接头靠卡块卡紧而连接在一起。卡块由两部分组成，互成锥面接触。其中一部分叫作卡块动作环，与液压缸活塞相连。活塞杆的伸缩带动动作环上行或下行，使卡块的另一部分压紧或松脱。遇到危险情况，油压卸载，卡块松脱，上接头与下接头呈30°或更大角度而脱开，使钻井平台迅速离开井位，以避免重大损失。

（7）升沉补偿

1）升沉运动对钻井作业的影响。钻井时，钻头需要一定的压力才能破碎岩石，实现钻进。如果采用浮动钻井平台，大钩及井下钻柱会随着平台作升沉运动，从而使钻压不稳，严重时会使钻头脱离井底，无法钻进。钻井时，大钩上挂着钻柱。如果大钩随平台一起作升沉运动，大钩所受的载荷等于钻柱的静载荷和动载荷之和。在交变载荷的作用下，构件容易产生疲劳破坏，引起井下器具的位置变动。

2）升沉运动的补偿措施。当水深较深时，在海上钻井一般采用半潜式钻井平台或浮式钻井船。它们在海洋环境载荷（主要是风力、海浪力和海流力）的作用下会产生升沉运动（上下运动），从而使钻柱也随之做上下往复运动。钻柱上下运动造成钻压不稳，影响钻进，严重时使钻头脱离井底，无法钻进，因此，必须采取措施解决钻柱的上下运动问题。解决方法就是对升沉运动进行补偿。主要方法有两种：一是在钻柱中增设伸缩钻杆；二是增设升沉补偿装置。

在钻铤的上方加一根伸缩钻杆，它是由内、外管组成，沿轴向可做相对运动，行程一般为2m。当平台做升沉运动时，由于钻杆的伸缩性，只有伸缩钻杆以上的钻柱做升沉运动，伸缩钻杆以下的钻柱不做升沉运动，这样钻压就保持不变。目前使用的伸缩钻杆有全平衡式和部分平衡式两种。全平衡式伸缩钻杆在工作时，在其内管和下工具接头间的环形截面上作用着钻柱内的高压钻井液，因而产生张力。同时，从井筒中返回的钻井液作用在伸缩钻杆的防磨环的短节上，也产生张力，因而会使钻压随钻井液的压力变化而变化。在伸缩钻杆的中间有一个密封的平衡压力缸，它和流经伸缩钻杆内孔的高压钻井液相通，并使高压钻井液在平衡缸中产生的轴向力和张开力平衡，所以称为全平衡式。部分平衡式伸缩钻杆没有平衡压力缸，只能靠尽量减小内管心轴尾端的壁厚来减小钻井液所产生的张力。

升沉补偿装置分为主动式和被动式两种，目前常用的是被动式升沉补偿装置（见图 6-11）；主动式升沉补偿装置用得较少。被动式升沉补偿装置主要有三种类型：桥式起重机上装升沉补偿装置；游动滑车与大钩间装升沉补偿装置；死绳上装升沉补偿装置。由于桥式起重机上装升沉补偿装置需要特制的桥式起重机和井架，死绳上装升沉补偿装置是利用死绳拉力变化，需要传感器等电控系统，比较复杂，故这两种升沉补偿装置用得很少。

图 6-11　被动式升沉补偿装置

（8）防喷器　防喷器（见图 6-12）是石油钻井时安装在井口套管头上，用来控制高压油、气、水的防井喷装置。在井内油气压力很高时，防喷器能把井口封闭（关死）。从钻杆内压入重泥浆时，其闸板下有四通，可替换出受气侵的泥浆，增加井内液柱的压力，以压住高压油气地喷出。

图 6-12 防喷器

钻井防喷器一般可分为单闸板、双闸板、万能（环形）和旋转防喷器等几种。根据所钻地层和钻井工艺的要求，也可将几个防喷器组合使用。现有钻井防喷器的尺寸共有 15 个规格，尺寸的选择取决于钻井设计中的套管尺寸，即钻井防喷器的公称通径尺寸，必须略大于再次下入套管接箍的外径。防喷器的压力从 3.5MPa 到 175MPa 共 9 个压力等级，选用的原则由关井时所承受的最大井口压力来决定。在海上使用钻井浮船和半潜式钻井平台钻井时，因钻井浮船和平台是在漂浮状态下工作的，钻井井口和海底井口之间会发生相对运动，必须装有可伸缩和弯曲的特殊部件，但这些部件不能承受井喷关井或反循环作业时的高压，因此要将钻井防喷器安放在可伸缩和弯曲的部件之下，即要装在几十米至几千米深的海底。

（9）其他装备　其他装备包括隔水管导向架、水下井口、井下摄像装置等。

2. 市场格局

为了适应浅海、深海、海滩、沙漠和丘陵等不同地带油气藏的勘探开发，美国、德国、法国、意大利、加拿大和罗马尼亚等国家先后开发了各种类型的石油钻机。

（1）挪威 Akermh 公司的可编程自动钻井系统（CADS）　Akermh 公司的第一套可编程自动钻井系统（CADS）已在挪威海上钻井平台上使用，利用该系统操作时，司钻可以预先依次将起下钻操作步骤程序化，不需要分别操作绞车、顶驱、管子处理装置和卡瓦。钻台上除司钻操作室内的司钻外，不需要其他操作者。

该系统除有一套可编程管子处理系统外，还包括一套先进的防碰系统，用来防止各种操作之间的相互干扰。在司钻操作室内，触摸屏代替了按钮和开关，同时配备有手动操作的备用系统，所有操作都经过优化，大大减少了起下钻时间，每小时可以起下 55 柱立根。

（2）Varco 公司的钻机在线监视与诊断系统　Varco 公司的钻机在线监视与诊断系统（E-Drill）是第一套可用于远程监视和诊断世界各地钻机的监测系统，钻机操作人员可以在 1h 以内和 Varco 公司的技术人员取得联系，各种参数可以直接从置于 Varco 公司监测系统内的智能系统取得，用于最大限度地提高顶驱、排管系统及集成控制和信息系统（V-ICIS）的性能。通过该监测系统，操作人员可以访问由解决方案、事件记录、运行检查、通话记录组成的档案数据库，各钻机数据资源可共享。当遇到故障时，可与 Varco 公司的钻机在线监视与诊断系统的技术人员联系，分析故障原因并提出解决方案。

（3）RIGSERV 钻机集成控制系统　RIGSERV 钻机集成控制系统是安装在钻台司钻控制室内的完整和先进的钻机集成控制系统，其高度自动化，能够使司钻方便地操纵多功能绞车、顶驱和铁钻工、钻杆操作器、交流动力和钻井仪表系统。该系统安装在目前最大的海洋自升式钻机上，其设计能够满足全世界范围内全天候的工作环境和安全规范。该系统包括司钻控制室、指触监控盘、指触式钻井仪表盘、闭路电视屏、通话设备等，利用它能有效地操作整个钻井作业。其最大的优点是简单易学，是一个专业的钻井集成控制系统。

目前，国外很多石油钻机生产商都有自己的系列产品，在钻杆自动化操作系统方面具有世界领先水平的是美国 NOV 公司和挪威 Aker Kvaerner 公司，它们占据了很大的市场份额。经过十几年的发展，国内厂家已初步掌握了钻杆自动化操作系统的相关设计制造技术。目前，国内主要的生产厂家有兰州石油化工机械厂、南阳二机石油装备集团股份有限公司、宝鸡石油机械厂、四川宏华石油设备有限公司、江苏如东石油机械厂等，它们也占据了相当大的市场份额。

未来世界海洋油气的开发投资旺盛，前景广阔。资料表明，全球的海底石油总蕴藏量约有 1 400 亿～2 000 亿 t，占陆地石油储量的 30%～50%，海洋油气在全球油气开发中的占比已由 1970 年的 10% 迅速增加到 2012 年的 33%。随着大陆架油气资源的日益枯竭，深水及超深水域油气开发将成为世界海洋油气工业发展的必然趋势。另外，目前海洋油气开发的主要模式为“水面装备 + 水下生产系统”。随着海洋油气开发向深远海不断发展，以及各种水下技术的日趋完善，未来海洋油气开发将向“全水下”模式过渡，水下生产系统需求潜力极为巨大。

目前，世界上已有近 110 个海洋工程项目投产，并且世界各大石油公司在深海领域的投资仍在不断增加，每年增长幅度达 16%。

6.3.2 海洋油气钻采装备项目研究目标

1. 国内石油钻采设备研制现状

目前，国内石油钻采设备研制获得可喜成果：宝鸡石油机械厂研制的 ZJ70DB 钻机，采用了全数字控制交流变频等多项新技术，进入国际先进钻机行列；江汉石油四机厂研制的 2000 型成套压裂设备通过鉴定，填补了国内空白，达到国际先进水平。此外，荣盛机械制造有限公司研制成功 F35-105 防喷器，能满足深井、超深井钻探的井控工艺要求，达到国际同类产品的先进水平。经过多年努力，我国已实现防喷器产品的全系列覆盖。在海洋石油工程装备方面，胜利油田自行建成我国国内最大吨位的海上石油钻井平台——赵东 1 号、生产平台——赵东 2 号的主体结构，说明胜利油田钢结构承造能力达到国际领先水平。

根据“中国制造 2025”，我国海洋油气钻采装备下一步研制目标为：研制 12 000m 海洋钻井模块（突破大功率钻井绞车技术、双井架技术和四单根作业井架技术）、水下生产系统（包括 3 000m 深水防喷器及其控制系统、水下采油树、水下井口头、水下混输增压泵、原油系统、油水分离系统、开/闭排系统、注水系统、天然气排放系统、公用系统和其他系统等）、海洋深水管（深水钻井隔水管系统、采油立管、水下管汇及连接器、海底油气输送管及其在线监测维修设备等），开发海洋天然气水合物开采装备，突破 3 000m 深水起重敷管船及其配套工程技术装备、30 万 t 以上 FPSO、FDPSO 技术，研发海上油田注 CO_2 采油配套工艺技术及工具和滩海油田钻采试油 - 试采一体化平台以及海洋平台用输变电成套设备。

同时，我国必须把石油钻井设备作为石油战略装备来对待。钻井设备是保障勘探开发的硬件条件，其技术水平决定着钻井技术水平，没有先进的钻井设备就不可能实施和探索钻井新技术，所以必须抓紧重点钻井设备开发，跟踪国内钻井技术发展趋势和国外钻井设备技术先进水平，抓紧前沿技术和关键设备开发。随着我国出国服务钻机的不断增多，以及钻机外销市场的扩大，开发新型先进钻井设备势在必行，以提高我国石油钻机和钻井工程技术服务的竞争力。统一规划，优化资源配置，整合研发力量，进一步完善石油设备科研管理体系。加强生产厂家与高等院校、科研院所等单位的合作，建立开放型的技术合作体系。

新一代深海钻采装备的技术目标是：钻采水深超 3 000m，最大钻深超

9 000m，海底作业效率、岩芯取芯率、母船适应性、重量等多项关键技术和经济指标优于国外最新一代海底钻机；兼用正反循环结合的绳索取芯专用钻具，适用于海底钻机的深海复杂地层全自动远程智能控制方法及专家操作系统软件，实现海底复杂地层智能化高取芯率钻探技术；海底沉积物抽吸型地质取芯专用钻具，相应取芯工艺方法，实际钻孔深度可达 82.5m，平均取芯率 87.15%，与同类钻井技术相比，勘探作业成本降低 90% 以上，效率提高 6 ～ 8 倍；研制水深大于 3 000m 的重型海底钻机布放系统，与国外同类海底钻机甲板操作系统相比，可适用于较小的作业母船，大幅降低使用成本。

2. 国家战略方向

目前，我国是全球石油钻采装备制造大国，但还不是石油钻采装备制造强国，企业数量多，规模小，集中度低，资源分散，还没有形成可与国际强势企业抗衡的“航母企业”。特别是在海洋石油钻采设备方面，我国与国际水平的差距更为明显。由于我国海洋石油勘探开发从开始就采取国际招标采购模式，国产设备难有机会，使得海洋石油钻采设备的国产化率长期在低水平上徘徊，关键设备大部分采用进口设备。

行业发展中面临的现实问题还有：产能扩张加剧，新产品研发滞后；高端产品不足，低端产品同质化严重；常规产品多，名牌产品少，具有自主知识产权的关键产品更少等。通过各种有效途径改变这一局面，是行业以及企业能否抓住新的市场机遇的关键所在。

重大及特殊装备的研制难度高，资金投入大，制造周期长，首台（套）应用推广并不通畅，这些问题曾给我国重大及特殊装备制造业的发展带来了困难。石油钻采装备制造行业同样存在这样的问题。因此，有关专家指出，在重大装备研发和推广的初期，应加强政府部门的协调和组织，从国家整体利益出发，协调制造单位和用户单位的意见，组织国内一流制造企业合作研制，特别是要落实自主化依托工程，解决首台（套）自主化设备进入市场等问题。因此，制造部门与用户单位的有效协调和有针对性的具体合作，就显得越来越重要。针对以上问题，国家规划水下钻井装备的主要攻关方向为新型钻井船、半潜式钻井平台、深水钻机系统、动力定位系统、高可靠性防喷器及水下井口装置等。

（1）钻井船和半潜式钻井平台　在深水环境下，钻井设备极易发生腐蚀而影响工作状态，因此，提高设备与装备的安全性与稳定性一直以来都是钻井设备的一大研究方向。目前，相对成熟的深水钻井装备主要有深水半潜式钻井平台与深水钻井船两种。深水钻井船可以在深水区内大范围运行并且自由停泊，具备较高的机动性与自航性。但是，其不足之处是甲板使用面积较小，同时极易受到周围环境的干扰。

半潜式钻井平台的主体结构由甲板、浮体结构以及立柱等构成。该种钻井装备的突出特点是具备较强的抗风能力，同时具有大容量工作平台，工作效率相对较高。此外，该种装备还具备较精确的定位系统，适用于较深海域的钻井操作。

（2）深水钻机系统和动力定位系统　目前，深水钻机已经逐步实现了大功率变频操作，同时还成功研发了液压升降、无绞车型钻机，可以在较小的空间范围内作业，使钻井操作变得更加便利。动力定位系统是由控制系统、位置测量系统以及推力系统所组成的，系统运行与传统的锚泊有一定的差异，具有较高的机动性，可以对目标位置进行准确定位且不易受海洋环境的影响。

（3）防喷器与水下井口的组合系统　一般来讲，深水井的水下井口体系包括临时导向基座、永久导向基座、导管头、高压井口头和井口防腐帽五部分。在海洋环境下，在设计井口结构强度时一定要对紧急情况时产生的巨大弯矩问题进行全面考虑，在综合防喷器组上部重量、隔水管重量的基础上进行设计，井口头压力级别要在地层压力基础上选择，并选用压力级别一致的防喷器。将井口位置的各项装备和防喷器的底部进行连接，同时将隔水管设备和防喷器的顶部相连接，为了提高系统运行的安全性，防喷器逐渐朝高剪切力、高封井压力和大通径方向发展。深水防喷器组的控制通过水下控制和地面控制两个部分实现，与此同时，通过液压控制体系以及电控体系的综合作用，可以实现井口闸门的快速关闭或者开启，防止井喷事故造成更大的危害。控制系统的选择主要是考虑井控要求、海况、作业水深以及钻井平台的定位方式。

6.3.3　海洋油气钻采装备项目主要研究内容（以钻井系统为例）

1. 钻杆自动操作系统研制

在钻机钻杆升降过程中，需要进行将钻杆送上钻台或将钻杆送下钻台的往复操作。传统的钻杆排放操作需要工作人员与钻杆直接接触，由司钻、钻工、井架工等人员密切配合才能完成，稍有不慎便可能造成事故。钻杆排放是一个重复性高、劳动强度大、危险系数高且生产效率低的过程，需要多人合作共同完成。据国际钻井承包商协会统计，在钻井作业中 30% ～ 52% 的伤亡事故发生在钻杆升降过程中，并因此耽误了大量的钻井时间。

钻杆自动操作系统也称自动排管系统，能够代替人工完成以上钻杆排放。在钻井起下钻作业过程中，该系统承担对钻杆夹持、提升、下放、平移和回转等操作，实现钻具在钻台与地面之间的自动输送、排放、储运等；它还可与动力辅助鼠洞、铁钻工配合，完成单根接成立根操作，不再需要人工直接参与，从而让钻工远离危险区域。钻杆自动操作系统减轻了工人劳动强度，提高了安全操作水平，降低了安全风险，同时也提高了钻杆排放的自动化水平和工作效率，是实现安全、健康钻井和提高钻井效率的有效途径。据统计，利用钻杆自动操作系统可节省 25% 的钻杆升降时间。

2. 隔水管力学分析

深水钻井隔水管系统是连接井口和钻井平台的重要部件，主要由伸缩节、隔水管单根、挠性接头和下部隔水管总成（Lower Marine Riser Package，LMRP）组成，其主要功能是提供井口与钻井平台之间的泥浆往返通道，支持辅助管线，引导钻具，作为下放与撤回防喷器组的载体。在深水和超深水环境下，隔水管与井口系统受到多种复杂载荷的作用，是整个钻井装备中较为薄弱的环节，其正确设计与使用直接关系到钻完井作业是否能够顺利完成。目前，深水钻井隔水管与井口技术仅被国外少数几个国家的相关公司所掌握。我国深水石油勘探开发尚处于起步阶段，缺乏深水作业经验，且我国南海自然环境恶劣，对深水钻井隔水管和井口技术提出严峻挑战。深水钻井隔水管和井口技术成为我国深水油气勘探开发的瓶颈之一。在深水钻井隔水管与井口系统力学分析、钻前设计方法、作业窗口技术、系统完整性评估和安全风险分析等方面进行研究是钻井隔水管研究的主要内容。

3. 水下防喷器及控制系统研制

目前，国内外对防喷器做了大量的研究工作，但是防喷器技术没有像其他一些技术那样迅速发展。对于防喷器的研究主要集中在其活塞的行程和密封上。对于含硫化物的油气井，对硫化物应力腐蚀机理研究还不是很透彻，对用于含硫化氢油气井研究有待加强。同时，对防喷器控制系统的研究相对缓慢，新型的防喷器控制系统还处于研发中。目前广泛使用的防喷器控制系统是电液控制系统，典型产品如库美防喷器控制系统。目前，防喷器控制系统主要是“开式系统”，即电控气、气控液和液控液。同时，根据 API 对防喷器控制系统的要求，闸板防喷器关闭时间不能大于 45s，环形防喷器关闭时间不能大于 60s。陆地钻井完全可以满足这个要求，在陆地油田钻井现场，环形防喷器关闭时间为 30s，而闸板防喷器关闭时间只需要 3 ～ 8s。但是，对于海上钻井，当水深增加时，控制软管束长度也随之增加，且在海浪的冲击下可能会断裂，因此，控制信号不能及时到达或者中途可能出现故障，从而使防喷器的关闭时间难以满足要求。今后，海上油田开发将向深水进军，因此，对于浮式平台防喷器控制系统的研究应该加强。

防喷器控制系统包括地面部分和水下部分。地面部分包括主控制面板、队长遥控面板、司钻控制面板、动力设备、储能瓶和软管绞盘（蓝黄盒）等。水下部分包括控制软管束、接头盒、水下储能器和梭阀等。防喷器控制系统的控制原理是电控气、气控液、液控液，由控制部分和操作部分两部分组成，可远程操作，也可以实地操作。

4. 钻机选型与优化

（1）井架　一般来说，深水钻井平台上的井架主要有四种类型，分别是双主井架、主辅井架、一个半井架以及单井架。如果钻井作业位置的水深超过1 500m，则一般选用前三种类型的井架，如果钻井作业位置的水深小于1 500m，则可以选用第四种类型的井架。当选择不同类型的井架时，井架上的附属设备系统也将存在差距，例如泥浆系统、提升系统等。

（2）钻柱补偿　对于深水钻井平台而言，常见的补偿方法主要有两种类型，分别是桥式起重机型的补偿系统和绞车型的补偿系统。这两种补偿方法的补偿精度都相对较高，但是都存在不同的缺点。桥式起重机型的补偿系统会使整个井架的自重大幅增加，同时也会使井架的高度增加。而绞车型的补偿系统目前只有一家公司可以提供，因此，该种补偿系统的价格相对较高。另外，当井架系统采用的是双井架系统时，如果采用桥式起重机型的补偿系统，此时，井口之间的距离不得小于10m；如果采用绞车型的补偿系统，则两个井口之间的距离可以小于10m。

（3）张紧系统　应用于深水钻井平台中的张紧系统主要有两种类型，分别是具有导向钢丝的张紧系统和没有导向钢丝的张紧系统。当采用具有导向钢丝的张紧系统时，液压缸中的活塞行程增加 m 倍，即滑轮组的应用效率增加 m 倍，此时液压缸内的压力也会随之增加。当采用没有导向钢丝的张紧系统时，其滑轮组的效率并没有得到提升，同时，液压缸的参数会降低。另外，当使用具有导向钢丝的张紧系统时，相关设备主要安装在钻井平台的下方，占用的月池面积相对较大。

（4）隔水管　目前，常见的隔水管连接方式主要有两种，分别是法兰连接管和快速接头连接。以前，隔水管一般采用法兰进行连接，但是近几年来，由于快速接头具有很强的优越性，快速接头连接得到了快速发展。当隔水管的长度在 15 ~ 27m 之间时，隔水管接头的数量相对较多，此时，隔水管的起下速度会受到严重的影响。当隔水管的长度大于 27m 时，隔水管接头的数量大大减少，隔水管的起下速度会得到一定的提升。目前，我国深海钻井平台上较多采用 21m 长的隔水管。

5. 钻井平台动力定位及控制系统

动力定位是完全依靠推进力方式而不是锚泊方式保持船位（固定位置或预定航线）的定位方法。其基本工作原理是利用计算机对接收的卫星定位信号（DGPS）、环境参数（风、浪、流）以及船舶传感器输入的船舶位置信号，自动地与计算机中模拟的预定船位进行比较，推算出保持这一位置需要的各推进器的推力、速度和方向，自动控制推进器工作。反复地进行比较、判断、计算和执行控制，使船舶位置在规定的环境条件下保持在精度允许的范围内。

动力定位主要由电力系统、控制系统和推进系统组成。

1）电力系统。包括发电机组、配电系统及功率管理系统。

2）控制系统。包括：计算机及自动控制系统；独立操纵杆系统（手动控制）；传感器系统，如电罗经、移动参照传感器（MRU）、风向风速传感器；位置参照系统，如卫星参照系统（GPS）、激光参照系统（Laser）、雷达参照系统、无线电参照系统、水声参照系统、张紧索参照系统（Tautwire）。

3）推进系统。推进器平台配备了多台回转型推进器。按照冗余设计要求，在多个舱室分别安装多台螺旋桨进行动力推进，螺旋桨的布置采取交叉布置，每侧每舷的推进器都由不同的配电板供电。这样的布置能够满足单一失效不会影响整个动态定位系统的功能发挥，提供满足要求的横向和纵向推力。

6.4 海洋油气水下采油树项目

6.4.1 海洋油气水下采油树概况

1. 主要类型

水下采油树用于连接水下井口和管汇等设施，是水下生产系统中必不可少的组成部分，是保障水下生产和安全的重要设备。水下采油树常分为干式和湿式两种。其中，干式水下采油树将采油树系统用钢质外壳密封保护，湿式水下采油树整体暴露于海水中。

水下采油树从结构上可分为立式水下采油树和卧式水下采油树两种。立式水下采油树又称垂直式或传统式水下采油树，因其生产主阀、生产翼阀和地面控制井下安全阀垂直排列而得名。卧式水下采油树与立式水下采油树的最大区别是，其生产主阀和生产翼阀在树体外水平排列，因而卧式水下采油树又称为水平水下采油树。

（1）卧式水下采油树　生产主阀位于垂直通道的水平侧，油管悬挂器坐挂于树本体内部，先安装水下采油树，再安装生产管柱。大修井时可直接起出生产管柱，适合于大修井（电泵井和复杂储层井）与后期有侧钻需求的井。而且由于已知树本体内部坐挂位置和密封面，油管悬挂器更容易坐挂密封。尽管水下采油树的故障率远低于生产管柱（如电潜泵和滑套等）的故障率，但是，一旦水下采油树发生故障，还是要先回收生产管柱，才能起出水下采油树。

（2）立式水下采油树　生产主阀位于立式水下采油树的垂直通道内，油管悬挂器坐挂于高压井口头内部或高压井口头上方的油管四通内部。相比于卧式水下采油树在海上安装内树帽/堵塞器，并将其作为垂直通道的两道隔离屏障，立式水下采油树的两个主阀作为隔离屏障的可靠性更高，且可直接回收出现故障的立式水下采油树（小概率事件），无须起出生产管柱。但是在大修井回收生产管柱之前，必须先回收立式水下采油树，因此，该种水下采油树不适合大修井频率较高且后期有侧钻需求的井。当油管悬挂器坐挂于高压井口头内部时，下入生产管柱之前，需要单独下 1 趟钻，用铅印确认油管悬挂器在高压井口头内部的坐挂位置。

2. 市场格局

我国深水油气田的开发起步较晚，在水下生产系统的应用方面缺乏经验，加上南海水深为 500 ～ 2 000m，我国目前还不具备在这样水深的海域进行油气勘探和生产的技术。在国际上，水下采油树的关键技术和九成以上的市场份额被美国的 FMC 公司、Cameron 公司、GE-Vetco Gray 和挪威 Aker Solution 公司等厂商所垄断，它们水下采油树的研发设计技术已经成熟。由于国外公司技术垄断和专利保护等原因，加之水下采油树的研究工作本身就是一个跨学科的系统化工程，我国在水下采油树的产品研发方面尚处于起步阶段。

FMC 公司、GE-Vetco Gray 公司和 Cameron 公司掌握着水下生产系统的研发、设计、制造、安装、调试、维护等方面的核心技术，是水下生产系统的全球优秀供应商。挪威 Aker Solution 公司也具备很强的技术实力，它与上述三个公司共同垄断着全球水下生产系统市场。GE-Vetco Gray 公司和 Cameron 公司以生产研制陆上和海洋井口、井控类产品、水下采油树及海洋钻井隔水管等技术见长，其产品在国际市场占有较大份额；Aker Solution 公司在海洋钻采平台、平台钻井设备及水下井口井控等设备开发方面具备较强的综合实力，在世界海洋装备研究领域享有较高的地位。

（1）美国FMC公司　FMC公司是最早研制水下井口和采油装置的企业，多年来其在海洋水下装备技术研究及产品开发方面积累了丰富的经验。从1967年到2005年，该公司共提供水下井口及采油树1 433套，平均每年38套。其中，2001—2005年，共提供600多套，平均每年120套。2002年，该公司开发出世界第一套高压/高温立式水下采油树系统。2004年，创造了水下采油树安装水深2 307m的世界纪录。2007年，创造了新的2 742m的深水安装纪录。2010年，在墨西哥湾创造了2 934m的深水安装世界纪录。2016年，法国Technip公司和FMC公司宣布，将合并组建TechnipFMC公司，重新定义石油和天然气生产和维修业务。

目前，FMC公司是世界领先也是最大的水下采油树供应商，具备水下采油树全系列研制能力，国际市场占有率高达50%以上。其生产的立式和卧式水下采油树的额定工作压力最大为103.5MPa，最大工作水深达3 000m。

（2）美国Cameron公司　油服巨头Cameron公司成立已近百年，2016年它与Schlumberger公司合并，业务基本上遍布全球。Cameron公司是全球领先的石油、天然气压力控制设备的制造商，具备水下生产系统的完整生产能力，主要产品包括深水防喷器检测系统、压裂管汇系统，MarkIV高可用性（HA）防喷器控制系统，以及阀门、井口、控制系统、闸板、防喷器和配套系统、油气分离设备相关计量设备。

Cameron公司同时也是离心式空气压缩机、整体/分体式空气压缩机、涡轮增压器设备的制造商。独特的技术和先进的工艺使Cameron公司在石油天然气及石油化工等领域享有极高的知名度。

（3）美国GE-Vetco Gray公司　2007年，通用电气（GE）公司通过收购Vetco Gray公司实现了在石油与天然气领域的扩张。GE-Vetco Gray公司主要为陆上和海上石油天然气的开采提供设备和服务。GE-Vetco Gray公司生产流体控制阀门、法兰、多支管、冒口及配件。

在水下采油树方面，GE-Vetco Gray公司具备从浅水到深水、从低压到高压的研制能力。其产品适用于低压需要人工刺激的油藏或需解除高温高压的油藏。其研制的水下采油树最高适用温度为177℃，最大工作压力为103.5MPa。其S系列立式水下采油树可以建造在极端恶劣的水下环境中，压力达到44.8MPa，适用温度为 0 ～ 121℃，可以配置在各类标准的海上自升式钻井平台上，大大降低了安装成本。独特的新屏障理念，无须单独的树帽，使整个系统的重量比传统设计轻 20%。其 D 系列卧式水下采油树作业压力为 103.5MPa，工作水深可达 3 048m，并且重量较轻，树体质量不超过 40t。

（4）挪威 Aker Solution 公司　1965 年，阿克尔公司进入石油行业。1967 年，阿克尔公司生产了第一口勘探钻井平台海洋维京。1975 年，阿克尔公司为世界第一个混凝土平台建造顶部。1999 年，阿克尔公司建造了世界上最大的钻井平台。2008 年，阿克尔公司更名为 Aker Solution 公司。Aker Solution 公司专注于水下装备的设计以及石油服务投资。Aker Solution 公司在水下采油树研制方面具有 50 余年的经验，先后向世界各地交付约 700 多台水下采油树，主要产品包括卧式、立式、单筒型和双筒型水下采油树等，管柱直径为 89 ～ 187mm，设计最大压力为 103.5MPa，适用温度为 -29 ～ 177℃，最深工作水深达 3 000m。

国外公司生产的水下采油树如图 6-13 所示。

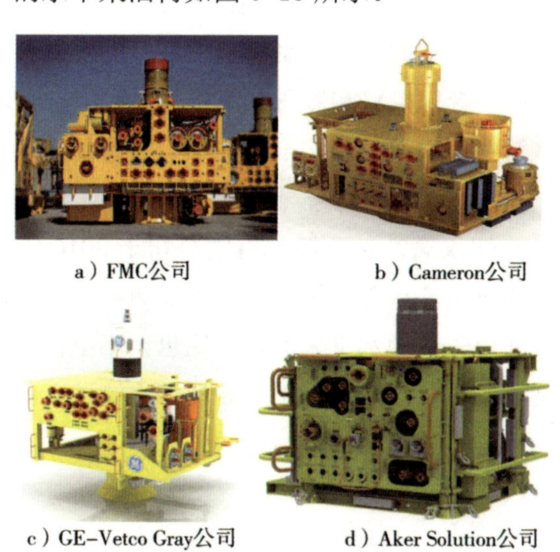

a）FMC公司　b）Cameron公司

c）GE-Vetco Gray公司　d）Aker Solution公司

图 6-13　国外公司生产的水下采油树

从国外采油树发展现状可以看出，采油树结构模块化、控制系统智能化、制造一体化和测试集成化，正成为采油树的发展趋势。采油树安装工具所适合的管径尺寸范围在变大，即同一种安装工具通过改变接头可以下放更多部件；采油树的结构变得更为简单，材料耐腐蚀性变得更好，经济性变得更优；采油树下放安装工具变得更为简单，下放安装测试的速度变得更快；采油树的密封性能变得更可靠，密封件的寿命变得更长，更换密封件变得更便捷；采油树向着智能化、自主运行方向发展；采油树可适应水深更深、介质成分更复杂的环境；采油树能适应高温高压的使用工况。

从20世纪70年代起，全球石油勘探开采加速向深海迈进，水下采油树以其经济性好、适合深海油气田开发等优点，在过去50多年中得到了快速发展。20世纪90年代后，水下采油树在国外进一步加速发展，随着油价的复苏，2018年和2019年，水下采油树的销售数量均超过300台，是2016年的3倍，预示了水下采油树及水下生产系统在未来几年的光明前景。

调研统计表明，亚太地区水下采油树数量相对较少，这主要与亚太地区海洋石油资源开发起步较晚、海域水深较深、油气资源丰富的海域存在较多的国家争议等有关，但亚洲海洋油气资源非常丰富，未来有较大的发展潜力和开发前景。

6.4.2 海洋油气水下采油树项目研究目标

水下采油树有以下主要作用：①悬挂油管，承托井内全部油管柱的重量；②密封油管和套管间的环形空间；③控制和调节油井的生产；④保证各项井下作业；⑤可进行录取油压、套压资料和测压、清蜡等日常生产管理。

水下采油树是水下生产系统中结构最为复杂，零部件最多，也是最为重要的结构。国外对水下采油树的研究已经非常成熟，国内近十年来开始了对水下采油树的自主研发和设计。江汉石油钻头股份有限公司于2016年完成国内首套水下采油树自主设计样机的研制。目前，国产水下采油树还没有在水下生产系统中成功应用的案例，同国外最先进的水下采油树相比也谈不上自主创新。因此，新一轮的水下采油树研制项目主要集中在水下采油树深水测试、优化设计及国产化应用等方面。

6.4.3 海洋油气水下采油树项目主要研究内容（以卧式采油树为例）

1. 水下采油树热力学及流动保障技术

油藏具有含石蜡、天然气等特点，由于石蜡的熔点较低，当油藏中石蜡的含量高时石油就容易凝固，油井就容易结蜡；同时，由于油藏中含有天然气，油气在流动过程中容易结晶进而形成水合物，形成堵塞，这都不利于油气的开采，因此，要将流动保障作为一项关键技术。该项技术包括：进行油管悬挂器侧出油口角度结构计算，采用Fluent软件进行油管挂内部流场模拟，通过流速分布图、弯管局部速度矢量图等计算出最适合油气流动的侧出油孔开口角度，减少生产液对生产通道的侵蚀；进行水下采油树保温设计，探究油、气、水、采油树材料等不同介质间的传热特性，用有限元法对水下采油树进行传热计算，研究流固耦合的传热计算方法；用有限元法对水下采油树内流体的流动性进行评估；研究保温层与防腐层结合面的结合状况及对传热的影响；依据保温效果、维修成本等确定保温方案。同时，还专门设计化学试剂注入通道，注入防蜡、清蜡、天然气水合物抑制剂，防止结蜡和水合物的形成，保证油气的正常流动。

2. 水下采油树动态定位技术

在正常生产时，卧式水下采油树要求油管悬挂器的侧出油口要与其本体的侧出油口对齐。在安装时，油管悬挂器通过隔水管下入到水下采油树内部，下放过程是不可见的。这使油管的侧出油口与水下采油树本体的侧出油口互相对齐成为设计的一个难点。水下采油树部件动态定位技术采取螺旋定位，即在油管悬挂器和采油树本体上分别安装一个带有相互配合斜面的开口套筒，其中，油管悬挂器套筒的斜面顶端还带有一个凸出的键，其与采油树本体上套筒开口相配合。在下放油管悬挂器时，油管悬挂器及其下部油管的重量使其套筒凸出的键在其套筒斜面上滑行的同时转动，最终，凸出的键进入到套筒开口并与之相配合，从而使油管悬挂器上的出油口与采油树本体上的出油口实现对中，实现了在不可见状态下油管悬挂器的准确定位安装，避免了由于定位不准引起的油流通道减小、密封等问题的出现，保证了原油在开采过程中的正常流动。

3. 水下采油树下放工具的设计技术

根据水深的不同，水下采油树需要采用不同的下放方法。根据特定的下放方案，需要设计多种下放工具以适应水下采油树不同部件的远程下放。首先，下放工具要与采油树相应部件的接口相配合，这就要求在设计下放工具时要考虑到其结构上应与相应部件的结构相配合，保证其连接和解锁的简易性和可靠性。其次，下放工具在下放水下采油树的同时还要控制水下采油树阀门的开关，这就要求下放工具要与陆上的液压系统相连接，液压传递与液压压力的保持成为其中的一项关键技术。最后，由于下放工具涉及液压控制，则液压缸的密封性能影响着下放工具的使用性能，密封技术成为下放工具结构设计中的一项关键技术。机械结构、液压控制和密封技术是水下采油树下放工具高可靠性的重要保证。

4. SCM 设计集成技术

水下采油树工作在海水环境中，无法进行人工操作，为了保证水下采油树安全可靠地运行，需要为其设计水下控制系统（SCM）。SCM 的控制目标包括控制井口压力、调节油（气）流量、处理水下生产过程中的安全事故等。水下采油树与陆地采油树的主要区别是其具有 SCM。SCM 自身结构复杂，其外部具有通信、电液通道接口，能够利用水下机器人进行单独回收；其内部有多重密封结构，多路液压控制阀门，监测控制点数多，能适应水下恶劣的生产环境。SCM 的水下电子模块、各执行机构、水下控制阀门、动力单元等部件的集成对对其功能的实现及性能稳定等都有很大的影响。SCM 不仅控制水下采油树本体各个阀门的工作，还同时需要监测水下采油树本体以及控制模块内部的压力、温度等多个项点参数，完成水下生产过程中的安全故障处理等，每一个控制项点都可能会影响水下采油树的正常生产。因此，水下采油树控制模块 SCM 的设计集成是一项较为复杂的关键技术。

5. 基于陆地测试台的 SCM 测试

由于水下采油树工作环境的特殊性，其生产操作需要通过 SCM 来控制。因此，SCM 的性能指标直接影响水下采油树生产的安全稳定性。若 SCM 直接用于实际的海底采油生产，一旦发生故障，将可能造成重大事故和巨大的经济损失。因此，必须建立陆地测试台，模拟 SCM 的实际工作环境，对其进行集成后的出厂测试。水下采油树工作环境恶劣、工况复杂，SCM 控制对象和监测项点较为繁多，测试台应能采用类似于实际系统的方式模拟控制和监视水下生产设备的主要操作，应能模拟水下采油树的实际工作环境。因此，无论是 SCM 陆地测试台的设计制造，还是 SCM 性能的测试都是富于挑战性的关键技术。根据水下采油树的生产工艺以及 SCM 控制功能分析，SCM 测试项点主要包括电液方向控制阀的性能和泄漏率、监控系统的精确度、电源需求和灵敏度、所有管线和液压组件的压力、蓄能器预充压力、卸压阀设定压力、流体和系统清洁度、通信系统灵敏度和抗噪性能等。SCM 陆地测试台主要由以下各部分组成：控制模块试验台、试验液压源、传感器试验模拟装置、电子测试单元、控制管缆模拟器、电力和通信测试单元等。

6. 特殊材料研究与开发技术

水下采油树结构复杂，所处环境恶劣，需要的材料种类较多。其所用材料不仅要抵抗内部高温高压含 CO_2、H_2S 流体的化学腐蚀和砂子造成的高流速强冲刷腐蚀，而且还要抵抗外部海水、结构应力和阴极保护等因素交互作用下造成的应力腐蚀和氢致开裂风险。这就要求材料有非常高的性能，特别是对采油树本体、油管悬挂器、顶部堵塞器等承受重载或与原油直接接触的部件都有特别严格的要求。由于海洋环境的特殊性，迄今为止人们对某些腐蚀机理并不清楚，这使材料选择与防腐设计的难度加大。某些特殊材料无法从市场采购到，需要自行研发材料，并与原材料供应企业合作对其进行专门的制造。对材料的热处理工艺、焊接工艺及其对材料性能的影响开展研究，以满足水下采油树各零件的使用要求。特殊材料的研发是水下采油树安全与质量的基础与保障。

7. 水下采油树密封设计技术

在水下采油树运行期间，每一个零部件及机构性能的好坏，均影响着水下采油树设备的使用性能。其中，水下采油树密封结构的性能直接决定着水下采油树的安全性和可靠性。密封一旦失效，直接导致的是停工返修，耗人耗力耗时，严重者将造成灾难性的事故。因此，密封设计技术是水下采油树研发中的重中之重。通过大量精密有限元分析和试验研究，结合水下采油树传热计算得到其温度场分布，研究水下采油树井口连接器、油管悬挂器处的多重金属对金属的重力坐封密封结构和法兰连接处的静密封结构。在此基础上研究确定这些部位的密封副材料与结构优选方案，为水下采油树的主体与整体结构设计、法兰连接设计提供必要的结构参数；通过对阀门的启闭件与阀座间、阀杆和阀盖接触处、阀杆及阀体与阀盖之间的垫片接触处等密封性能可靠性的分析，以及泄漏对阀门截断介质能力的影响分析，寻求水下采油树适用的阀门；结合顶部阻塞器、水下采油树帽及保护帽及液压执行机构的设计，完成对其密封性能的评估。为验证密封技术，应对设计出的密封件进行试验验证，试验环境模拟水下采油树的工作环境，这也是密封技术中的一个难点。

8. 水下采油树风险评估技术

水下采油树是水下生产系统的“心脏”，其设计难度大，安装技术要求高，作业环境恶劣，不可预测的风险因素多。为了分析和防范水下采油树在设计、生产过程中可能出现的技术故障（如油管腐蚀导致的原油泄漏，阀门腐蚀导致的密封性受影响以致不能完全动作，传感器失效导致的测量信号不准，液压动力不足导致的执行器不能正常动作等），保障采油树及其控制系统的可靠运行，实现具有独立知识产权的深水水下采油树国产化，良好的可靠性是必备条件，合理的安全评价方法、评价手段及可靠性分析是实现这一条件的基础。因此，要收集国外水下采油树相关资料，分析、归纳、处理水下采油树加工制造、安装、调试及运行过程中各类危险源，建立风险数据库。根据我国实际情况，确定各类风险可接收指标，研究目前国内外相关行业安全评价方法和手段，制订一套切实可行的、适合我国水下采油树的安全评价方法。在风险源数据库的基础上，建立合适的评价模型，基于风险评估理论和数据库，通过数值模拟，预测并预报给定时间内被评价对象在各环节中最可能发生的事故或事故隐患，进而运用合理的评价方法确定事故或事故隐患发生的概率，预测事故发生的后果及危害程度。从定性、定量两方面完善风险评价结论，预先对水下采油树装置设计阶段的各种偏离设计工况进行可靠性分析，针对风险因素制订全面的风险应急措施和整改方案，制订一套完善的适合国内水下采油树的风险评价体系，提高设备的作业可靠性。

9. 样机测试技术

水下采油是一项高风险高成本的作业，水下采油树的使用工况复杂，零部件众多，可靠性要求高，需要对关键零部件各项综合性能进行严格的测试。目前，国内水下采油树的制造处于空白，水下采油树样机测试更是无参考对象，只能依据标准的规定以及现行陆上采油树的测试技术，预先对采油树装备的设计阶段各种偏离设计工况进行可靠性分析，针对风险因素制订全面的风险应急措施和整改方案，制订一套完善的适合国内水下采油树的风险评价体系，提高设备的可靠性作业。

10. 流动保障计算

当水下采油树工作水深为深水或超深水时，其面临着内部高温高压的油气产出液和外部低温高压的环境，在不同工况条件下都存在结蜡或者生成水合物的危险，而工作环境的特殊性及本身结构的复杂性又决定了很难对其进行清管和维修作业，所以在水下采油树上添加保温材料是必需的。根据水下采油树本身结构的特点以及不同工况下的工作特性，首先制订以“热点”和“冷点”形式进行保温的方案，再对保温材料进行研究，确定了将发泡型复合材料作为保温层添加材料，并根据传热计算公式推导出保温层厚度的计算方法，理论计算仍需软件验证和实验考察。

11. 冲蚀研究

冲蚀是指材料受到小而松散的流动介质冲击时表面出现破坏的一类磨损现

象。这种介质可以是高速气流，也可以是液流。前者为喷砂型，后者为泥浆型。研究冲蚀，首先必须弄清在材料被冲蚀时发生流失的各种现象和影响因素，然后在建立理论的基础上，对各种材料抗冲蚀性能做出预测和提出控制冲蚀的方法。冲蚀主要是固体颗粒的机械作用和流体腐蚀作用共同作用的结果，冲蚀所造成的总的金属材料损失量，不仅仅是单纯腐蚀及纯磨损失重的简单叠加，而是腐蚀电化学与冲刷力学因素相互影响产生交互作用所致。冲蚀造成流动局部缺陷，长久冲蚀会削弱结构的强度，使得结构发生失效。

6.5 其他配套设备研制项目

6.5.1 水下管汇研制项目

1. 项目概况

由于管汇的一些关键部件，例如大型闸阀、控制系统、基础结构等的限制，我国目前使用的水下管汇大多由国外公司制造。2012 年年初成功投产的崖城 13-4 气田使用了我国自主设计的一种新型水下管汇。“十二五”重大专项由中海油研究总院牵头，中国石油大学（北京）与天津海王星海上工程技术股份有限公司合作设计研发水下管汇。目前国际上能够制造水下管汇的公司主要有 FMC 公司、Cameron 公司、Aker solution 公司等。

目前，水下生产系统主要应用在世界深水油气田开发的热点区域，如巴西近海、墨西哥湾等海域。随着生产技术的不断成熟，越来越多的油气田开采项目被提上计划。2013 年巴西国家石油公司与 FMC 公司签订水下生产系统建设合同，总金额约 16 亿美元。同时，全球水下生产系统研究和市场调查显示，水下生产系统市场容量将由 2015 年的 159 亿美元增长到 2020 年的 205 亿美元。

2. 主要研究内容

（1）总体布置　水下管汇的安装、巡检、维护、生产等水下作业主要依靠水下机器人完成，因而其总体布置要满足工艺要求并考虑油田总体布置，确保其重心布置合理，便于海上安装。水下管汇上的阀门、管道连接器、清管球发射器、控制模块、仪表等的布局与标记要便于水下机器人进行检查、安装、连接、维护和更换等水下作业。某油气田水下管汇终端总体布置如图 6-14 所示。

图 6-14　某油气田水下管汇终端总体布置

（2）结构设计　水下管汇终端由上、下两部分组成，其中，上部为长方体结构，具有去棱角和圆滑过渡连接设计，主要用于支撑与固定管段、阀门、水下管道连接器、水下清管球发射器等部件；下部结构主要由 3 个均布的吸力桩通过杆件连接而成，主要作用是实现整个水下管汇终端与海床的固定，并可实现终端的安装调平。

水下管汇终端的上、下两部分模块化结构设计的特点，使水下管汇终端的上、下结构在水下可轻松实现分离，以便使概率极低的阀门维修要求得到满足，而且整个终端的去棱角、圆滑过渡连接设计极大地降低了渔船拖网钩挂的可能性。

（3）管线设计　水下管汇除须满足汇集生产流体的功能外，还须满足清管功能，因此，管线的路径设计需要考虑不同水下生产设施之间不同角度的跨接，同时还要在满足冲蚀要求的前提下尽量紧凑。

（4）控制设计　水下管汇终端的主管线上设计并安装了具有通球功能的阀门，以实现不同时间可分别生产的两井区间的隔离，且在主管线上设计并安装了带隔离阀的三通型支管，以便安装检测元件。如果两井区须同时生产，可打开主管线上的隔离阀；如果两井区不同时生产，可通过在带隔离阀的支管上安装检测元件用以检测生产井区与非生产井区的隔离状况。通过主管线上的隔离阀门和带隔离阀的三通可以安全隔离两井区的生产，并可实现对生产状态的检测。

（5）防腐设计　水下管汇置于海底几十年，须根据工艺、环境等要求确定合适的防腐材料。水下管汇采用柔性陶瓷油漆进行外防腐，陶瓷油漆中的陶瓷微粒与树脂结合固化后形成独特的囊状壳树脂，既起到了保护基体的作用，又起到了润滑的作用，而且几种特种树脂的混合增强了防腐材料的交联强度，提高了其工作温度、柔韧性和结合力，在严重磨蚀和腐蚀环境条件下能够保持其化学性能不变。

6.5.2 水下立管研制项目

1. 项目概况

将海底出油管线连接到浮动生产设施的船用柔性复合管（立管）是深水油气开发和运输的重要组成部分。目前，海洋柔性复合管的设计、生产、安装基本由国外公司垄断，主要公司包括法国德西尼布（Technip）集团公司、英国油田服务（Wellsteam）公司和丹麦 NKT Flexibles 公司。上述公司在柔性管的结构、制造等各个方面都进行了专利保护，其市场份额占比如图 6-15 所示。

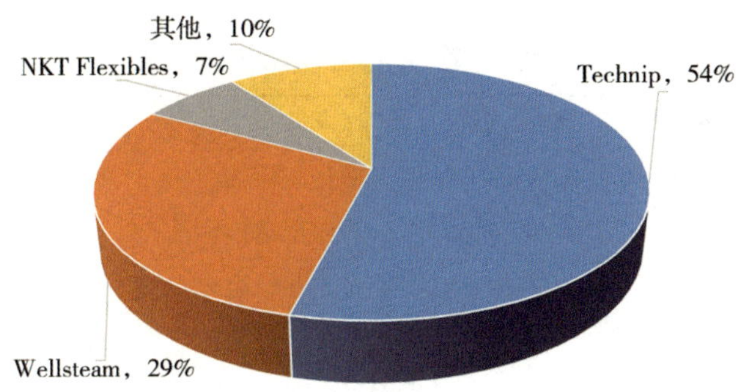

图 6-15 国外主要公司立管市场占比

法国 Technip 集团是世界上最主要的柔性复合管设计和生产商，其柔性复合管产量约占全球市场的 54%，在法国、巴西、马来西亚建有制造基地，每年可生产 1 060km 高规格柔性复合管。英国 Wellsteam 公司成立于 1983 年，最近合并到 GE 公司，其在英国和巴西尼泰罗伊有制造工厂，年总产能为 570km，巴西国家石油公司在深海使用的柔性复合管的 60% 来自此公司。丹麦 NKT Flexibles 公司是 NKT 控股集团下属公司，有 1 个制造基地在丹麦，年产能为 150km，其生产的复合柔性管产品系列见表 6-8。

表 6-8 丹麦 NKT Flexibles 公司的复合柔性管产品

产品系列	1 系列	2 系列	3 系列
结构特点	流管有耐压铠装层	流管有骨架和抗拉铠装层	流管和立管由骨架、抗拉、耐压铠装层
最高设计压力 /MPa	51.7	20.7	103.4
设计温度 /℃	-50 ～ 130	-50 ～ 130	-50 ～ 130

（续）

产品系列	1 系列	2 系列	3 系列
内径 /mm	63.5 ～ 406.4	101.6 ～ 203.2	63.5 ～ 406.4
适用流体	油、气、水、化学药品	油、气、水、化学药品	油、气、水、化学药品

1976 年，非黏合柔性立管首次使用于巴西的油田。目前，位于墨西哥湾的柔性立管长度可达 2 000m。同时，柔性立管在边际油田开发中也被广泛应用，如流花 11-1 和南海西部涠 10-3-B。我国在海上油田使用的部分柔性管见表 6-9。

表 6-9　我国在海上油田使用的部分柔性管

油田	管内径 /mm	长度 /km	备注
南海	152.4	4.25	用于平台间输油
南海	152.4	1.79	用于平台至单点输油
流花 11-1	342.9	2×2.5	用于水下井口至单点输油
流花 11-1	152.4	2.5	用作水下井口至单点的计量软管
陆丰 13-1	152.4	1.85	用于平台至单点输油
南海	177.8	2×0.8	用于水下井口至单点输油
南海	152.4	3.6	用于水下井口至单点输油
惠州 32-5	152.4	3×3.5	用作水下井口至固定平台的生产软管
惠州 32-5	101.6	3.5	用作水下井口至固定平台的生产软管
番禺 4-2	304.8	0.35	用作水下井口至浮式生产储卸油装置的动态立管
番禺 5-1	304.8	0.35	用作水下井口至浮式生产储卸油装置的动态立管
陆丰 13-1/2	152.4		用作立管、流管

2007 年 9 月，无棣海忠软管制造有限公司（简称海忠软管）成立。2010 年，海忠软管为中国海油湛江分公司研发生产并安装压力 13MPa、管径 76.2mm 的高压输气复合软管，安装长度 11.5km。海忠软管生产的海底高压复合软管于 2012 年顺利通过 API 体系及徽标认证，成为我国首个获得该认证的产品。同时，海忠软管也成为我国第 1 家、世界第 8 家通过 API17J 体系认证的企业，我国也因此成为继法国、美国、丹麦后第 4 个拥有此项产品研发设计能力的国家，这标志着我国海洋工程装备制造业实现了新突破。该产品填补了国内海底软管的空白，结

束了我国海底软管完全依赖进口的历史。目前，海忠软管每年的软管订单金额约3亿元，主要在法国、美国采购PA11、PA12和PVDF等化工类原料，产品出口阿拉伯联合酋长国。

立管作为水下生产系统的一个重要环节，其未来需求量将随着海洋油气资源开采量的增大而增大。预计到2035年，世界海洋立管的使用量将是2010年的3倍，市场潜力巨大。

2. 研究内容

顶端张紧式立管（TTR）属于刚性立管，是深海立管的一种常用形式，一般用于钻井、完井或生产，可分为钻井立管和生产立管。

（1）生产立管结构　顶端张紧式生产立管系统主要由水下回接连接器、应力单根、龙骨接头、张力接头、张紧环、张紧器、扶正器及标准单根等组成。水下回接连接器连接井口与立管应力单根，一般适用直径为476.25mm的井口，依靠水下机器人完成操作，分为传统型连接器和细长型连接器。Genesis、Diana平台采用传统型连接器，外径为1 219.2mm，承载能力强，但会影响浮箱设计；Mountain、Mad、Holstein平台则采用细长型连接器，外径为825.5mm，承载能力较强，对浮箱设计影响较小。应力单根安装在立管底部，承受环境载荷及船体运动产生的弯曲载荷。生产立管外形呈锥体形，内径恒定不变以满足钻井要求，外径由顶端到底端逐渐变大、壁厚逐渐增加以满足立管系统强度要求。因此，其生产控制程序比较严格，原材料要求使用整体锻件，热处理要求进行整体热处理，对圆度及直线度尺寸公差的控制均比较严格。龙骨接头用于限定立管的水平运动，将刚性连接的立管变为挠性连接，通常由一对背靠背的锥形接头构成，其中间部分带有龙骨球，与导引结构相互作用。接头长度一般为18 288mm，包含上、下两个长为9 144mm的锥形上、下管体，如Hoover平台；而新型龙骨接头，如Holstein平台，则加长了龙骨接头的设计长度，使其达到26 212.8mm，带筒的单球体设计增加了龙骨接头的自由旋转度。张力接头是位于平台船体上的特殊立管接头，是平台船体与立管之间最直接的接口，其上部与采油树相连，也可以与转换接头相连。生产立管张力接头的功能与钻井立管伸缩装置类似，是生产立管系统中结构最复杂、工况最恶劣、承受载荷最直接的部分，张力载荷一般要大于标准单根。扶正器用于保护外层套管中的生产油管，在立管受到环境载荷或平台船体运动时防止金属管壁之间发生接触，产生冷斑点，降低热性能。扶压器还可保护环空中的脱水管线、放喷管线和控制管线等。

（2）立管分析　立管分析主要包括管元基本控制方程建立、自重和外部流体分析、管元静力与动力学分析。在建立管元基本控制方程的时候，首先要认为立管材料是均匀并且各向同性的，始终在线性弹性范围内运动和变形。由于立管内部的流体移动速度和旋转速度较小，因此可以忽略内流体的离心力、立管的反作用力和立管所受的科氏力。因为立管长度远远大于立管的直径，所以要将立管作为弹性梁进行力学分析。但如果要对某一部分进行详细分析时，则需要把此局部当作壳体来分析。运用顶部张紧式水平运动的控制方程及方程求解方法，计算管元重量和内外流体的作用力，运用 Morison 公式，对于附加质量系数 *MC* 和托曳力系数 *DC* 进行分析。同时对立管进行静力和动力分析。

（3）立管设计　以钢悬链线立管为例。目前，现有的钢悬链线立管有简单悬链线立管、缓波立管、变形式缓波立管、陡波形立管、L 形立管、迷你波形立管。

钢悬链线立管的设计步骤主要包括：①确定尺寸。需要确定的钢悬链线立管的尺寸主要包括壁厚、悬链线长度、顶部悬挂角等。本阶段需要进行敏感性分析来确定最优化的设计尺寸方案及顶部最适合的连接方式。②静态设计。静态设计主要用来确保加载规范规定的载荷时，其关键区域的应力处于许用应力的范围以内，此时使用的主要规范有 API RP 2RD。③动态设计。由于钢悬链线立管悬挂于浮式平台上，因此浮体动态运动引起的相互作用力需要钢悬链线立管来支持。钢制悬链线运动响应具有自然的非线性特性，运用时域模拟分析比运用频域分析更容易捕捉与波浪力、船体运动相联系的非线性影响。动态运动的时历模拟在统计特性上可以确定可能的极限响应值。④涡激振动分析。该部分可以确定缓解涡激振动装置的尺寸，如钢悬链线立管上广泛使用的螺旋列板的尺寸。⑤疲劳分析。疲劳与浪向、船体运动及涡激振动等有关，疲劳损伤的计算基于规范规定的 S-N 曲线确定，本部分一般应用到的规范有 API RP 2A（1993）等。疲劳生命周期的计算可以用来确定每根立管最大疲劳损伤率。⑥柔性接点分析。该部分主要用来分析顶点处的极限应力情况等。⑦安装分析。该部分主要用来确定安装方式，并评估安装时可能出现的危险情况。钢悬链线立管主流的安装方式为立式安装。

6.6　公共研发试验平台建设

通常一个完整的制造测试中心应根据工作需要分为不同的功能区，其中各功能区又应根据实际情况进一步分成若干个功能不同的车间。实际生产中，根据水下生产设施测试中心对水下生产设施的测试要求，分别制订测试工艺。水下采油树、水下集输系统、钻井隔水管系统、水下防喷器等设备都需要进行 FAT 和 SIT 试验，在客户要求的时候还可以进行气密性等相关试验。

平台建设目标：对国内外已有的成熟的水下设施测试体系进行研究，按照现行的水下设施制造、测试相关国际标准和行业标准的规定，形成较为完备的工厂验收测试（FAT）、系统集成测试（SIT）的测试程序，并对各主要设备进行详细的测试程序设计。

测试应该包括实际现场及从安装到维修的各个阶段，以及对作业的环境条件进行模拟仿真。对装卸、运输、动态加载和备用系统要进行特殊测试。个别的部件，例如阀、执行器、接头配件及控制系统的相关部件，应该独立于管汇/导管架系统进行单独的资格测试。管汇/导管架系统应该满足在操作极限条件下确定的预先认可的资格测试。

在测试基地总体设计的基础上，需对整个测试中心进行功能区划分，并对各功能区进行设计。通常一个完整的制造测试中心，主要包括水下结构物、采油树、钻井隔水管的制造区，控制模块生产、机械加工、打砂、喷漆等功能区，其中各功能区又可进一步分成若干个功能不同的车间。

对测试中心的布局、优化方法及配套装置进行研究，依据水下生产设施的测试标准和关键技术，对测试区在配套设备、人员分配和时间流程等的关联性进行充分研究，完成水下生产设施测试中心的总体设计，经过充分论证和优化，合理安排水下生产设施测试中心的布局。通过水下生产设施测试区关联性分析，使测试中心的布局和流程更加合理。以安全、高效为原则，结合水下工艺装备相应的测试、监测与控制技术，完成水下生产设施测试中心功能区设计。水下生产设施的系统集成测试区为露天场地，依据系统集成测试的测试程序和特点，划分不同的测试区块，并且对预安装联调测试进行研究，合理规划和设计测试区配套设备，并研究相关的测量和控制技术。对测试中心的测试流程和工作流程及相关仿真技术进行研究，完成水下生产设施测试中心工作流程说明书和相关的三维动画制作。

根据项目需求及前期调研所获取的信息，确定测试中心工作所需要的测试设备。针对测试功能区的划分和测试工作的需要，重点列出以下测试装备。

6.6.1 压力/温度试验装置

1. 目的

压力/温度试验是石油化工装管工程结束的重要工序和标志，其目的是考核压力管线在压力、温度超设计状态下是否存在缺陷，同时考核密封元件及焊缝的致密性，以确保工艺管管线安装质量和装置长期安全稳定的运行。由于不同的压力管线有不同的工艺要求，不同的操作条件对试验的方法选择也有不同程度的影响，因此，压力试验的预见性、科学性、合理性和安全性是压力试验成功的关键。压力/温度试验装置主要对水下工艺装备进行压力/温度循环试验、压力循环试验、温度循环试验和静水压试验。

2. 工作原理

从液压泵输出的高压油流经过滤器、蓄能器进入电液伺服阀，同时，将由电控系统给定的电信号与从液压传感器输出的反馈信号相比较，将此差值信号放大后送至电液伺服阀，把电信号转变为油的流量，高压油交变地输入到作动器的上下油腔，驱动活塞杆上下往复运动，活塞杆与水缸腔体相连，水缸腔体和管道试样内部水体相连，因此伺服作动器的作用力直接施加于管道内部，模拟实际的压力变化。

试验之前将水箱里面的水加热到预定温度，先将自来水通过气动球阀注入系统，水缸体的气体通过排气阀放掉。此外，当系统压力达到 20MPa 时，水的密度会有少许增加，在重量不变的条件下体积必然会有微量减小，因此在正式试验前作动器应该先动作 2～3 个循环以补充以上两种情况的体积缩小部分，即在正常压力下将水箱里面的水先注满整个系统，然后作动器驱动活塞杆上升开始打压，打压完成后作动器退回开始补水，接着作动器再次上升第二次打压。如此反复几次，直到管内达到系统试验压力。气动球阀均由电磁阀控制，当试验过程中有泄漏，压力降低时，液压传感器发出的电信号通过计算机程序控制电磁阀也可进行补水，可以完全实现自动化控制。压力/温度试验装置工作原理如图 6-16 所示。

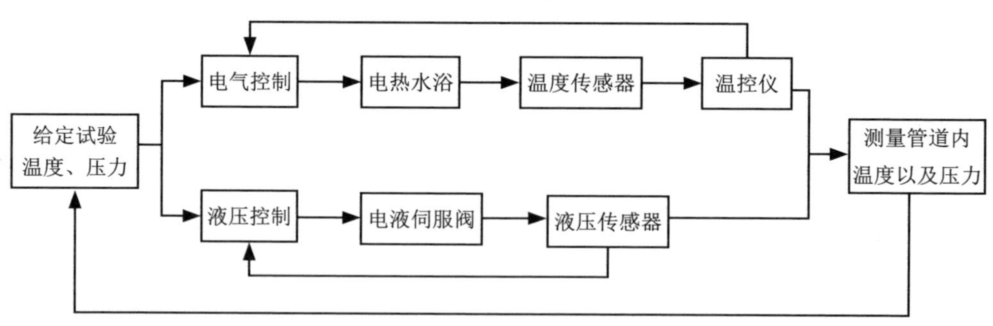

图 6-16　压力/温度试验装置工作原理图

3. 功能

用于钻井防喷器、采油（气）树和井口装置、节流和压井管汇等产品的PR2级的性能鉴定试验，包括液压试验、气密试验、温度及压力变化试验、力和转矩测量等。

（1）静水压试验　将工件固定在夹具上并连接好设备对应的压力输入和输出口，将执行器的控制部分连接好后，在控制系统上设定试验压力及泄漏判断标准（通过压力降低来判断泄漏量），并选择控制器的类型（气动执行器或液压执行器或电动执行器），选择好之后软件自动根据设定的压力及控制方式进行工件的耐压试验。

每个驱动器液压缸和活塞应进行静水压试验以证明结构的完整性。试验压力至少应为驱动器液压缸额定工作压力值的1.5倍。在成功地完成静水压试验之后，每个驱动器液压缸和活塞标识出试验压力，以便将来识别已试验件。如果在驱动器总装之后进行液压缸和活塞的静水压试验，活塞的标志不应予以要求。

（2）气密性试验　气密性试验主要是检验容器的各连接部位是否有泄漏现象。介质毒性程度为极度、高度危害或设计上不允许有微量泄漏的压力容器，必须进行气密性试验。

水压试验完成后卸压并利用气体吹扫容器1min，然后再进行气密性试验。在软件上选择气密性试验并设定好试验压力等参数，设定完成后系统自动增压至试验压力，同时将试件沉入水中，水位高低可根据阀门大小不同进行设定，通过气泡观察。

气密性试验应按以下要求进行：

1）碳素钢和低合金钢制成的常温压力容器，其试验用气体的温度应不低于5℃，其他材料制成的压力容器按设计图样规定。

2）气密性试验所用的气体应为干燥、清洁的空气、氮气或其他惰性气体。

3）进行气密性试验时，安全附件应安装齐全。

4）试验程序依据API 6A标准，需将进行气密性试验的设备置于水池中进行试验。

5）试验时压力应缓慢上升，达到规定试验压力后保压不少于30min，然后降至设计压力，对所有焊缝和连接部位涂刷肥皂水进行检查，以无泄漏为合格。如有泄漏，修补后重新进行液压试验和气密性试验。

（3）带环境温度的静压试验　将试件放入高低温箱内，系统根据要求设定压力、温度，在温度达到试验设定温度时系统自动判断并开始升压以判断是否泄漏。

进行这些温度循环试验时，设备应交替地加热并冷却到其额定工作温度的温度上极限和温度下极限。在温度循环期间，在温度极限下施加额定工作压力设备应无任何泄漏。温度从室温到温度上极限及下极限的循环，可以用来代替直接在两个温度极限之间的温度循环。

（4）温度、压力交变的试验　系统按照标准设定好温度、压力的试验过程，根据检测的压力、温度值自动进行升降压、升降温。

（5）阀门开关性能试验　对于初次研制的阀门需要进行性能验证试验，包括压力循环试验和温度循环试验。

4. 装置组成

系统由高低温箱、气/液压系统及控制系统组成。为提供强大的压力，选用液压驱动的方式来进行压力控制。使用电液伺服阀来提高响应频率，采用压缩气体来增加管内压力。系统由高压油箱、高压泵组、安全阀、高精度过滤器、蓄能器、冷却器、控制阀以及动力配电箱组成。选用电加热的方式来控制水温。控压系统与温控系统的接口处设计为气动球阀，气动球阀均由电磁阀控制。采用环密封形式，直接插入加螺母拧紧的方式，密封接头的上端设计有排气装置。保压系统通过两个气动球阀的配合来实现保压，一个气动球阀用来控制压力系统的注水量，另一个气动球阀用来控制管道内的注水量。管道的支座设计为支撑架的形式，上端设计有两个夹具，通过调节夹具上方的螺扣的行程来控制试验管径的大小。温度压力传感器布置在管道的内部。

5. 主要参数

1）试验介质：水，一般液压油，氮气或压缩空气。

2）试验压力范围：液压 1.5 ～ 150MPa，气压 0～120MPa。

3）试验温度范围：-50～150℃。

4）适合阀门规格：最大 DN8in。

5）高低温箱有效容积：12m^3。

6）温度均匀度：2℃。

7）压力测量精度：±0.5%。

8）压力控制精度：±1%。

9）电源：AC 380V。

10）驱动要求：压缩空气驱动。

11）驱动气体压力：0.7～1.0MPa。

12）驱动气体流量：1.6m^3/min。

13）压缩空气质量：过滤精度为15μm。

14）常压露点：3℃。

15）含油量：≤ 5.0×10^{-6}。

6.6.2 水下环境模拟高压舱

1. 用途

众多关键的水下设备如阀门、连接器、水下控制系统、仪表、接头等，需要进行模拟使用水深压力的外压操作与耐久性试验，水下环境模拟高压舱主要用于水下设备的外压试验，分为卧式和立式两种。中船重工第七〇二所研制的高压舱如图6-17所示。

图6-17 中船重工第七〇二所研制的高压舱

2. 装置组成

高压舱设计的基本要求是其必须具有快速开关系统、液压和电气接口、导轨、监视系统以及控制和分析系统，配套设备则包括高压增压泵、液压动力单元、电力单元、监视系统、控制系统等。

1）快速开关系统：可快速有效地结束和开始试验，便于批量产品的出厂验证。

2）液压和电气接口：为待测试设备提供测试压力油和电气信号，并对传感器进行监控。

3）导轨：用于运输设备。

4）高压泵：作为提供 3 000m 水深压力的关键设备，性能至关重要。

5）液压动力单元：提供液压及控制液压油。

6）电力单元：为设备提供电力。

7）监视系统：需配套数台摄像机和计算机。

8）控制系统：控制高压舱运行及相关试验的操作。

9）其他安全和相关设施。

除大型高压舱之外，还有配备水下传感器的小型试验高压容器，用来验证传感器在高压下的工作性能和可靠性。

3. 主要参数

目前国内并无专门用于水下设备外压试验的高压舱。高压舱的尺寸主要取决于需要测试的水下生产设施的大小，用于水下设备测试的高压舱的直径应不小于 2m，长度不小于 6m。

3 000m 水深高压舱是目前世界上最大的高压舱之一，长 6m，直径 2m，足够测试大多数设备在最大压力（3.0MPa）下的工作状况，操作温度 3～60℃。国内外高压舱主要参数尺寸见表 6-10。

表 6-10　国内外高压舱主要参数尺寸

公司名称	型式	尺寸（直径×深度）/m	模拟压力/MPa	测试对象
四川特科所	立式	1.8×3.5	15	深海模拟
中船重工第七〇二所	立式	1.5×2.9	90	水下结构物
GE-Vetco Gray	立式	1.2×2.7	44.5	水下控制系统测试台等
Cenpes	卧式	2.0×6.0	30	阀门、水下控制系统测试台等
SWRI（美国）	立式	2.3×6.0	27.6	仪表、接头等
NHC（英国）	卧式	3.0×8.0	10	阀门、SCM 测试台等

6.6.3　水下控制系统（SCM）测试台

1. 用途

SCM 测试台是用于检测水下控制模块通信与液压功能的测试装置（见图 6-18）。

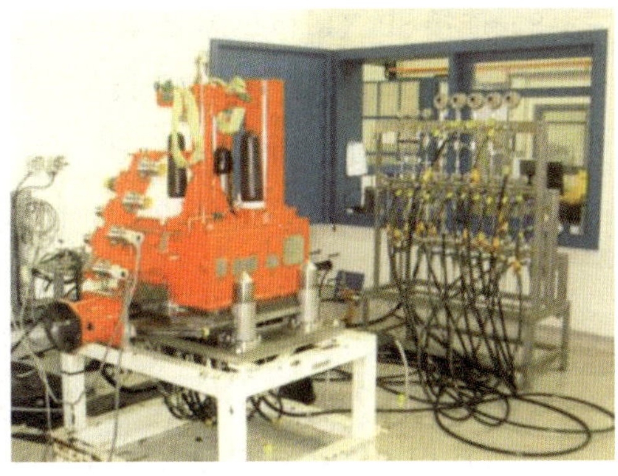

图 6-18　SCM 测试台

2. 功能

SCM 测试台实时采集生产过程参数，控制水下采油树树体和井下阀门，与水上监控系统实时通信，为水上监控系统传送可靠的监测数据，同时可满足生产异常时紧急事故处理功能的要求。

SCM 测试台应提供以下试验功能：

1）验证模块和模块接收盘之间的机械和功能接口。

2）验证与外部过程传感器的接口。

3）验证控制模块的操作功能。

4）试验液压源（THPU）提供所需操作压力的液压油，并可作为普通清洁源进行冲洗操作。

5）模拟控制管缆的电缆特性，特别是通信和电力阻抗。

SCM 测试台的关键在于 SCM 基座。SCM 基座一般包括数十个液压接头，两个高压接头、两个低压接头和三个电气接头，以及其他一些导向和排气接口。

3. 装置组成

1）水下控制模块试验台（SCMTS）。

2）电子测试单元（ETU）。

3）传感器模拟设备（SESI）。

4）测试液压动力单元（THPU）。

5）低压/高压液压管线，以及连接 THPU 和 SCMTS 的回油管线。

6）水下动力和通信测试单元（SPCTU）。

7）液压油，HW540。

8）连接 SPCTU 和 SCM 的电气和通信信号线路。

9）测试用电气接头和液压接头。

10）激光粒子分析仪。

11）氮气补偿器。

12）打印机。

13）万用表（Fluke 87 或具有等效有效值）。

14）适当车间设备。

实际应用中，SCM 需安装在 SCMTS 上。在 SCMTS 外罩没有安装的情况下，将 SCM 安装到 SCMTS 上，需按以下步骤：

1）将适合的工具（装卸工具/提升吊索）连接到 SCM 上。

2）确保 SCM 锁定机构完全解锁。

3）小心从 SCM 装配夹具上起吊 SCM，保持其悬浮在离地高约 1.5m 处。

4）缓慢将 SCM 下降到 SCM 测试台安装基座上，直到 SCM 锁定机构啮合安装基座上。

5）减少软吊索的张力（不松开）。

6）将适合的转矩工具连接到 SCM 锁定机构上，把 SCM 锁定到 SCMTS 基座上。

7）松开 SCM 的转矩工具以及软吊索。

4. 主要参数

试验之前需要进行液压管路清洗和本体静水压试验，液压油可采用 HW540。参照 Hitec 公司测试台的形式和大小，初步确定 SCM 测试间长 6m、宽 5m。

主要注意事项：

1）清洗并测试液压电力单元（THPU），液压油为 HW540。检查液压油的清洁度，如果需要，冲洗 THPU。

2）连接或断开任何液压软管之前，所有压力卸压到 0。

3）SCM 的工作压力：低压为 20.7MPa，高压为 34.5MPa。进行任何功能性或密封性试验的试验压力不得超出此范围。

4）向 SCM 提供电力的电压不得超过 350V。

5）测试应按照该文件中的顺序进行。在不影响测试结果的前提下，可以改变测试顺序。

6.6.4 清洗装置

1. 目的

高清洁度清洗装置是系统集成测试（SIT）中水下脐带缆终端单元、水下分配单元等液压管路的重要冲洗设备。装配前的元件冲洗和装配后的系统冲洗对新投入使用的液压系统是非常重要的，经过严格的冲洗，可以减少和避免系统调试和早期运行中的故障，缩短系统的调试周期，减少不必要的损失。在系统运行期间还要定期检测油液状态，并控制污染物，使其在系统允许的清洁度范围以内。

2. 功能

清洗是减少液压系统液压故障的重要措施，颗粒状杂质浸入系统后，会引起液压元件磨损，动作不灵或卡死等现象，严重时还会造成故障，所以，液压系统安装前必须进行清洗。一般情况下，新元件出厂时都已清洗检验过，安装时只需对现场加工装配的部位进行清洗。如果采用旧的元件，试装前必须进行清洗，还应把有关孔口封好，以免脏物进入。

从使用的角度看，液压系统正常工作的首要条件是系统内部必须清洁。在新的设备运行之前，或一台设备经过大修之后，液压系统遭到污染是不可避免的，尽管液压元件的制造厂家很注意元件本身的内部清洁，但新元件中仍可能含有切屑、飞边、灰尘、焊渣和油漆等污染物。元件也可能由于不良的储存、搬运而造成污染。在油箱的制作过程中，可能积聚锈、漆片和灰尘等，虽然油箱在使用前经过清理，但许多污染物肉眼难以看到。在软管、管道和管接头的安装过程中都有可能将污染物带入系统。即使新的油液也会含有一些令人意想不到的污染物，必须采取措施尽快将污染物滤出，否则在设备投入运行后不久就有可能发生故障，而且早期发生的故障往往都很严重，有些元件例如液压泵、液压马达有可能会遭到致命性的损坏。

元件清洗和系统冲洗的目的就是消除或最大限度地减少设备的早期故障。冲洗的目标是提高油液的清洁度，使系统油液的清洁度保持在系统内关键液压元件的污染耐受度内，以保证液压系统的工作可靠性和元件的使用寿命。

液压元件装配前常用的清洗方法有浸渍清洗、机动擦洗、超声清洗、加热挥发物和酸处理法等。使用时还可以把这些方法加以组合或进行多步清洗，依次在相邻的两个或三个清洗槽（机）中清洗，由于各清洗槽（机）被清洗零件的污染度不同，所以清洗液的配方及加热温度是各不相同的。

溶剂浸渍清洗是将被清洗的零件浸入带有加热设备的清洗槽中（加热温度一

般为 35～85℃），并在清洗液中通入压缩空气或蒸汽，使清洗液处于动态之中，浸渍时间 4～8h。对于油污严重的零件，清洗时还需要手工擦抹。

机动擦洗可采用软毛刷子刷去污物，以保持元件的精度和低的粗糙度。如网式过滤器，常用硬的钢丝刷清理，有时会损坏过滤芯或改变过滤精度。高精度、低粗糙度的液压阀体，可使用带磨料球的尼龙去刺刷洗刷阀孔端部、孔道交接处及沉割槽等。尼龙去刺刷的刷头是由直径为 0.3～0.6mm 的黑色尼龙丝及规格为 M20 的绿色碳化硅磨料黏接而成。

超声清洗将适当功率的超声波射入清洗液中，形成点状微小空腔，当空腔扩大到一定程度时，突然破灭，形成局部真空，周围的流体以很高的速度来填补这个真空，产生具有几千个大气压的强大声压和机械冲击力（即空化作用），使置于清洗液中的零件表面上的污染物剥落。此种方法清洗时间短，清洗质量好，还能清洗形状复杂而人工又无法清洗的零件。与手工相比，工效提高 10 倍以上，成本降低，但对过滤器这种多孔形零件，由于孔有吸收声波的作用，可能会影响清洗的效果。

加热挥发法适用于一些特殊的污染物的处理，如加热后可以挥发掉的污染物，但是这种方法不能去除液压元件内部残留的炭、灰及固体附着物。

酸处理法是在将零件表面污染物去除以后，放入由 CrO_3、H_2SO_4 和 H_2O 配合的溶液中浸渍，使表面产生耐腐蚀膜。对不同的金属材料应采用不同的酸洗液。

根据系统受湿表面积来决定系统元件的清洁度的规则，清洗的重点是占系统总受湿表面积高的元件。因此，清洗的主要对象是软管、油管、液压缸、过滤器和油箱等元件，泵和阀在出厂前已经充分清洗，对系统产生的污染影响不大。

多数工厂的做法是：在装配前硬管进行酸洗－中和－水洗－干燥－除油；软管和接头以及外购元件用煤油或汽油清洗－吹干。

软管必须在管道酸洗，冲洗后方可接到执行器上，安装前要用洁净的压缩空气吹干净。中途若拆卸软管，要及时包扎好软管接头。

接头体安装前用煤油清洗干净，并用洁净压缩空气吹干。还需要生料带密封的接头体，缠生料带时要注意两点：①顺螺纹方向缠绕；②缠后的生料带应距螺纹端部 2 ～ 3 扣的螺纹长度，否则，超出的部分在拧紧过程中回被切断进入系统。

管道安装前要清理出其内部大的颗粒杂质，绝对禁止管内留有石块、破布等杂物。管道安装过程中若有较长时间的中断，要及时封闭好管口防止杂物进入系统。为防止焊渣、氧化铁皮侵入，建议管道焊接采用气体保护焊（如氩弧焊）。

液压缸是安装在一个单独的预清洗油箱系统中，用预清洗油液进行循环冲击清洗。所需油量至少是液压缸容量的5倍以上，通常5次反复冲洗才可将其冲洗干净。

所有零件清洗干净后，放入具有封闭性并便于清扫和保持清洁的干净地，场地的空气应该过滤，且场地内的气压要高于外部气压，以防止外部尘埃侵入。

液压元件、组件运输时，应注意防尘土、防雨，对长途运输特别是海上运输的液压件一定要用防雨纸或塑料包装，放入适量的干燥剂。

高清洁度清洗装置的冲洗过程应注意以下问题：

1）冲洗之前应拆下精密元件，如电液伺服阀，在其位置上安装冲洗短路板。

2）从被冲洗的主管路上拆下原系统的滤芯。

3）冲洗油液应与系统欲使用的油液相容。

4）在关键位置可考虑加辅助过滤器。

3. 装置组成

1）循环柜：容积为 $10m^3$。

2）加热器：防爆等级 Exd Ⅱ CT1-T4；防护等级 IP66；工作环境温度 -20 ～ 40℃；温控精度 ±1℃。

3）循环泵：满足系统清洗要求。

4）精滤器：过滤精度 5μm；滤芯材质 304；发讯器压差 0.1MPa。

5）颗粒计数器：测试准确度 ±0.5 个污染度等级；测试重复性＜5%；通道数为 6 个，可同时给出 6 个颗粒尺寸范围的颗粒计数值。

6.6.5 多相流装置

1. 用途

多相流装置主要用于生产工艺模拟回路试验，包括生产液模拟回路和热流模拟回路。

2. 功能

生产液模拟回路是指油、气及水三相混合流动模拟测试回路，用于模拟油气田现场生产实际流体对多相设备的影响。当油、气及水混合物流过相关设备（如多相流量计、多相分离器和多相增压系统等）时，通过对流动过程进行功能及性能测试，为进一步进行油田现场测试做准备和支持。

目前，国内外对多相流装置的研究已经取得一些成果，并有一部分装置已投入使用。其中，由英国 NEL 国家工程试验室建造的油气水三相流量测试和标定装置是世界上唯一具有国家标准的多相流量计标定装置，在世界上具有一定知名度和权威性。它是油气水多相流量计标定和多相流测试研究的综合性试验装置。该装置和油流量标准装置建在同一个试验室内。试验室长 80m，宽 20m，高 11m。油气水单相计量、测试标定及分离设备在室内，氮气设备在室外。另外在试验室地面以下建有一个 4.5m 深的地下室，用于放置储罐和油水泵。该装置的管路、分离器、泵、阀等部件都为不锈钢材料，还配备了伽马射线密度计、X 射线分析仪、高速摄录仪等流态测试仪器，以及长 30m、耐压 1MPa 的水平透明管路和长 5m 的垂直透明管路，用于观察流态，可对多相流量计进行水平、垂直测试标定，并由计算机完成数据的采集、计算和对系统的控制。

CMR 公司的室内多相流动回路主要用于多相计量的技术测量设备的验证。其主要参数为：介质为氮气、柴油和盐水；管径 6in 和 3in；压力为 0.5～1.0MPa；温度为 15 ～ 35℃（无温度控制器）；气体流量 1 100m^3/h，液体流量 250m^3/h；管道材料为 316L（耐酸）。试验设备除两种管径的管道外，还有容积为 32m^3 的分离器，离心泵和用于测量各相的比例、流速、压力及温度的测量设备。气体包括 95%～100% 的氮气，其余为空气。氮气由压缩机和氮气生成系统从空气中获得。回路和测试区域占地面积 100m^2，车间入口宽 5m、高 3.5m，配备 5t 的起重机。CMR 公司多相流标定装置如图 6-19 所示。

图 6-19　CMR 公司多相流标定装置

参考国内外的相关研究进展，特别是众多多相流测试回路的研制与试验，并结合水下分离器、水下增压系统和水下多相流量计的研发及性能测试的要求，制定出在设计过程中应当遵循如下原则：

1）安全性。鉴于研制的两套生产工艺模拟装置属于大型的试验测试装置，要满足高压力、大流量的要求，在处理设备的装配和测试过程中要遵循安全的原则，由专业的人员进行。在项目前期的设计过程中，要遵循相关标准，取合适的安全系数。

2）可行性。在项目的设计阶段，应当尽可能与专业的工程人员进行交流，了解生产工艺装置可能会出现的问题，并与专业厂商及时沟通，对整套系统的各个部件进行严格审核，保证系统完成后的可行性。

3）可扩展性。一般来说，小型室内回路用于多相流物理性质、压降和流动特性的研究，中型回路多用于多相流量计标定、倾斜管道多相流动和腐蚀性质的研究，大型回路则可用于多相设备的测试，并兼具一些中小型回路的功能，且有一些相关的辅助设备和回路作为补充，实现一套装置的功能最大化。因此，在生产工艺装置的实施阶段，尽量扩展其用途，暂时不能确定的情况也要考虑其以后的功能扩展，留出足够的空间，且做到扩展不影响本身的性能。

4）因地制宜。结合珠海深水工程基地的特点，特别是试验水池的相关配置，对生产工艺模拟装置进行设计、制造、安装和试验。

3. 装置组成

生产液模拟回路模拟真实生产条件下的介质，用于多相设备的功能验证和性能测试。其主要包括存储装置、泵送系统、温度调节系统、分离装置、测量系统、控制系统及测试部分的总体设计。

（1）生产液模拟回路泵送系统　根据生产液模拟回路的总体要求和测试需要，结合回路介质的存储装置，确定回路中泵送系统的排量、压力及功率等相关参数，并进行相关设备的选型。泵送系统的稳定性是重要的设计指标，因为其直接影响着回路中流量的稳定性。为了能够在实验过程中获得稳定的流量，一般需要配备稳压容器。对系统要进行初步的压力校核，其局部阻力损失应当满足要求。在回路设计基本完成后，应当进行进一步的压力校核，对泵送系统进行校正。

（2）生产液模拟回路温度调节系统　生产液模拟回路中的温度调节主要依靠换热器和温控系统，换热器的作用是加热或是冷却混合液体，使之达到试验温度。为了加热大流量的混合液体，常常需要相当长的管式换热装置。另外，还需要对液体和气体分别单独加热的装置进行辅助温度调节。

（3）生产液模拟回路测量与控制系统　包括计量管排、混合器调节阀控制系统和控制台等。

1）计量管排。要正确和有效地选择流量测量方法和仪表，必须熟悉仪表和被计量的流体特性，同时还要考虑经济因素。归纳起来要综合考虑以下五个方面因素，即性能要求、流体特性、安装要求、环境条件和费用。单相计量管排的设计选型的目标是在流量范围之内计量精度达到 ±1%。

2）混合器。混合器的作用是在单相介质的出口对流量和各相的比例进行控制，从而形成任意比例的油气水混合物，混合器的设计选型是混合液各相比例精度的保证。此外，回路中可能有其他的两相流体的交汇点，交汇点的设计一般为 Y 形短节或 T 形短节。Y 形短节的作用是形成层流，而 T 形短节是在汇入气体之前油和水的交汇处。另外，还要考虑化学药剂的汇入，交汇点短节的设计对整个系统的压降和流型有很大的影响，应当通过计算流体软件进行仿真模拟和具体的设计。

3）调节阀。调节阀要能够满足生产液模拟回路控制精度的要求，另外，在分离器的入口处，调节阀还需要对流体的压力和流量进行调节，使之满足分离器的设计压力和流量范围。

4）控制系统设计与控制台。基于调节阀、温度调节系统和计量装置使用在线气体钟罩和电子秤检定流量计，核心控制系统采用闭环自动化控制，由计算机和智能二次仪表对控制系统进行参数设定并选择和调节执行机构的动作，自动检测各传感器和仪表的数据，并对数据进行相应处理。

4. 主要参数

1）介质：矿物油、空气、水。

2）工作压力：0.8MPa。

3）设计压力：1.0MPa。

4）温度：常温～60℃。

5）矿物油流量：15m^3/h。

6）水流量：15m^3/h。

7）空气流量：800m^3/h。

8）水处理设备处理量：400m^3/d。

6.6.6 水下机器人（ROV）及配套工具

1. 用途

ROV及配套工具主要用于集成测试，可使用虚拟ROV代替真实ROV完成测试。在系统集成测试中，为了进一步模拟水下安装的真实情况，可进行陆地ROV操作测试及水池ROV操作测试。

2. 功能

检查ROV的可操作性，测试内容包括ROV安装飞线测试、ROV面板操作测试及ROV辅助安装测试等。

3. 装置组成

除ROV（或虚拟ROV）（见图6-20）及其通用的工具包外，在操作测试中还会用到ROV专用工具，主要包括：

1）毂座距离测量工具。

2）VX/AX密封圈替换工具。

3）ROV毂座清洁工具。

4）操控和扭转工具等。

以上工具是水下产品制造商应当提供的，是实际应用于水下安装的工具，可利用ROV进行工具操作测试。

图6-20 虚拟ROV操作测试

4. 主要参数

ROV 性能参数见表 6-11。

表 6-11　ROV 性能参数

名称	生产国家	潜深/m	尺寸（长 × 宽 × 高）/mm	质量/kg	速度/kn
H300	法国	300	840×600×470	65	2.5
ROV3.1	法国	150	450×270×210	6	3.5
TrigerFish	美国	150	1093×533×406	30	2
Stealth2	美国	300	762×560×460	38	2.5
SeaLion	美国	300	1168×558×381	56.7	2.5
seamor	加拿大	300	355×355×472	16	3
Stingray	美国	350	990×460×460	32	3

注：1kn=1.852km/h。

6.6.7　连接器测试装置

1. 用途

连接器测试装置（见图 6-21）用于采油树连接器的载荷测试，以验证连接器的承载能力。

图 6-21　连接器测试装置

2. 功能

连接器测试装置可对连接器进行拉压、弯曲或扭转测试，对于新设计的采油树连接器进行载荷测试，在施加内压的情况下，验证连接器的极限承载能力。

3. 装置组成

连接器测试装置主要包括载荷试验台、液压装置及数据采集系统。

载荷试验台包括：试验架、连接箍座、伺服液压缸、数字控制器、力传感器等。

数据采集系统包括：压力传感器、应变片及测量仪、位移传感器、电位计和倾角计。

6.6.8 起升装置

1. 用途

起升装置主要用于人工不易搬运的物体的起升、移动和运输等。

2. 功能

根据国内外的先进经验，测试车间内采用综合吊运模式。车间主体空间布置2～4台桥式起重机，各生产测试单元分别布置1～2台旋臂起重机。这样，既可避免由于起升装置数量不足导致各工区需求冲突，提高工作效率，又可充分利用两种起重机各自的工作特点，降低运营成本。

3. 装置组成

（1）桥式起重机　桥式起重机是桥架在高架轨道上运行的一种桥架型起重机。桥式起重机的桥架沿敷设在两侧高架上的轨道纵向运行，起重小车沿敷设在桥架上的轨道横向运行，构成一矩形的工作范围，可以充分利用桥架下面的空间吊运物料，不受地面设备的阻碍。桥式起重机一般由起重小车、桥架运行机构、桥架金属结构组成。

（2）旋臂起重机　旋臂起重机是一种轻小起重设备，根据设计结构不同可绕立柱旋转或沿墙壁行走，作业服务范围为圆形或扇形区域。旋臂起重机轻巧灵活，是一种理想的吊运小件物品的起重设备，具有投资少、占地面积小、安全、高效、节能及使用方便等特点。

参考文献

[1] 李明 . 国家明确未来十年海工装备主攻方向 [J]. 珠江水运，2015（14）：28.

[2] 孙巍 . 深海石油工程装备技术发展现状及展望 [J]. 中外能源，2012，17（9）：9-14.

[3] 卜斌 . 深水钻井技术装备现状及发展趋势 [J]. 石化技术，2018，25（12）：170-171.

[4] 孙宝江，曹式敬，李昊，等 . 深水钻井技术装备现状及发展趋势 [J]. 石油钻探技术，2011，39（2）：8-15.

[5] 王志远，赵胜英．防喷器领域的最新进展 [J]. 石油机械，2005，33（3）：71.

[6] 李博，张作龙．深水防喷器组控制系统 [J]. 流体传动与控制，2008（4）：42-44.

[7] 刘健，李迅科．深水半潜式钻井平台钻井系统选型配置研究 [J]. 海洋工程装备与技术，2015（6）：384-389.

[8] 蒋东雷，李中，秦桦．陵水 17-2 气田水下采油树选型与功能设计 [J]. 石油机械，2018，46（7）：31-38.

[9] 王志远，赵胜英，赵利，等．防喷器领域的最新进展 [J]. 石油机械，2005，33(3)：71-72.

[10] 李清平，朱海山，李新仲．深水水下生产技术发展现状与展望 [J]. 中国工程科学，2016，18（2）：76-84.

[11] 张波，黄长穆．中国南海流花 11-1 油田的深水开发技术 [J]. 中国海上油气工程，1998（3）：36-44.

[12] 许骞，许鉴冲．关于深海平台发展现状与趋势 [J]. 化工中间体，2016（7）：90-91.

[13] 王立权，李松羽，弓海霞，等．海上张力腿平台张力筋腱连接器构型设计与优化 [J]. 机械工程学报，2019，55（18）：196-205.

第 7 章

促进我国海洋油气装备发展的措施与政策建议

7.1 我国支持海洋油气装备发展的政策与措施

7.1.1 支持政策

从国家政策方面看，《国家中长期科学和技术发展规划纲要（2006—2020年）》提出了海洋资源高效开发利用以及发展大型海洋工程技术与装备的要求，在“十二五”国家海洋事业发展规划纲要中，更是明确提出要发展海洋关键技术，其中就包括海洋油气高效利用技术以及深海油气勘探开发技术。

为增强海洋工程装备产业的创新能力和国际竞争力，推动海洋资源开发和海洋工程装备产业创新、持续、协调发展，2011 年 8 月 5 日，国家发展改革委、科学技术部、工业和信息化部、国家能源局印发《海洋工程装备产业创新发展战略（2011—2020 年）》（简称《战略》）。《战略》包括战略意义、指导思想和战略目标、总体部署、战略重点、战略实施途径、保障措施 6 部分。《战略》提出，要重点发展主力海洋工程装备、新型海洋工程装备、前瞻性海洋工程装备、关键配套设备和系统及关键共性技术。

2015 年 5 月，由国务院颁布的《中国制造 2025》明确提出，海洋工程装备和高技术船舶领域将大力发展深海探测、资源开发利用、海上作业保障装备及其关键系统和专用设备；推动深海空间站、大型浮式结构物的开发和工程化；形成海洋工程装备综合试验、检测与鉴定能力，提高海洋开发利用水平。

2015 年 6 月，由工业和信息化部规划司指导、中国信息通信研究院和中国石油和化学工业联合会等十个行业协会并特邀联合国工业发展组织编写的《2015 年中国工业发展报告》在京发布。报告指出，海洋工程装备和高技术船舶等是未来中国制造升级重点发展的十大领域之一。

“十三五”期间，海洋油气装备行业要着力开展集成创新，注重培育原始创新能力，进一步提高主力海洋工程装备的设计制造能力，掌握关键共性技术，加快发展新型海洋工程装备，开展前瞻性海洋工程装备技术研究，推动我国海洋工程装备产业由低端制造向高端集成方向发展。

按照国家的相关发展规划，我国海洋工程装备制造业中长期发展目标是：

1）重点突破深水半潜式钻井平台和生产平台、浮式液化天然气生产储卸装置和存储再气化装置、深水钻井船、深水大型敷管船、深水勘察船、极地科考破冰船、大型半潜运输船、多缆物探船等海洋工程装备及其相关配套系统和设备的设计制造技术，并通过海上试验和实际应用，发挥示范带动作用，促进创新成果向工程化和产业化的转化能力。通过工程实施，基本形成健全的研发、设计、制造和标准体系，推动我国海洋工程装备创新发展，自主设计、总包建造、核心设备配套等能力明显提升，海洋工程装备产业结构得到持续优化，创新成果工程化和产业化能力显著提升，产业协调发展，对国家重大需求的支撑作用和国际竞争力进一步增强。

2）大力发展海洋油气装备制造业，带动相关产业和区域经济共同发展。海洋油气装备制造是海洋石油工业的重要基础，具有辐射面广、产业关联度高、带动性强的特点，是国家综合实力的重要体现。国内海洋油气装备制造企业将以海洋油气资源开发为龙头，加快推进高端海洋油气装备制造业的发展，不断提升海洋油气装备的集成化、系列化、智能化水平；继续加大对深水资源开发重大装备和基地设施建设的投入，打造具有世界领先水平的深水作业船队；加大设备设施的国产化水平，带动船舶、原材料、机电仪等相关产业发展，推动装备制造业转型升级；积极融入地方发展战略，参与区域经济发展，在陆海统筹发展方面发挥示范效应。

3）形成若干产业集聚区和大型骨干企业集团。重点打造环渤海地区、长三角地区、珠三角地区三个产业集聚区，2015 年三个产业集聚区的销售收入均达到 400 亿元以上，2020 年提高到 800 亿元以上；重点培育 5 ～ 6 个具有较强国际竞争力的总承包商，2015 年其销售收入达到 200 亿元以上，2020 年提高到 400 亿元以上。全面掌握深海油气开发装备的自主设计建造技术，装备安全可靠性全面提高，并在部分优势领域形成若干世界知名品牌产品。

4）“十三五”期间，天然气勘探、钻采装备将成为发展重点。据中国船舶工业协会预测，如果南海油气开发大规模展开，海洋油气装备的市场需求将超过 1 000 亿美元。

7.1.2 发展措施

1. 支持创新驱动，实施产业创新发展工程

将海洋油气装备发展战略纳入国家加快培育和发展战略性新兴产业的总体部署，组织实施海洋油气装备产业创新发展工程，突破核心装备设计制造技术，完善标准体系，全面提升自主研发设计、专业化制造及关键配套技术水平，加快引进消化吸收再创新，大力开展集成创新，积极培育原始创新能力，加速创新成果转化。加强创新能力建设，整合现有资源，依托现有条件，建设若干具有世界先进水平的国家工程研究中心、国家工程实验室、国家重点实验室、国家工程技术研究中心、企业技术中心等，并大力完善以企业为主体的技术创新体系。

鼓励企业、科研机构、高校对重点项目和重大工程进行联合攻关。鼓励企业加大对海洋油气装备的研发投入和创新成果产业化的投入，按照企业所得税法律法规和有关政策规定，落实企业开发新技术、新产品、新工艺发生的研究开发费用在计算应纳税所得额时加计扣除的优惠政策。鼓励国内企业开展海外并购，与有实力的国际设计公司合资合作。推动国际海洋油气装备技术转移，鼓励境外企业和研究开发、设计机构在我国设立合资、合作研发机构。建立由项目业主、装备制造企业和保险公司风险共担、利益共享的重大技术装备保险机制。

2. 需求为牵引，形成产业联盟

面向国际国内两个市场，促进应用和供给的融合，遵循海洋油气开发规律和程序要求，充分发挥企业的市场主体作用。积极培育油气企业的海上油气田规划、施工建设、设备制造、安装和维护能力，以及油气开采技术开发能力。支持船舶工业企业提高装备设计、建造和总包能力，推动产业结构调整升级。鼓励船用设备配套企业积极开展关键配套设备及系统研制。支持设立由大型骨干企业主导，科研机构、高校、专业技术服务公司等参与的产业联盟，推进产、学、研、用密切结合。

3. 加强国际合作，打造一流人才队伍

鼓励优势企业走出去，积极参与境外相关产业的合资合作，充分利用各种有利的国际资源，提高企业的国际竞争力。改革和完善企业分配和激励机制，积极营造有利于人才发展的良好环境，创造条件吸引海外有专长的工程技术专家、学者来国内工作。依托创新平台的建设和重大科研项目的实施，积极培养具有跨专业学科研发能力的领军人才。

4. 加强政策引导，完善产业结构

加强产业统筹规划和政策导向，对产能建设、行业协作、产业布局、创新发展等重要领域和关键环节，发挥政府宏观引导和协调作用，统筹现有设施和新建能力，坚持设计、制造、总装和配套同步发展。

5. 加大国家支持力度

以提高设计制造能力、加速产业发展为目标，针对战略发展重点，依托优势企业，统筹工程化技术开发、标准制定、关键装备及配套设备产业化和创新能力建设等环节，加大国家投入力度，推动要素整合和技术集成，努力实现海洋油气装备产业核心技术重大突破。结合海洋油气装备产业特点，进一步落实相关税收支持政策。

6. 改进和完善金融服务

鼓励和支持金融机构加快金融产品和服务方式创新，有效拓宽海洋油气装备制造企业融资渠道。鼓励金融机构灵活运用票据贴现、押汇贷款、保函等多种方式，支持信誉良好、产品有市场、有效益的海洋油气装备企业加快发展。按照有关政策规定，进一步探索改进适合海洋油气装备产业特点的信贷担保方式，拓宽抵押担保物范围。积极开展海洋油气装备的融资租赁业务。支持符合条件的海洋油气装备制造企业上市融资和发行债券。

7. 做好组织和协调

有关部门应加强对海洋油气装备产业创新发展的总体规划和协调，制订和落实相关政策，组织实施海洋油气装备创新研发及产业化专项工程，推进关键设备和系统的示范应用，协调科技、金融、财税等各方关系，引导和推动全社会力量，将海洋油气装备产业创新发展战略落到实处。

7.2 对我国海洋油气装备发展的建议

7.2.1 做好战略布局

石油、天然气被人们称为“工业的血液”，既是重要的能源，又是重要的战略物资，在工农业生产、国防军事及人们的日常生活中起着举足轻重的作用。据专家测算，陆地约有 32% 的面积是可蕴藏石油、天然气的沉积盆地，而海洋里的大陆架（水深 300m 以内）则有 57% 的面积是可蕴藏石油、天然气的沉积盆地。此外，在大陆坡和大陆隆中也发现了油气资源。

辽阔的海洋蕴藏着丰富的油气资源，全世界有油气远景的沉积盆地面积为

7 746.3×10^4km^2，其中位于海底区域的面积约 2 639.5×10^4km^2。海洋石油勘探开发已被纳入世界各大石油公司的重要发展战略。

近年来，世界各沿海国家的海洋石油、天然气勘探开发形势大体是：①墨西哥湾和海湾地区仍然是海上主要的油气产区，其中美国为 2.9×10^8t 油当量（按 1 000m^3 天然气折合 1t 石油计算，下同），阿拉伯国家超过 2×10^8t。②北海地区的大型油田都已投入开发，在世界海洋油气产量中所占比例有大的突破，其中英国的石油产量达 2.3×10^8t，挪威的石油产量达 2.2×10^8t。③拉丁美洲地区的墨西哥石油产量已达 1.1×10^8t，巴西和委内瑞拉也是主要产油国，产量合计为 1.1×10^8t。④俄罗斯在巴伦支海近海发现斯托史曼考耶巨型天然气田天然气储量为 4 700×10^8m^3，又在阿卜谢隆海峡等海域发现沙法格油田，估计石油储量为 11×10^8t，天然气储量为 8.5×10^{12}m^3。⑤亚洲地区的海上石油开发也有新发展，印度尼西亚在东爪哇海岸外和纳土纳海盆中勘探，近期内可能发现新油田；马来西亚的勘探开发集中于马来盆地中的特伦加努近海及沙巴、沙捞近海，该地区的海上石油产量将达 2×10^8t 以上。⑥澳大利亚海域的石油储量为 85×10^8t，今后几年将有新的勘探开发成果。⑦非洲主要海上产油区位于地中海的苏伊士湾，利比亚在地中海水深 150m 处发现地质储量（6.6 ～ 7.9）×10^8t、可采储量 0.7×10^8t 的油田；埃及海域也有比较丰富的油气资源，刚果海域发现了正在勘探之中的储量达 1.5×10^8t 的油田。

海洋油气的开发为沿岸一些国家带来了经济上的繁荣。20 世纪 60 年代，海湾地区发现并开采出了海上石油之后，石油工业带动了该地区的经济发展，海湾国家实力大增。在世界 8 大储油国中，海湾地区的沙特阿拉伯、伊拉克、科威特、阿拉伯联合酋长国、伊朗就占了 5 席，石油成了这些国家的主要外汇收入来源，石油收入占这些国家财政收入的 85% 以上。

2005 年，沙特阿拉伯是美国的第三大石油进口国，向美国出口原油 7 355×10^4t；同年，沙特阿拉伯是我国的第一大石油进口国，向我国出口原油 2 218×10^4t。科威特凭石油收入在海外的累计投资就达 850 亿美元。挪威凭借石油收入已跨入世界富国的行列，人均国民生产总值 14 000 美元。海洋石油工业的迅速发展，为挪威其他工业的发展带来了活力，一度不景气的机械、造船工业，纷纷成功转向生产石油平台、船舶和其他石油工业设备。海洋石油工业的发展，还增加了本国人员的就业机会。英国在20世纪60年代中期前还没有海洋石油工业，所需石油基本依赖进口，消耗了大量的资金。1968年英国仅进口石油的费用就达125亿英镑，给国家带来了沉重的财政压力。1970年以后，英国陆续在北海的南部、中部找到了西索尔气田、福特斯大油田等。1975年这些油田投入开发生产，1978—1980年进入生产高峰期，日产原油6.8×10^4t，至1982年累计生产原油1.37×10^8t。20世纪80年代以来，英国每年从北海开采原油1.2×10^8t左右，从根本上改变了英国需要进口石油的局面，英国政府仅从北海石油获得的收入就高达100亿英镑。2005年，英国是美国的第九大石油进口国，向美国出口原油$1\,190\times10^4$t。由此可见，北海油气开发对英国经济社会生活影响非常重大。

需要说明的是，目前海洋油气资源普查、勘探工作的广度与深度与陆地相比还很不够，除了近海有利海区开发得较快外，大部分大陆架海域尚属空白或者仅仅做了粗略的调查，还远谈不上商业性开发。海洋油气开发才刚刚起步，海洋石油、天然气开发前景光明，形势诱人。

我国油气资源储量丰富，按第三次石油资源评价初步结果，目前全国石油资源量为$1\,072.7\times10^8$t，已探明储量225.6×10^8t，探明率为21%左右。其中海洋石油资源量为246×10^8t，占总量的22.9%。天然气资源量为$54.54\times10^{12}m^3$，其中海洋天然气资源量为$15.79\times10^{12}m^3$，占总量的29%。有关数据表明，我国石油资源的平均探明率为38.9%，而其中海洋石油的平均探明率仅为12.3%，远远低于73%的世界平均探明率。我国天然气的平均探明率为23%，海洋天然气的探明率为10.9%，而世界平均探明率为60.5%左右。因此，我国油气资源的探明率（尤其是海洋）很低，整体上处于勘探的早期阶段。

我国近海海域发育了一系列沉积盆地，总面积达近百万平方公里，具有丰富的含油气远景。这些沉积盆地自北向南包括：渤海盆地、北黄海盆地、南黄海盆地、东海盆地、冲绳海槽盆地、台西盆地、台西南盆地、台东盆地、珠江口盆地、北部湾盆地、莺歌海—琼东南盆地及南海南部诸盆地等。

我国海上油气勘探主要集中于渤海、黄海、东海及南海北部大陆架。

我国近海油气田的开发目前主要集中在渤海、珠江口、琼东南、莺歌海、北部湾和东海6个含油气盆地，已形成了4个油气开发区，即渤海油气开发区、珠江口油气开发区、南海西部油气开发区和东海油气开发区。

目前，中国海油在我国海域拥有渤海湾、南海西部、南海东部及东海 4 个主要作业区。除我国近海外，中国海油通过积极开展资产并购及合作开发，油气资产已广泛分布于澳大利亚、东南亚、非洲、里海等海外地区，并成为印度尼西亚最大的海上油气生产商。根据中国海油公司网站资料，中国海油在中国四海及海外的平均日产桶油当量分布：渤海海域平均日产量达到了 187 021 桶油当量，占公司日净产总量的 44%；南海西部平均日净产量达到了 89 583 桶油当量，占 21%；南海东部平均日净产量为 103 741 桶油当量，约占 25%；东海海域平均日净产量为 4 751 桶油当量，占 1%；公司在海外（印度尼西亚、澳大利亚）的平均日产量为 39 013 桶油当量，约占 9%。

开发深水石油是中国海油在“十一五”规划中的重点内容之一。所谓深水区，即指作业水深超过 300m 的水域。深水石油是未来全球石油战略接替的重点之一，西非和墨西哥已经形成了接替的格局，但亚太深水区，特别是我国的南海、东海等深水区，还算一片处女地。中国海油以往只在约 100m 水深的浅水区开发，现在结合国外公司的技术，已经能在水深超过 300m 的水域（如南海）进行深水油气开发。

7.2.2 加大自主创新

我国海洋油气开发已有近 40 年的历史，取得了巨大的成绩。海洋油气开发装备从无到有，已从滩海、浅海钻采装备发展到常规水深钻采装备。特别是进入 21 世纪以来，海洋油气工业及其装备得到突飞猛进的发展。2000 年以前，我国依靠自主的设计建造力量，先后建成渤海 1 号、渤海 3 号、渤海 5 号、渤海 7 号、渤海 9 号共 5 艘自升式钻井平台，胜利 1 号、胜利 2 号、胜利 3 号共 3 艘坐底式钻井平台，勘探 1 号双体式钻井浮船 1 艘，勘探 3 号半潜式钻井平台 1 座，以及渤海明珠号和渤海友谊号共 2 座浮式生产储卸油装置。2000 年以后，又先后完成了渤海长青号、渤海世纪号、渤海奋进号和海洋石油 3 号等浮式生产储卸油装置的自主设计；完成了宾果 9000 系列共 4 座超深水半潜式钻井平台的船体建造和 15 万 t、17 万 t、21 万 t、30 万 t 浮式生产储卸油装置的建造，具备了 30 万 t 级浮式生产储卸油装置的船体设计和建造能力。在油气开发专用管材、板材及型材方面，冶金系统已研制出了一批海洋平台结构和石油专用钢管、钢板与型钢。

虽经过20多年的努力，我国国产的石油设备能够为海洋石油钻采平台（船）配套的还只是一些技术难度较低、价格较便宜的一般设备，而且是为浅海钻采装备配套，对于海洋油气开发装备，国产设备的配套率很低。

我国海洋油气钻采装备现有水平与国际先进水平相比，与当前我国对海上油气资源开发的迫切且巨大的需求相比，均有很大差距。

差距之一，只初步具备设计建造常规水深钻采装备的能力，一些关键设计建造技术还没有掌握，不具备自主设计建造能力，在深水、超深水装备的设计和建造上仍是空白。我国现有的钻井平台（船）和海上生产（采油）装置（含进口装备）的工作水深基本在500m以内，其中自主设计建造的钻井平台工作水深在200m以内，均为常规水深，工作水深没有超过1 000m的深水钻井平台，更谈不上工作水深2 500～3 000m的超深水钻井平台了。目前，我国油气资源开发主要在水深200m以内的海域，对深海钻井平台技术的研究尚处于起步阶段。近30年内，我国仅根据国外技术设计建造了工作水深2 500m、钻井深度9 144m的宾果9000系列共4艘超深水半潜式钻井平台的船体，而没有自主设计和建造超深水平台。由于在深海平台技术方面与世界先进国家差距较大，在国际海底区域资源开发上我国没有手段与国外竞争，即使是在本国海域的许多区块，也不得不依靠国外的力量来合作开发。

差距之二，海洋钻采装备的配套设备制造业严重落后，关键的、主要的设备、部件全都依赖进口。我国在配套设备上具有自主知识产权的成果不多，一些陆上配套设备的核心部分尚需进口，海上配套设备则基本依赖进口。海洋燃气轮机发电机组、天然气压缩机组、变频电力拖动系统、高压油气采收系统、井控系统、平台自控和遥控系统、卫星定位及通信系统等设备的自给率甚低，大都需花费巨资进口；定向井、水平井钻采所需随钻测量、地质导向钻井技术、顶部驱动、装置防喷器及电潜泵等关键技术及装备仍主要依赖进口；海上施工所需的起重量超过3 000t的浮吊、水深超过60m的敷管船亦依赖进口或由外国承包商提供。这种状况大大抑制了我国在深海及国际海域开采石油的能力，同时，也因为采用国外产品而使大量的资金流向国外。

总之，我国现有海洋钻采装备数量上不足、技术水平落后，如半潜式钻井平台只有性能指标较低的几座，其技术水平仅处在世界上第二代至第三代半潜式钻井平台之间，除勘探3号外均为国外引进的二手设备。这些半潜式钻井平台的船龄大多已超过20年，设备严重老化。我国在深海钻井平台设计与建造技术、海底钻采集输系统设计与计算技术、深海超深钻技术、定向钻井和水平钻井装备制造技术、深海动力定位装备与技术等专业领域，与国际先进水平还存在较大差距。

7.2.3 加快产业结构调整

目前，我国海洋油气装备制造企业师出多门，包括中船工业、中船重工、中国远洋以及中国石油、中国石化、中国海油三大石油公司，各地方的海洋工程和石油装备制造的国有、民营和外资企业，军工和民用企业，以及相关设计单位、研究院所和大专院校，涉及海洋工程装备和海洋油气钻采装备两大制造领域，是一个盘根错节的巨大的利益共同体。

海洋油气装备发展亟待解决的问题包括：如何建立军民融合的海洋科技和装备开发体系，尽快突破海洋开发所需重大关键技术和装备，在海洋油气装备的总体研发设计、核心装备研制、配套设备自主化方面有较大的突破；如何将海洋油气装备制造业的发展紧密依托于创新型造船集团和钻采装备制造企业，推动其真正成为具有产业创新能力和国际竞争力的跨国企业集团；如何形成统一的协调管理部门，促进多行业协同解决产业瓶颈技术问题，由相关行业产业链上的各大企业、国家科研机构和相关高等院校建立技术创新产业联盟，共同解决一些共性、关键性的产业瓶颈技术；如何研究制订国家海洋油气装备产业发展规划，依据“远近结合、内外联合、军民融合”的原则，把海洋工程产业、海洋油气钻采装备产业以及海洋仪器仪表、电子信息、新材料等产业纳入规划并进行整体海洋产业布局；如何加强国家对海洋油气装备制造产业的关注和支持，鼓励国内优势企业更多地参与国内外海洋油气资源的开发，促进产业的做强做大；国内企业如何加强合作，在高度专业化分工的基础上，产、学、研、用相结合，协调内部各参与单位的利益，形成合力参与国内外两个市场的竞争；如何适应我国海洋油气装备产业超常规快速发展的需要，全方位利用国际资源，搭建一条畅通的引进渠道，拥有一批能够甄别先进技术的人才，具有吸收和再创新的能力，逐步完成从跟踪到自主创新的过程，建立一个完备的科技体系，打破地区、部门、条块分割的限制，统一组织、协调和管理，促进海洋油气装备制造业的发展、进步和做强做大。

7.2.4 推动产业转型升级

海洋油气装备制造业应进行产业重组和产品升级。目前，行业企业数量过多，致使国内资源分散，低水平重复建设严重，无法实现资源的合理配置。国外石油装备制造业已于21世纪初完成了资源重组。尽管中国石油对集团内部的装备制造企业进行了大规模整合，形成了4个大型装备制造企业，造船行业涉及海工装备制造的企业也有10多家，但我国海工装备行业大规模的资源重组还没有真正开始。由于国内石油装备制造企业、造船企业数量多、规模小，使得企业在科研立项、成果转化、系统成套、现场试验、信息反馈等方面仍存在脱节、重复和浪费现象，也加剧了市场的无序竞争，阻碍了海洋油气装备制造业在高端产品方面的设计、研发和制造。因此，产业资源重组、结构重组，强强联合、增加集中度，既培育以强为基础的“专精特新”多数中小企业，又培育超强超大规模的少数企业航母，这是产业做强做大的客观需要，也是当务之急。我国要借鉴美国NOV公司做强做大的成功经验，通过大规模的企业并购行为，形成多元化的经营格局，增强自主创新的能力。在并购过程中也要注意避免以国有资本牵头进行拉郎配式的兼并重组，再通过资源和市场的垄断进行利益输送，破坏公平竞争的环境。

7.2.5 促进两化融合

海洋油气装备制造业应加强两化融合，完成制造服务型企业的升级。

由于海洋油气装备制造技术难度大，系统集成度高，产品制造、安装、调试工序复杂，风险很大，如果运作不当，企业将蒙受巨大的经济损失。因此，海洋油气装备制造企业要围绕做强做大，通过多种方式，鼓励和促进不同类型的企业利用多种资源，提高劳动者素质，提高管理水平，提高自主创新能力，提高产品质量和可靠性，进而提升企业的整体实力和水平。要重视和加强企业的技术改造，充分应用信息工程技术和现代化管理手段，通过信息化和工业化的融合，提升技术创新和管理创新的能力，提升产品档次。要通过向产品制造链的两头延伸，加大研发力度和服务水平，提高产品科技含量，提高项目总承包的能力，完成从制造型企业向现代制造服务型企业的升级，提高服务价值的比重，实现企业价值的最大化。

7.2.6 打造海洋装备制造基地

从国际经验和我国目前发展的一些情况来看，专业化的发展对于做大做强海洋油气装备制造业非常重要。因此，通过规划建设若干具有较强国际竞争力的专业化产业基地，实现海洋油气装备制造业在地域、资金、科技资源、人力资源等方面的有效集中，产生聚集效应，获得快速发展。

7.2.7 培育海洋油气装备供应商

对战略性新兴产业来讲，各种系统和配套设备往往是最能体现高技术、高附加值的部分。发展海洋油气装备也要重视相关配套技术的系统发展，重点依托造船行业和石油行业的骨干配套企业，结合已有的基础，新建和扩建一批优势产品生产能力，围绕示范产业聚集区，在沿江、沿海地区打造动力定位系统、深海锚泊系统、支撑平台升降系统、大功率海岸平台电站、大型海洋平台甲板基建等产品的生产基地。在已有陆上石油装备能力的基础上，积极发展海上石油装备，重点支持中西部地区的石油装备制造骨干企业，打造海上钻井修井系统、水下防喷器、水下井口、水下井控系统、大型油气加工处理设备等产品的研发基地，并结合总装制造基地的区域布局，通过兼并重组改造等方式，建设海洋石油专用配套设备的沿海沿江制造基地。